张举玺 祁涛 许俊峰 著

南京国民政府新闻检查制度研究

中国社会科学出版社

图书在版编目(CIP)数据

南京国民政府新闻检查制度研究/张举玺,祁涛,许俊峰著.—北京:中国社会科学出版社,2019.10

ISBN 978-7-5203-4682-5

Ⅰ.①南… Ⅱ.①张… ②祁… ③许… Ⅲ.①国民政府—新闻工作—研究—南京 Ⅳ.①G219.296

中国版本图书馆 CIP 数据核字(2019)第 142996 号

出 版 人	赵剑英
责任编辑	刘 艳
责任校对	陈 晨
责任印制	戴 宽

出　　版	中国社会科学出版社
社　　址	北京鼓楼西大街甲 158 号
邮　　编	100720
网　　址	http://www.csspw.cn
发 行 部	010 - 84083685
门 市 部	010 - 84029450
经　　销	新华书店及其他书店

印　　刷	北京明恒达印务有限公司
装　　订	廊坊市广阳区广增装订厂
版　　次	2019 年 10 月第 1 版
印　　次	2019 年 10 月第 1 次印刷

开　　本	710×1000　1/16
印　　张	18.5
插　　页	2
字　　数	267 千字
定　　价	99.00 元

目　录

导　论

一　研究背景

1927 年"宁汉合流"之后，南京国民政府建立了对全国的统治，从而影响了 20 世纪上半叶的中国进程。在实行统治的过程中，南京国民政府制定了一整套关于新闻出版与新闻检查制度，试图从意识形态层面建立起对国民党党内、党外新闻事业的管制。现在来看，南京国民政府所实施的新闻检查制度并不成功。但是，其产生、发展及执行历程，一方面影响着整个民国时期新闻面貌的形成，另一方面又成为共和国新闻制度建构的一种逆向理论资源。因此，研究南京国民政府时期的新闻检查制度，不仅有利于丰富现代新闻史研究，也为当下新闻政策的制定提供了历史参考。

多年来，笔者一直对南京国民政府时期的新闻政策抱有浓厚的兴趣，并围绕南京国民政府新闻检查制度话题，陆续收集到不少资料。但是，由于事务繁忙，加上手上的各种课题牵涉了很多精力，研究工作一直在时断时续中坚持着进行，直到 2018 年底，才完成了著作的撰写工作。

二　研究意义

新闻思想、新闻检查、新闻立法、新闻机构等一起构成了民国新闻业的主体。与其他方面相比，民国新闻检查具有两大特点，其一是串连作用突出。在构成新闻业主体的几大要素中，新闻检查既是上层新闻思想和立法的实践运用，又与新闻机构紧密相连。也就是说，新闻检查处于联系民国新闻业要素的关节点上。通过对南京国民政府新闻检查的具体审视，可以完整地连接起其他要素，展示出民国新闻业的具体面貌特征。其二是互动关系突出。只有在新闻检查中，才能及时而明晰地观察到新闻法规的制定者、执行者与报人之间的互动关系。无论是报纸"开天窗"，还是被取缔，抑或通令嘉奖，都彰示着双向内容。而且相较于南京国民政府在 22 年间进行的三次新闻法规修订来说，显得及时迅速，也显示出不同时期其新闻检查的效果。

因此，本书以南京国民政府的新闻检查制度为研究对象，观照其执行过程，努力厘清民国时期新闻业的原始生态。

另一个考量因素，是缘于对新闻史细节的探求。傅斯年认为，"史学即史料学"。列维－斯特劳斯提出，作为历史学家普遍关注对象的"历史领域"是由众多事件构成的，这一领域在微观上溶解成物理化学的波动，在宏观上则化为所有文明世界兴衰的涨落节奏。

正如上述学者所言，传统政治化的新闻史研究框架，秉持一种宏大叙事的书写思维，把纷繁复杂的新闻原生态大刀阔斧地纳入几条固定的线索，使本来充满偶然性的民国新闻场景仿佛具有了一种必然性的兴衰节奏。这种处理固然使新闻史明晰可辨，但是，对于原始新闻场景的粗暴干涉却值得商榷。在笔者看来，对任何历史来说，细节的真实更接近于历史的真实。因此，选择构成因素较为复杂的新闻检查作为切入点，足可以成为进入茫茫历史的一条捷径。

上述思考构成本书的思维平台和写作方法线索。雅各布森认为："每一个名副其实的历史不仅包含有一定数量的资料和对这些资料含义作出的阐释，也多少含有如下信息，即读者在面对经过转述的资料、阐释、阐释者所持态度。"也就是说，用什么样的视角对纷繁的原始资料作出阐释，是进入写作时遇到的第一个难题。

由于长期受政治思维的影响，对南京国民政府新闻检查制度的研究，多以成败的思维或反面教材进行论述。"迫害"、"黑暗"、"无耻的欺骗"之类词语代表着这种先入为主的研究意识。笔者在对史料整理与具体的考察中发现，南京国民政府所实施的诸多政策，确实对自由主义新闻业，尤其是与中国共产党的新闻思想不合。但是，我们应该放置于国民政府维持统治的宣传立场上，来进行客观考量。例如，抗战时期《"中央"日报》上能够发表梁实秋等人的"抗战无关论"，从一个侧面反映出即使是国民党中央党报，对新闻普世理念也有不同理解。

基于这种思考，笔者决定放弃以某种理论或立场为先导的做法，而致力于从原始资料中寻找线索，去原始场景中思考。因为新闻史的意义应在当时新闻生态中生成，而不应在一种理论视角中生成。那些埋藏在诸多法规文献、报业档案中的新闻检查细节，在与其他要素具体互动中足以构成自身的意义。

三　文献综述

新时期以来，我国学界围绕南京国民政府新闻史论开展研究的成果主要集中在如下领域。为了便于梳理，这里分著作和论文两类进行简要评述。

著作方面

关于南京国民政府新闻史研究。学者蔡铭泽著的《中国国民党党报历史研究（1927—1949）》，是中国大陆新闻界第一本专门系统研究国民党党报历史的著作，是一部经过9年反复修订与完善，弥补中国新闻史研究空白的力作。该著作重点落脚于国民党党报在大陆产生、发展与消亡的历史，着重于1927—1949年间国民党党报在大陆的兴盛及退出大陆的历史。论著对这一发展过程作出了客观与公正的评价："总的来说，这个党报体系是为蒋介石国民党集团一党专政的独裁统治服务的。但是，在深重的民族灾难面前，特别是八年抗日战争中，国民党党报及其报人也作过一些有益的探索，并逐步形成了与其政治宣传目的相适应的经营管理体制。"

该著作以文献分析为主，辅以数据分析和比较分析，以政治事件为主全面展开、重点解剖的方式，重点勾勒了 1927—1949 年间国民党党报历史图景。始终以党报龙头《"中央"日报》为解剖的个案来体现国民党党报的特色。但是，由于国民党党报数量庞大、种类繁多，仅靠一本著作，是难以全面描述国民党党报历史的真面目，并且也做不到面面俱到，如著作对国民党的其他党报、国民党党人的地方党报、国民党军报等就论述得十分浅显。

作者用 3 年时间在北京、上海、南京、长沙等地收集了大量的第一手资料，写了约 100 万字的笔记。书中所征引的大量资料均来自报刊原件和档案资料，许多资料属首次披露，资料翔实，论述精当。

学者黄瑚著的《中国近代新闻法制史论》，是一部系统阐述中国近代新闻法制史的专著。论著依据丰富翔实的资料，分析了近代新闻法制的建设过程。其中，有一章专门论述国民党南京政府时期新闻统制制度的形成与发展。分别从国民党统治的建立与新闻统制思想的形成、新闻统制法规的制定、新闻统制制度的建成、新闻统制制度的主要内容与特点等方面逐一进行论述。

该著作认为，国民党统治时期的新闻法律制度虽然形式上比较完备，一切举措均有一套为自己辩护的理论，但就其实质而言，仍摆脱不了半殖民地半封建社会的窠臼，仍不能纳入完全意义上的近代资本主义新闻法律制度的范畴。但是，此章对新闻出版的检查制度涉及并不多，而且是以时间为线索，仅罗列出当时新闻检查制度的范围，以及当时颁布的法律名称，对其产生的后果、影响等均未提到。

与黄瑚上述著作类似的，还有学者马光仁著的《中国近代新闻法制史》。该著作对清末、北洋军阀政府、国民党政府制定的新闻法规进行了具体分析，对中国共产党领导的革命根据地、解放区新闻法制建设进行了归纳和研究，并作出了相应评价。

这部著作包含丰富的史料，为中国新闻法制史研究开拓了新视野，提供了新思路、新观点。其中，第五章是关于新闻法制的形成与发展，分三节论述了南京国民政府的新闻立法、新闻管理及新闻界反对迫害、争取民主权利的斗争。

值得注意的是，这里不仅写出了新闻出版检查制度，还专设一节论述了反对新闻检查制度。新闻文化界为维护自己言论出版自由的合法权利，反对新闻检查制度，进行了顽强不屈的斗争。另外，本书对于南京国民政府时期的新闻法规不是只用"反动"二字作了断，还具体分析这些法规制定的历史背景、立法意图、条文内容和实施效果，作出恰当的评价。这样，既符合历史本来面貌，又能从中引起思考。

此外，方汉奇先生主编的《中国新闻事业通史》和吴廷俊先生的《中国新闻史新修》均是学界的重要收获。《中国新闻事业通史》是迄今为止规模最大、涉及面最广的中国新闻通史著作，被誉为中国新闻史学成果的集大成者。本书对十年内战时期、抗战时期及解放战争时期的国民党新闻事业均有涉及，它采用叙事模式，运用大量背景资料，从宏观上把握国民党统治时期的新闻事业的发展状况，分析其各种局面形成的原因。

《中国新闻史新修》被称为近年来最好的一部新闻史。它一方面突破了此前传统的政治评价标准，不少结论令人耳目一新。另一方面是作者细致的考订与大量翔实的史料，解决了诸多新闻史上的讹传问题。对于国民政府的新闻政策方面，《中国新闻事业通史》用了三章的篇幅进行论述，以两极政治环境、抗战烽火和两极对决划分了南京政府 28 年的新闻统制，基本还原了当时的媒介环境。

2007 年，殷莉的博士学位论文《清末民初新闻出版立法研究》出版。论文对中国新闻法形成初期的立法进行了深入剖析。在该研究时段上，先后又有两部关于晚清新闻检查的著作问世，分别是上海社科院历史所王敏的《苏报案研究》与北京大学博士后徐中煜的《清末新闻、出版案件研究（1900—1911）——以"苏报案"为中心》。两部著作都选择了晚清报业大案"苏报案"为探究对象，对"苏报案"发生后各界的力量互动、西方各国新闻法规的引入，以及案件对此后晚清新闻检查的影响等，都有深入论述。两部著作虽然与本书论题无直接关联，但却提供了晚清新闻检查的思想来源。

另一部涉及新闻法制的著作是王润泽的《北洋政府时期的新闻业

及其现代化（1916—1928）》。虽然该著作是围绕报业的现代化技术、现代化营销手段等入手，但对北洋时期的新闻管理体系有所论述，补充了这一时期此论题的不足。

大陆以外针对南京国民政府的新闻事业研究中，最值得关注的是台湾学者王凌霄的《中国国民党新闻政策之研究》，这是王凌霄在政治大学的硕士学位论文基础上改写而成的一部著作。作者在自序中写道："这本论文运用了大量中共出版品跟中国国民党党史会的史料，在撰写编排的过程中，没有定于一方的成见，没有迎合当权者的掩饰，在描述国民党控制新闻媒介的强用手段时，作者的笔锋也未有一丝的迟疑。"

该书对南京政府训政前期的新闻检查实况和战时新闻检查及其障碍有翔实的记录。在训政时期，新闻检查除了成文的法规之外，主管宣传的国民党高级机构对新闻检查，也有原则性的指示。但是事实上的检查状况，却没有章法，以致纠纷时起。而在抗战时期，国民党当局对新闻、图书、杂志检查的方法，大致归纳为三类：一是三民主义的意义形式绝对不容冒犯；二是在任何刊物上，都不能暴露任何缺点，免得让敌人有可乘之机；三是排除新闻反映舆论的功能，而以直接向政府申诉的方式取代。这些研究，因为其占有材料的优势在很多地方与大陆学者的研究可以互相佐证。

论文方面

进入新时期以来，关于南京政府的新闻史研究方兴未艾。主要可以分为如下四个方面：

其一，新闻史料研究。石君讷先生在其84岁时发表了《国民党的新闻检查（1934—1945）》。文章内容翔实，对了解当年新闻检查情况提供了第一手资料。石先生曾任国民党中宣部南京新闻检查所检查长、国民党军委会重庆新闻检查处总检查等职务。他在文章开头就声明，"我对国民党当年新闻检查的情况和迫害《新华日报》的情形，有一定的了解，兹概述于后，以供新闻和史学研究参考"。

孙斌、王平的《皖南事变前后国民党新闻政策揭秘》以大量电文等史实资料，论述了"皖南事变"前后国民党当局所奉行的实际宣传策略，揭示了国民党政府一方面尽力遏制共产党在军事上的发展，另一方面又竭力维护全民抗日战线的真实目的。文中附有多张珍贵的图片。

张仁善的《国民党政府〈出版法〉的滥施及其负面效应》，记录了国民党政府的新闻法规的演变和《出版法》的实施与修订，详细论述了其所带来的负面效应。陈承铮通过《国民党统治下的河南新闻检查工作》和《国民党统治下的河南新闻事业（1927—1937）》两篇文章，论述了国民党统治下河南新闻事业发展与新闻检查状况。以管窥豹，与全国其他各省新闻检查方面亦有共同特点。

其二，新闻法规研究。黄瑚、樊昊的《以上海为例探析战后国民党新闻统制制度的变化》，分析了南京政府的统制制度流变。文章认为，国民党新闻统治制度在战后的变化与特点主要有三：一是国民党党部及其宣传部门由台前退至幕后，政府行政部门开始介入，并成为名义上的主管部门，形成了一个党、政、军、特——"四位一体"的多头管理机制。二是国民党仍将扩充党报实力视作新闻统制之重点，但在手段上则主要由国民党报人，特别是国民党特务分子以个人名义办报，实行特务统治。三是利用所谓"技术"控制手段，限制民营报刊的发展，摧残一切于国民党统治不利的异己报刊。

李霞的《南京国民政府时期新闻法制及其影响》，主要论述国民政府不同时期的新闻立法及特点。刘娜的《浅议抗战期间国民政府的出版法规的实施》，主要就抗战时期的出版法规进行了剖析。但是，两篇文章都认为当时的新闻事业偏离了"法治"道路，国民政府对出版界的钳制在进一步加深。

其三，新闻政策研究。蔡铭泽的《三十年代国民党新闻政策的演变》用力颇深。国民党执掌全国政权后，颁布了一系列为其专制独裁统治服务的新闻出版法规。到30年代，在抗日民主运动不断高涨的形势下，国民党新闻政策有了若干积极变化，即由对日妥协退让、对内专制独裁向联合抗日方向转变。应该看到，国民党新闻政策的转变是有积极意义的，有利于形成全国新闻界团结抗日的局面。但是，这种转变是被动的、不彻底的和动摇不定的。这就为抗战后期国民党新闻检查制度的全面建立，埋下了祸根。

其另一篇文章《论抗日战争时期国民党人的新闻思想》着重论述了蒋介石及一些国民党报人提出的三民主义新闻思想，主要包括蒋介石关于新闻事业性质和作用的论述、程沧波关于党报企业化经营的思想、马星野关于三民主义与新闻事业关系的论述。文章认为，这些新闻思想是为维护国民党专制统治服务的，但是其中有一些合理的成分。

江沛的《南京国民政府时期舆论管理评析》论述了国民党当局对舆论统治的精神、方针、手法，并总结出其舆论的特点。可以说，在舆论管理上的专制，国民党前无古人，这也恰恰从侧面揭示了国民党及其南京国民政府的精神本质。刘娜的《南京政府出版政策的思想渊源初探》比较了孙中山和蒋介石的思想，认为南京国民政府政策之所以具有明显的两面性，主要是因为二人的思想差异。

王晓岚的《论抗战时期国民党的对外新闻宣传策略》从国民党广布国际宣传网，充分利用外国记者和外国新闻媒介，以美国为重点宣传对象等几个方面展示了国民党对外新闻宣传的策略。其另一篇文章《抗战时期国民党排共、反共的新闻策略与手段》论述了抗战时期国民党为达到排共、反共的目的，在新闻宣传上首先是封闭中国共产党的新闻宣传，其次是组织反共舆论，并加强自身宣传。文章还分析研究了国民党如何实施这种谋略及采用的手段。

向芬的博士学位论文《国民党新闻传播制度研究》，视野宏大，以国民党一党的新闻传播制度为中心，历时百年，横跨海峡两岸，对国民党不同时期的新闻传播制度进行了深入探究。该文以丰富的史料，得出结论：新闻统制制度成为党国体制下的必然产物，国民党新闻传播制度的形成在很大程度上还是上层领袖意旨主导的结果。这在一定程度上涉及南京国民政府新闻检查制度的规划。

此外，还有几篇硕士学位论文，如熊欣的《南京国民政府时期新闻出版法规研究》、王媛的《南京国民政府出版管理研究（1927—1937）》、钱乐制的《南京国民政府初期的新闻政策》等，都从不同的侧面涉及与本书论题相关的部分内容，此处不再赘述。

综上所述，对南京国民政府新闻检查制度成系统的研究成果，目前还没有出现。学界前贤们的研究成果大多集中在南京国民政府宏观层面上的新闻法规领域。此外，在 1949 年之前，有一批报人对南京国民政府新闻检查发表了时评和讨论文章。如 20 世纪 30 年代上海左翼报人的评论、储安平发表于《观察》的评论，还有《文汇报》《大公报》《新闻报》等自由主义报纸的某些社论等，均对当时的新闻检查制度有所评述。

这些评述将与 1949—1976 年间诸多报人的回忆录放在一起，作为重审南京国民政府新闻检查制度的第一手材料，以原始文献呈现，而不作为学界的研究成果。这样处理，一是这些文章大多缺乏新闻学意义上的学理审视；二是数量不多，尤其是新中国成立以后所见更少。因此，它们构成了新时期以来对南京国民政府新闻制度研究的前提，但这不足以被视为学界研究的前期阶段。

四　研究内容

本书由五章内容组成：

第一章　南京国民政府之前的新闻检查制度，主要回顾和梳理了中国古代出现的传播控制思想和审查制度，论述了近代以来晚清拖延新闻管理改革，并欲以半殖民地半封建性质的法规管理舆论而激发了革命，以及北洋政府欲以封建残余制度管理媒体而失去民心的历史。

第二章　南京国民政府新闻检查制度的历史演变，主要分析了南京国民政府在初创时期、抗战时期和内战期间所设计的新闻检查理念、颁布的新闻检查法令及新闻检查的现实结果。

第三章　南京国民政府新闻检查制度的思想渊源，主要分析和描述了南京国民政府新闻检查制度产生的思想基础与体制，揭示了南京国民政府新闻制度虽然传承了孙中山先生"以党代政"的思想，但却忽略了孙先生要求保障自由民主的思想；论述了蒋介石奉行国家至上、意志集中、信仰领袖的新闻宣传管理理念，使其新闻检查制度更具个人独裁特点；英美的新闻制度特别是战时新闻检查给了南京国民政府以借鉴，对法西斯新闻宣传理论和检查制度的模仿使得其更具法西斯的残暴。

第四章　南京国民政府新闻检查制度的执行，全面论述了南京国民政府新闻检查制度的领导机构和落实机构、执行程序与落实方式、执行效果与社会影响，揭示了南京国民政府新闻检查存在多头执法、随意执法、暴力执法等严重问题，直接导致国民的反感和与知名人士的对立。证明了国民党新闻检查制度管理出现严重混乱。

第五章　南京国民政府新闻检查制度对社会治理的影响，将通过对国民党中央机关报《"中央"日报》、中国共产党的《新华日报》、自由主义者的《文汇报》、西方报人所主持的《密勒氏评论报》四种报纸，考察国民党新闻检查制度对社会治理的影响结果，具体阐述南京国民政府新闻检查的作用和影响，找出南京国民政府新闻检查制度给社会稳定与建设带来的破坏性、非法性与失败因素等。

南京国民政府的新闻检查制度是在晚清、北洋军阀时期新闻检查制度的基础之上建立的，吸收了英美等国的新闻检查思想，最终形成了独特的面貌。从宏观角度看，南京国民政府的新闻检查制度由不完善到逐渐完善，从初期较为宽松到后期规定森严，走完了一个过程。

五　研究方法与创新点

本书的研究对象是一个历史问题，历史文献是直接的研究文本，目标是解决新闻检查制度与社会治理相关的理论问题。因此，史论结合是整个文本建构的基本方法。

一方面，它讲究史料的丰富性、原始性和翔实性，力图用原始资料和多史料互证的方式证明历史事件的准确性；另一方面，它把史料放到更广阔的历史背景下进行考察，赋予其意义，揭示事件背后的影响，提供其对于当前社会治理的经验启示。

在具体的论述层面，本书采用了文献研究法，对于相关历史记载的文本做详细的记录与分析；案例分析法，对于宏观层面的问题，将以其中的典型案例作为切入点进行具体而微的论述。

本书创新之处主要体现在如下三个方面：

其一，首次对国民党新闻检查制度做全面而系统的论述。关于国民党新闻事业与新闻政策，目前已有多个研究成果。但是对于被视为考察国家政府言论尺度、新闻政策取向，以及社会宽容程度标准的新闻检查制度，却没有全面的专题研究。特别是曾经给现代中国留下深刻历史印象的国民党新闻检查制度，没有全面而系统的分析研究，实在是一个学术缺憾。

其二，首次从社会治理理论角度研究南京国民政府新闻检查制度。古今中外，信息传播控制都是社会治理的重要组成部分。其目标是为了维护政权的稳定和社会管理的有序。但是，以往关于新闻检查和传播控制的研究，都是作为新闻出版自由和民主政治的问题来论述的，这就使新闻检查处于无法落地的理念层面。以社会治理的理论视角论述新闻检查问题，就是将新闻检查作为社会治理的技术来看待，分析其得失。这将把新闻检查研究带入新的镜像。

其三，从社会治理技术层面来分析新闻检查制度，使得本书丰富了以往对于国民党新闻宣传管理失败缘于独裁专制这样的简单结论，而得以对其做具体而微的分析，得出新闻检查技术可以改进和值得改进的地方。上述主要观点形成本书的主要创新之处。

本书的主要理论价值和现实意义如下：

第一，首次明确地把考察社会言论尺度的标志性维度——新闻检查制度作为考察国民党新闻政策的研究对象，丰富了以往研究成果的维度。

第二，从社会治理角度分析新闻检查制度，超越了以往研究新闻检查是否干涉新闻出版自由、是否侵犯了民众权利的范畴，而是从新闻检查制度是否有助于维护政权稳定、是否有利于从社会管理角度展开研究。这将新闻检查从理念层面落实到了社会治理技术层面，将新闻检查研究带入了新的学术领域。

第三，为创新社会治理体系提供历史依据。党的十八届三中全会提出，要创新社会治理体系。这是我们党在社会经济、政治、文化面临日益复杂形势的背景下，做出社会治理理念的重要变化。新闻传播作为影响社会运行的重要因素，是社会治理的重要元素。特别是在信息社会和新媒介化社会里，新闻传播管理对于国家安全稳定，对于社会和谐有序，对于党的各项事业的发展，都有不可低估的影响力。加强新闻传播治理，是我们面临的不可回避的课题。读史可以明智。研究国民党在社会急剧转变的形势下，如何进行新闻传播治理，总结历史经验和教训，对我们探讨当下新闻传播治理的创新手段，以及如何为社会治理做贡献，具有重要的借鉴意义。

第一章

南京国民政府之前的新闻检查制度

自古以来，中国封建统治者就习惯以控制信息和舆论维护自己的统治，各个流派的思想家提出了治理国家需要进行言论审查的论述，统治阶级制定了严格的钳制舆论的措施。这种平常所称的愚民政策，依然对国民党新闻政策有直接而明显的影响。

第一节　中国古代传播控制思想与审查制度

中国古代封建王朝奉行"上上禁其心，其次禁其言，其次禁其行"[①] 的统治思想，习惯于以"禁"的方式来控制传播媒介、控制舆论，达到维护统治的目的。这些做法，就是我们目前常说的"民可使由之，不可使知之"的政策。对此，我国古代各个流派的思想家都做过相关论述。

一　古代思想家对传播控制的经典理论

春秋时代百家争鸣，争鸣的主题之一就是对传播控制准则的探索，因为这是当时社会从分裂走向统一、从奴隶制向封建制转型过程中必须要解决的问题。在诸子争鸣中，儒家的"正名"思想与法家的"止私言"思想影响最大。

---

① 崔明伍：《新闻传播法》，合肥工业大学出版社 2006 年版，第 250 页。

（一）儒家"正名为先"思想控制模式

"正名"思想是儒家政治学说的重要组成部分，也是儒家传播控制思想的集中体现。作为儒家思想的创始人，孔子最早提出想要达到社会的大治，就必须以"正名"作为必要条件，并将"仁"作为言行的最高境界，以"礼"作为检查思想的标准。荀子在孔子正名思想的基础上，提出了"制名"的原则和方法，建立了儒家的"正名"体系。

《论语·子路》中记载，子路曰："卫君待子而为政，子将奚先？"子曰："必也正名乎！"子路曰："有是哉？子之迂也！奚其正？"子曰："野哉，由也！君子于其所不知，盖阙如也。名不正，则言不顺；言不顺，则事不成；事不成，则礼乐不兴；礼乐不兴，则刑罚不中；刑罚不中，则民无所措手足。故君子名之必可言也，言之必可行也。君子于其言，无所苟而已矣！"

《论语·子路》中这段文字阐述的正是孔子"正名"思想的出发点，以及由此出发所要达到的社会愿景。孔子生活的春秋时期，是"礼崩乐坏"的时代，他认为当时社会秩序混乱的根源就在于"名实相悖"，只有"正名"，才能够"顺言"、"成事"、"兴礼乐"、"中刑罚"。所以说，孔子的"正名"就是要明确规定"名"所具有的内容，以此来指导具有这个名分的人的具体行为。这即是孔子"正名"所确立的"名—言—事"的逻辑框架，由此可以说明孔子之"名"最终要指向"事"。"名，是指与某种体制或规范系统相联系的名称，正名，则要求行为方式合乎名所表示的体制及规范系统。"[1] 因而，信息传播的前提便是"正名"。

讲话的人要守规矩，听话的人也要遵守规范。孔子论述"正名"思想的时候，强调君子需要慎言守礼。"言"的目标是实现"仁"，"言"的标准是是否符合礼教。他认为，"讷，近于仁"，"巧言令色，鲜于仁"，主张："非礼勿视，非礼勿听，非礼勿言，非礼勿动。"正因为如此，孔子在整理"六经"时，坚持三个准则：一是"述而不

---

① 杨国荣：《道论》，北京大学出版社 2011 年版，第 167 页。

作";二是"不语怪、力、乱、神",删去芜杂荒诞的篇章;三是"攻乎异端,斯害己也",排斥那些不符合中庸之道的言论。孔子在治国理政时同样坚持"放郑声,远佞人"。

鲁定公十年春,孔子陪同鲁君与齐君在夹谷相会,仅仅由于优倡侏儒为国君表演违反了周礼,孔子即"趋而进,历阶而登,不尽一等,曰:'匹夫而营惑诸侯者罪当诛'"。孔子诛杀大夫少正卯,列举了五条理由:"一曰心达而险,二曰行辟而坚,三曰言伪而辩,四曰记丑而博,五曰顺非而泽。"为了重新恢复已经崩坏的礼乐,孔子开了以言治罪的先河。

荀子继承孔子"正名"所确立的"名—言—事"的逻辑框架并加以发挥,在孔子正名思想的基础上,提出了"制名"的原则和方法,可以说是对这一逻辑架构的践行与展开。"荀子主张名实统一,以名指实。"① 他认为,"正名"是维护和实现社会良好秩序的前提条件,是创造和谐社会的基本要素,为了统一人们的认识和保持思想的一致性,就必须"正名"。他反对一切名实不符和名实相违。

荀子专著里《正名》一章:"后王之成名,刑名从商、爵名从周、文名从礼,散名之加于万物者,则从诸夏之成俗曲期。远方异俗之乡,则因之而为通……散名之在人者也,后王之成名也。"他指出,王者确定事物的名称,与实是相符的,不是任意制名的,王者在制名的过程中也要客观地参照百姓的约定俗成,所以能取得良好的治理效果。这就进一步回答了制名的依据和方法。王者通过制名以实,"上以明贵贱","下以别同异",既可以为统治阶级确定名分服务,又能指导社会明辨事物、分别理非,从而规范民众的思想,达到天下大治。

荀子利用"正名"理论驳斥春秋战国时期盛行的诡辩之风,提出了破"三惑"之说。所谓"三惑",即指"用名以乱名者"、"用实以乱名者"、"用名以乱实者"。"用名以乱名者",说的是利用不同的名在字面上的差异而否认其内在关联,如"杀盗非杀人也"是最典型的例子,诡辩论者利用"盗"和"人"在字面上的差异,就否认它们外延

---

① 郭齐勇:《中国哲学史》,高等教育出版社 2006 年版,第 111 页。

上的属于关系。驳斥它们的方法是考察和比较这些名的起源。

"用实以乱名者",就是用少数跟日常经验相违背的事例来否定人们的普遍常识,例如惠施的命题"山渊平",通过列举出个别的高山和个别的深渊一样高的论据来佐证这一命题,而荀子认为驳斥它们的方法只需借助于实际的客观观察。如"牛马",它并不是指称某个叫作"牛马"的东西,说的不是牛也不是马,而是对牛和马的概括。既包括牛也包括马。荀子认为,驳斥这一惑的方法就是在制名的约定俗成过程中,要选择人们更易于接受的方式。可以看出,荀子对"三惑"的批评,突出地坚持了名的确定性,抨击各种形式的混淆名、偷换名和歪曲名的做法。①

荀子主张君主应以道来统治百姓而防止百姓作乱,他提出:君主应"临之以势,道之以道,申之以命,章之以论,禁之以刑"②。"正名"的目标是"止邪说"。"凡言,不合先王,不顺礼义,谓之奸言",这些奸言"以枭乱天下,矞宇嵬琐,使天下混然不知是非治乱之所存者"。荀子主张,对这些传播奸言、信奉异端的人,要"勉之以庆赏,惩之以刑罚",对其进行教化,对那些屡教不改者,君主要毫不犹豫地处死他们。

儒家"正名"的言论控制思想,到汉代深化成为"罢黜百家,独尊儒术"的大一统政策,使得中国思想的传播格局定于一尊。

(二)法家"止私言"的思想控制理论

法家是先秦诸子中颇具影响力的一个学派,法家以"法"命名,可以看出"法"在法家思想中的重要地位。法家思想的核心在于刑名赏罚治国。法家认为人性本恶,要使人民服从君王的统治,就必须用法律来约束人民。在传播准则方面,法家强调严厉控制人们对国家政策法令的议论,即"止私言"。

法家强调,要维护法律的权威,将法律作为衡量言行的唯一标准,首先要使法律高于一切。在《韩非子·问辩》中,韩非说道:

① 吴齐兴:《先秦儒家正名思想研究》,《湖北函授大学学报》2010 年第 6 期。
② 王先谦:《荀子集解》,中华书局 1988 年版,第 442 页。

"明主之国，令者，言最贵者也；法者，事最适者也。言无二贵，法不两适。故言行而不轨于法令者必禁。"① 意思是说，国家除君主的命令外，不能有第二种尊贵的言辞；除法律外，国家不能有第二种处理政事的准则，所以言论和行为不符合法令的都必须禁止。

为此，法家认为任何人对国家已经制定的法律不得私议，特别要禁止"贤智之士"对法令的私议，更不允许对法令有所质疑。法家的早期代表商鞅提出了"燔诗书而明法令"的主张，认为"奚谓淫道？为辩智者贵，游宦者任，文学私名显之谓也。三者不塞，则民不战而事失矣"。提出要"声服无通于百县，则民行作不顾，休居不听……国之大臣诸大夫，博闻、辩慧、游居之事，皆无得为，无得居游于百县，则农民无所闻变见方"。

韩非继承并发展了商鞅的传播控制思想，提出："圣智成群，造言作辞，以非法措于上，上不从法也。"如果说圣人和智者成群结队地制造谣言和诡辩，用非法手段对付君主，不服从法令的话，就要特别禁止，不得对国家的法律法令有所异议。

齐法家的代表性著作《管子》对于立私议者提出了详细的惩罚措施："明君在上位，民毋敢立私议自贵者，国毋怪严，毋杂俗，毋异礼，士毋私议。倨傲易令、错仪画制、作议者尽诛。故强者折，锐者挫，坚者破。引之以绳墨，绳之以诛僇，故万民之心皆服而从上，推之而往，引之而来。彼下有立其私议自贵，分争而退者，则令自此不行矣。故曰：私议立则主道卑矣。况夫据傲易令，错仪画制，变易风俗，诡服殊说犹立？上不行君令，下不合于乡里，变更自为，易国之成俗者，命之曰不牧之民。不牧之民，绳之外也，绳之外诛。"

在《韩非子·五蠹》中，韩非针对当时的社会现实，提出了清除五蠹之民的主张，指责君主尊重儒侠贤智、听信纵横家的错误。"五蠹"指危害国家的五种人，即学者（儒家）、言谈者（纵横家）、带剑者（游侠刺客）、患御者（逃避兵役者）、商工之民（商人、手工业者）。儒家学者称颂先王的政治主张，认为它标榜仁义，讲究礼仪，

---

① 高华平等译注：《韩非子·问辩》，中华书局2010年版，第612页。

修饰辩言说辞，目的是使人怀疑当代的法制，以此来动摇君主施行法制的决心；高谈阔论的纵横家，假托旧说，妄举古事，借助国外的力量谋求个人的私利，进而抛弃国家利益；游侠刺客，聚集门徒部属，标榜气节操守，用以宣扬他们的名声，违犯国家的禁令；逃避兵役的人，用钱财行贿权贵，请托他们以免除服兵役；从事商业、手工业的人，制造伪劣的器皿，收集奢侈的货物，囤积居奇，等待时机，从农民身上牟取暴利。① 这五种人，都是国家的"蛀虫"。所以英明的君主要治理国家，对于危害国家利益的五种"蛀虫"必须坚决清除。《五蠹》篇比较全面地反映了韩非的社会历史观和法治主张，是韩非子法治思想的集中体现。

韩非的法治思想就是将君主的权力绝对化，竭力鼓吹君主专制。他认为君主享有绝对权力，君主的意志就是法律，君主的言行就是命令。对于老百姓，韩非认为他们只能令行禁止，必须绝对服从君主的专制统治。为君主作战时要"赴险殉诚"，平时要"寡闻从令"，其德行还要"嘉厚纯粹"，而且对君主和官吏要唯命是从，老百姓不得反抗，否则就会受到严厉刑罚的镇压。

综上所述，法家思想的中心内容就是皇权至上，君主专制。法家所强调"以法治国"的最终目的就是要形成一种由君主全面操控社会并凌驾于国家之上的、一种个人意志被国家全面掌控的绝对权力。在这种体制下，臣民没有民主和权利，只能一味地服从，因此造就了他们愚昧奴性的人格。所以说，法家"止私言"思想就是让臣民们没有绝对意义上的言论自由，臣民们的一切言行必须符合当时的法律法令，不得违背。同时，法律所规定的条款内容一定要家喻户晓、深入人心，它是具有公开性和强制性的行为规则。

中国古代传播控制制度，在君主中心制和愚民政策上采用了法家的思想，在传播控制的内容规范上基本采用了儒家的思想。兼用儒、法，使中国古代的民众处于信息隔绝、缺乏基本的权利保障的状态。

---

① 徐新敏：《〈韩非子·五蠹〉浅析》，《语文学刊》2006 年第 9 期。

（三）其他诸子的新闻检查思想

在儒、法之外，其他学说也对新闻传播活动进行了思考与论述，出于治理国家的需要，他们提出了要对社会言论确立标准的要求。这些标准和要求，成为后世新闻检查制度的理论源泉。其中有较大影响的主要是墨家的"尚同"思想、道家的"愚民"思想和兵家的"守密"策略。

墨家在先秦是与儒家共同称为显学的学派。总体上，它代表了小生产者的利益，主张"兼爱"、"非攻"、"节用"，在传播层面，宣扬"取名予实"、"察类明故"和"言必立仪"，即思想、政策和学说需要从三个方面来检验：一是以历史记载中前人的间接经验为依据，二是以普通群众的直接经验为依据；三是考察它们的实施是否符合国家和人民的实际利益。但是与"兼爱"相对应的是，墨家又是纪律严明的学派，有领袖、有组织，主张"尚同"。

墨子对此说道："'古者民始生，未有刑政之时'，盖其语'人异义'。是以一人则一义，二人则二义，十人则十义。其人兹众，其所谓义者亦兹众。是以人是其义，以非人之义，故交相非也。是以内者父子兄弟作怨恶，离散不能相和合。天下之百姓，皆以水火毒药相亏害。至有余力，不能以相劳；腐朽余财不能以相分；隐匿良道不以相教。天下之乱，若禽兽焉。"① 因此，墨子提出，只有天下意见统一，"上之所是，必皆是之；所非，必皆非之。上有过则规谏之，下有善则傍荐之"②。天下意见统一了，社会才会安定。"尚同"如何实现呢？墨子主张通达，即"若见爱利国者，必以告；若见恶贼国者，必以告"，同时进行教化，"疾爱而使之，致信而持之，富贵以道其前，明罚以率其后"。

在这里，墨子为古代的价值观念设定了把关措施，天子等行政长官是信息和观念的审查者和把关者，决定了什么思想能够推行，什么思想应当规避。

---

① 《墨子》，中国长安出版社 2009 年版，第 47 页。
② 同上。

道家在政治上主张"小国寡民"，治理方面则强调"无为而治"，在信息传播方面则推崇"不言之教"。依据当时各种学说"佞辩惑物"的情况，道家主张"信言不美"、"善者不辩"、"至言不饰"，如老子说"天之道，不争而善胜"，"圣人之道，不争而胜"，《黄帝内经》所言"声溢于实，是以灭名"。正是这种对于言说的轻视，使得道家在阐述治国理念时主张减少信息的传递，控制意见的喧哗。是故老子强调："古之善为道者，非以明民，将之愚之。"这一主张，被后人称为愚民专制的政策，其实是道家在轻言重悟的语境下，认为应当减少人们对于知巧伪诈的推崇和掌握，而使之归于淳朴敦厚的风气，与专制和民主制度并不相关。

但是道家的这一主张，明显弃置了现代政治学所信奉的作为知情者的公民的权利，为后世诸王朝所采用，其结果是，国民在统治者有意隐藏信息的情况下，逐步陷入近代学者所忧虑的蒙昧状态。当然，愚民政策的实施结果，即使民众如井底之蛙，不可以语于海的结果，与老子等人主张的不言不辩以悟道的期望并不一致。

军事传播尤其是军事活动最极端的形式——战争传播，事关国家的生死存亡、民族的兴衰成败、人民的荣辱祸福，必须十分慎重、稳妥，"必要时就要实行严格的新闻管制和新闻封锁规定由高规格的权威的新闻机构发布重大新闻，利用物质的、行政的和法制的手段，控制军事物范围、内容、对象、时机、口径等"[1]。

因此，军事传播中对于新闻传播检查的论述，颇为丰富且颇为人们所认同。《孙子兵法》中有众所周知的名言："知己知彼，百战不殆；不知彼而知己，一胜一败；不知彼而不知己，每战必殆。"[2] 因此，《孙子》主张用兵须"致人而不致于人"，故"形兵之极，至于无形；无形，则深间不能窥，智者不能谋。因形而错胜于众，众不能知；人皆知我所以胜之形，而莫知我所以制胜之形"[3]。孙膑强调，

---

[1]　盛沛林：《没有硝烟的战争：传播心理战研究》，解放军出版社 2004 年版，第 283 页。

[2]　《孙子兵法》，时代文艺出版社 2010 年版，第 35 页。

[3]　同上书，第 89 页。

"兵者，诡道也，能而示之不能，用而示之不用，近而示之远，远而示之近"①。

他们强调在战争中，首先要找出自己军队中的内奸以实施反间，同时努力派出更多间谍以掌握对方的情况，采取的方式主要有间谍法、用计和保密。因此，他们主张严格地控制和筛选信息的真伪及其发布。

二　中国古代传播审查与言论控制制度

以儒、法两家的思想控制理论为指导，中国封建君主专制制度不断建立和完善传播审查与思想控制体系。在秦朝发生了血腥的焚书坑儒事件，出台了禁止私学、统一文字等措施，到宋朝则制定了严格的邸报传抄制度，到清朝则发动了大规模的文字狱。这些措施的推行，逐渐使得中国的普通民众包括知识分子进入了"无知无识"、"万马齐喑"的境地，而统治阶级与普通民众之间出现了"堂廉高深，舆情隔阂"的状况。

（一）我国古代早期的言论控制事件与制度

控制思想和舆论的传播而不致危害自己的统治，历来是治国者的主题。早在公元前 843 年，西周厉王残暴贪婪，引起国民的批评，周厉王使监谤者，车人"道路以目"。召公谏而不听，终被流放。但是这种控制国民言论的做法，为历代统治者采用。特别是在法家思想占主导位置的秦国，出台了更为严厉的禁言措施。

一是禁私学。据《史记·秦始皇本纪》记载，秦始皇采纳丞相李斯的建议："今皇帝并有天下，别黑白而定一尊。私学而相与非法教，人闻令下，则各以其学议之，入则心非，出则巷议，夸主以为名，异取以为高，率群下以造谤。如此弗禁，则主势降乎上，党与成乎下。禁之便。"通过禁止私学，秦消灭了诸子百家借教育传播思想、议论朝政、建立社团的权利。

二是焚书坑儒。公元前 213 年，秦始皇采纳丞相李斯的建议，下

---

①　红叶：《现代战争"兵不厌诈"》，《科学大众》1997 年第 9 期。

令焚烧《秦记》以外的列国史记和私藏的《诗》《书》等，敢谈论《诗》《书》者处死，以古非今者灭族。公元前 212 年，因为术士侯生等出逃，秦始皇使御史悉案问诸生，乃自除犯禁者 460 余人，皆坑之咸阳。焚书坑儒事件是法家"禁书"、"禁言"思想发展的极端表现。

三是移风易俗，秦在统一六国的过程中，强制在全国"匡饬异俗"、"大治濯俗"，追求天下民风的"混同"、"中和"。①

汉朝政府使用各种专制统治、严禁泄露皇室消息、禁止探听和传报朝政消息、禁止秘籍抄传、禁止私人撰史等传播活动，以实现中央对信息资源的完全垄断与掌握。② 汉武帝采纳董仲舒的建议，"罢黜百家，独尊儒术"，以宣传大一统思想的法定儒家经典作为选官的标准，对儒、法以外其他各家的思想的传播予以压制。对于皇帝的起居行踪、言行，以及身体状况等，这类信息在两汉往往被禁止公开传播，有时即使能公开对外传播，其传播的时间和范围也被官方严格掌控。

如西汉夏侯胜和皇帝谈话后，认为皇帝有尧舜般的善言，理应流传天下，结果受到了皇帝的责备和追究。奏章同样需要保密，如大司空师丹让手下的小吏替自己写奏章，结果被私下抄写了以致奏章外传，师丹因此被免职。

汉代也有因言论治罪的案例，如司马迁的外孙杨恽被免职后作诗，被汉宣帝认为是讽刺朝政诛之，妻女被放逐，族人及朋友遭贬。两汉的言禁对封建帝国的巩固发挥了重要的作用。

（二）我国古代传播审查制度的形成

秦汉时期形成的传播控制制度，为后代封建王朝所继承和发展，形成了中国统治者钳制言论、控制思想的深厚传统。这些传播审查制度，主要包括以下四个方面。

（1）我国古代诏奏文书的传播控制

诏，即诏书。奏，即奏折。诏书是对古代帝王发布的政令的统称

---

① 黎东方：《细说秦汉》，上海人民出版社 2002 年版，第 151 页。
② 黄春平：《汉代言禁研究》，《新闻与传播研究》2009 年第 2 期。

（其实皇帝发布的政令文书有多种，今人统称为诏书），是中国较早的官方新闻传播形式。而奏折是清代大臣们的上官文书，为清代独有。

诏书始于秦汉。据《史记》记载，秦始皇统一六国之后，改"命为制，令为诏"，而汉朝将诏书文体规范化。早在西汉时，皇帝就通过史官（御史）向全国书面发布新闻。例如，《汉书·萧何传》记载，西汉元朔年间（公元前 128—前 123 年）汉武帝刘彻曾就萧庆（萧何的曾孙）晋封为侯向全国发布公告。① 由此可见，诏书是用文字传播新闻信息，具有新闻传播性质的早期新闻载体。它的主要作用是将皇帝的诏书布告天下。为了保证皇帝的神圣性和最优的传播效果，封建王朝对于诏书的颁布程序做了严格的规定。

首先，诏书的传播遵循着严格的渠道。由中央到地方发布的官方新闻必须是直接通过皇帝或朝廷的有关机构来进行组织，然后经过御史府向外发布。历代诏书的起草者都是皇帝信任的近臣。像清代皇帝诏书先由内阁学士起草，稿本呈皇帝御览，皇帝钦定后方可正式撰写。诏书从中枢机关发出后，通过邮驿系统（邮亭和驿站）传送到地方政府，接着由地方政府层层下达，最后以诏书摘要抄件的形式传递给老百姓。通过邮传系统的专门化，皇帝确保了诏书指令的保密性，同时也确保了诏书传递过程中信息的最小损耗。

其次，诏书的发布与接承都有严格的礼仪规定。清代诏书颁发时，礼部需预设龙亭、香亭，乐部陈乐于香亭南，工部设宣诏台，鸿胪寺设案。宣诏官在天安门城楼上宣读诏书，文武百官在金水桥南按品级排班跪听，宣读时先满文后汉文，读毕，百官行三跪九叩礼。颁诏仪式后，官兵护送诏书到礼部，礼部接到诏书后，照式刊刻，以黄纸刷印，颁发全国各地，诏书正本交回内阁大库归档保存。诏书下达各省，各省必须举行既定的诏书接奉仪式。诏书到达省会前，地方官员于公廨内设诏案香案，诏书下直省，所经过府州县五里之内，文武百官着朝服备龙亭旗仗出郊跪迎，军民仗于道路右旁，候诏书经过。

---

① 宫承波等：《新闻历史与理论》，中国广播电视出版社 2007 年版，第 5 页。

诏书迎接至公廨，使者奉诏书陈于案上，展诏书官展诏书宣读，读毕，将诏书又置于案上，文武百官行三跪九叩礼。这些礼仪制度，保证了皇帝诏书的神圣不可侵犯性。①

各代对诏书的法律效力有严格的法律规定。历代都有规定，不得非议诏书，不得违背诏书礼仪。像汉朝规定有"非议诏书"罪，以大逆不道论处，判处死刑并夷三族；"废格诏书"即搁置诏书而不执行也是重罪，当弃市处死。通过这种制度，封建王朝限制了臣民对朝政议论的空间，确保了皇帝意志的独断专行。

奏折是清代特有的文书制度，它的产生同样是皇权专制的需要，由于当时文书制度的弊端引发了文书工作的改革，出现了奏折。奏折的内容包括言事、对策、引见三类。言事是指一切中央、地方的政治、经济、军事、文化的日常和突发事务、事件都必须上报。对策指的是中央、地方官员对日常和突发事务、事件的看法、主张、办法。引见，即请安。奏折在传播过程中采用"飞马日行六百里"的廷寄方法，可以迅速递到皇帝手中，待皇帝朱批御旨后，又可直接发还上奏官员，马上实行，大大提高了行政效率，给清朝的政治统治带来了积极的影响。

据史料记载，奏折制度经过顺治、康熙、雍正、乾隆等时期的发展才逐渐完善。到雍正时期，雍正皇帝加强奏折的保密制度，奏折的相关规章制度逐步走向规范化和制度化。

首先，回缴朱批奏折。雍正即位后就发布上谕正式确认回缴朱批奏折，谕旨所有皇考朱批，俱著敬谨封固进呈，不得抄写存留。若抄写留存或是隐匿焚弃，一旦发觉，定严惩，治重罪。从此回缴朱批奏折便成为清朝定制，但没有规定回缴期限。

其次，扩大上奏官员和上奏事务、事件的内容和范围。雍正帝为了打击政敌及熟悉国家政务，在继位以后明确赋予更多的官员奏折权，强调官员无论大小事务皆可密奏，并强制其轮流密奏。

再次，加强奏折相关的保密措施。为了使密折的内容不被泄露，

---

① 丁春梅：《诏书——中国古代的"中央文件"》，《秘书工作》2012 年第 2 期。

打造专用的折匣运送奏折，除皇帝和上奏官员有钥匙外，其他人无法打开。另外，雍正设立军机处所用的听候差遣者都是 15 岁以下不识字的幼童，且军机处内各部院大小官不得擅自入内，违者重处。可见雍正朝奏折保密措施之严。

最后，发展奏折录副制度。录副制度即内奏事处将朱批奏折送交军机处登记，并抄录一份留存的制度。抄录的奏折内容必须与原折一致。

从奏折的产生到奏折制度的确立，对于清朝统治者巩固皇权统治，对于各种信息和国家事务的及时处理，都起到了重要作用。

（2）邸报传抄审查制度的制定与执行

邸报是古代封建统治者对官报的通称，又叫"邸抄"。"邸"是中央和地方之间传播信息的联络机构，并由邸吏向地方传达朝政的文书，所以说这些官方文书就被称为"邸报"，作为封建统治者传知朝政和地方官员了解朝廷政情的工具。

西汉时期，邸报供地方机关长官及幕僚阅读与了解，并没有形成完整的官方文书发布制度。到了唐朝以后，才逐渐成为政府的公报，由各地节度使派驻首都的进奏官负责向地方传发，成为我国官报的雏形。① 这些邸报多为地方官派遣首都的邸吏自行抄传，这些邸吏由地方官派遣和指挥，不受中央政府管辖，因此邸报的抄传工作不受中央政府审定。

到了宋代，邸报的抄传受到封建统治者的严密控制。宋代邸报内容的审定，自太宗时期成立进奏院起，由中书省、门下省检正，检详官负责，南渡以后由门下省的给事中负责。他们的任务主要是决定发报稿件的取舍。这是中国有记载的最早的新闻检查制度，被称为定本。所谓"定本"，指的是根据进奏官们采录来的各种发报材料，经本院监官编定，送请枢密院或当权的宰相们审查通过后，产生的邸报样本。② 进奏官们必须根据这一样本为发报制度，不得超出其范围。

---

① 江红：《中国古代的官报——邸报》，《出版史料》2005 年第 3 期。
② 方汉奇：《中国新闻事业通史》（第一卷），中国人民大学出版社 1992 年版，第 93 页。

定本的目的是控制新闻信息的发布，可以由统治者们直接管理官报的内容，使邸报能够更好地贯彻皇帝和当权宰辅们的意图。

　　据《文献通考》记载，约在宋真宗咸平二年（公元 999 年），皇帝下诏，要进奏院将所供报状，每五日一次，抄送枢密院，由枢密院最后批准决定是否向各地抄报。进奏院向地方发布的官报，即以"定本"为准，不得擅自增减。①

　　明代不设进奏院，由中枢部门安排邸报的发布和抄传，这一活动主要通过三个环节。第一环节是通政司，朝廷政事的信息都会汇集到这里。接着，通过第二个环节六科进行发抄活动。第三个环节是提塘，由提塘官将信息从六科抄出，经过筛选和复制之后，传发至省、县，再通过辗转抄录，在各级官绅中传阅。明代的新闻传播活动没有制定专门的法律法规，但是也有许多限制。

　　从现存的明代文献资料中可以看出，天启以后各朝禁止在邸报上抄传的内容主要涉及朝廷机密、军事、刑狱等方面。尤其对军事方面的材料限制抄传的文件最多。最后发展到"凡涉边事，邸报一概不敢抄传，满城人皆以边事为讳"②的势态。除此之外，与皇帝及当权大臣观点相悖的材料，一切动摇统治者权力地位和公布出去会涣散人心的材料都是禁止抄传的。

　　清朝前期的发报制度和明代十分接近，即由通正使司收受臣僚题奏，六科负责发抄皇帝谕旨和臣僚奏章，提塘管理邸报的抄传发行工作。清朝的邸报发行工作是逐日进行的，手抄和印刷两种方式并存。由于清朝是皇权高度集中的王朝，所以清朝的官报主要流传在封建官僚机构内部，是为朝廷官员获知朝政和维护政体服务的。

　　在宋代定本制度和明清审查制度的严密检查下，很多重要的内容朝廷不准传报，邸报刊载的内容主要是皇帝的诏令和起居、官员的任免、臣僚奏章及战报军情等内容。不经批准的内容，包括军机、兵变、灾异等均不准见报。久而久之，人们关注的消息在邸报上几乎看

---

① 何萍：《中国历史上的报刊检查制度》，《重庆工商大学学报》2007 年第 5 期。
② （明）文秉：《烈皇小识》卷六，神州国光社 1946 年版，第 163 页。

不到了，在北宋、南宋交替时期，时局动荡、人心惶惶，邸报却没有刊载有价值的信息。在明末，农民起义军和关外清军威胁着政局，邸报对此却丝毫不做反映，甚至弄虚作假。这些审查措施不仅闭塞了普通民众的耳目，也蒙蔽了许多中下级官员，使邸报只能作为古代报纸的雏形而存在，而不能演变为近现代的报刊。

封建统治者不仅对官方内部流通的邸报进行内容上的严格审定，对于民间流行的小报更是严厉查禁。小报产生于政治动乱的北宋末年，盛行于南宋，是中国新闻史上最早出现的民间私自发行的报纸，由于当时封建王朝对官报的管制，邸报的发行内容多受限制，老百姓关注的信息得不到报道，所以滋生了民间自办的小报。从史料记载来看，小报刊载的信息以新闻和时事性政治材料为主，不定期出版。小报的发行者为了提高新闻的真实性和时效性，甚至派人到朝廷内探访、搜集当时的各种政事活动信息，为读者提供官报不载或禁止刊载的新闻和文件。报纸上的有些新闻虽然来自官方，但是传播者各取所需，刊载一些捕风捉影的信息，导致新闻失实，给官方带来不少麻烦。

由于小报的发行触犯了封建统治者的议论朝政之禁，泄密、失实问题频频发生，超越了统治者对新闻的管制，因此小报受到了严厉的查禁。北宋的仁宗、哲宗、徽宗诸朝，都曾经颁布过很多诏旨和法令，限制小报的出版，查缉和惩治小报的发行人，为检举人提供赏钱并处分发行小报者。南宋的孝宗、光宗、宁宗等朝，也都有禁止小报和禁止"听探传报漏泄朝廷机密事"的记载。①

南渡以后到宋末这段时期，随着小报的迅速风行，它的数量剧增，影响力越来越大，以至发展到"以小报为先，以朝报为常"的局面，封建统治者进一步加强了对小报的控制，并颁布禁传小报的新规定，且惩治力度越来越重。由一般的"听人告捉"、"密切跟捉"，发展到"当重决配"、"重作施行"。由一般的"当议编配"，发展到

---

① 方汉奇、张之华：《中国新闻事业简史》，中国人民大学出版社1997年版，第19页。

"编管五百里"乃至"流二千五百里",而且增加了杖刑,赏格也有所提高。①

由此可见,宋代的封建统治者对限制小报是十分重视的。不仅如此,统治者还加强了对进奏官和使臣的管理和监督。禁止各地进奏官"伺查朝政"、"听探事宜",以及"将不系合报行事辄擅报行,及录与诸处札探人传报"。此外,还对进奏官们实行"五人为甲,递相为保"的互相监督制度。其目的都在于切断小报的消息来源和发行渠道。

(3)明清两代对图书查禁活动

禁书,顾名思义就是统治者通过行政手段禁止阅览、收藏、刊刻、抄写书籍等。禁书现象自秦代以来就比较盛行,唐以后禁书成为封建专制王朝推行思想统治的重要步骤,形成了制度。唐高宗时期制定的《唐律疏议》对禁书的内容做了详细规定,为后世所延续。明清两朝将禁书制度发展到登峰造极的地步,并与文字狱紧密结合起来。禁书和文字狱是古代中国政府传媒管制最有力的表现。

明朝初年,政府便兴起了文字狱和禁书运动。《大明律》中"收藏禁书及私习天文"的条款规定:"凡私家收藏玄象器物、天文图谶、应禁之书,及历代帝王图像、金玉符玺等物者,杖一百。若私习天文者,罪亦如之。并于犯人名下,追银一十两,给付告人充赏。"②又在"造妖书妖言"条款中再次重申:"凡造谶纬(谶书和纬书)、妖书、妖言及传用惑众者,皆斩。若私有妖书隐藏不送官者,杖一百,徒三年。"关于两处的矛盾之处,点校者的注释说:"皆者,谓不分首从,一体科罪。余条言皆者,并准此。"③ 由以上两条律令可以看出,明代统治者禁止一切天文图谶、邪教妖书、质疑祖制方面的书籍。天文图谶指有关天文星象和宣扬迷信之书。除此之外,一些注释、编辑或质疑官方著作的书籍也都要进行禁毁。同时,律令中规定

① 方汉奇:《中国新闻事业通史》(第一卷),中国人民大学出版社1992年版,第110页。

② (明)朱元璋:《大明律卷12 礼律二》,法律出版社1999年版,第91页。

③ (明)朱元璋:《大明律卷18 刑律一》,法律出版社1999年版,第135页。

的处罚手段也是极其残忍的，规定将禁书作者及流通者杖一百，并且要付给告密者十两银子作为奖赏，对于犯戒者，轻者下牢狱，重者被处以极刑。

明代的统治者为了树立权威、统一思想，还明令禁止与统治思想相悖的戏曲、杂技、小说、八股文等文化作品。凡亵渎帝王圣贤的词曲、杂剧的剧本，一律不准流通，如有收藏者全家抄斩。还有一些虽未明文规定为禁书的书籍，在著作者获罪被杀后，也会变成不禁之禁书。

较之明代，清朝的统治者采取严厉的思想控制手段来禁止书籍的流通。清朝作为中国历史上最后一个王朝，无论是在政治上还是在军事上都制定和实施过很多巩固统治的措施，使中国的封建文化专制主义达到了顶峰，出现了历史上空前规模的文字狱案和禁书案。

满洲贵族入关建立清王朝以后，在全国范围内实行严酷的军事镇压、民族压迫和强制的思想统治，在康熙、雍正、乾隆三代，先后制造了 108 起文字狱并尽毁其藏书。著名的如发生在康熙元年的庄氏明史案，被祸的有 700 多家，被杀者数百人，加上受牵连而流放的有数千人，著名知识分子朱国祯的心血《皇明史概》因此流失。乾隆时期的文字狱使得大量书籍被禁毁。

为了清缴违禁书籍，在多次使用了文字狱这类强硬手段禁书后，又实行纂修《四库全书》的禁书办法。借修《四库全书》之名，在全国各地征收书籍。当时征集到的图书总数为 13781 种，其中有 2453 种被列入禁书而毁掉，连副本也不准留；有 402 种图书被抽毁，就是把书中的部分章节撕掉，使之成为残书；被收入《四库全书》的仅仅有 3470 种。另外有的图书还被改版和填匣，改版就是删改书板上的原有内容；填匣是《四库全书》成书之后又发现禁书的，将书抽去后用衬纸填充书匣。鲁迅先生曾对此一针见血地指出："清人纂修《四库全书》而古书亡。"[①]

清朝的历代皇帝都特别重视汉人对于满族政权的臣服情况。他们

---

① 鲁迅：《且介亭杂文·病后杂谈之余》，人民文学出版社 1973 年版，第 129 页。

要求汉人不仅要在形式上臣服，更要在思想上臣服。凡是在主观上冒犯了皇帝和朝廷的书籍都被疯狂查禁。在查禁过程中，官府寻章摘句，只要带有"虏"、"戎"、"胡"、"夷狄"、"犬戎"等字词的书籍，都会被列入禁书范围之内。甚至，就连擅用"清"字、"明"字，也可能招来杀头之祸。另外，清朝皇帝不放过任何关于满汉之妨的文字，特别是剧本小说这种传播性极强的书籍，更不能有违背皇帝和朝廷之意。还有关于西方宗教文化的书籍、妖书等都是历朝皇帝屡禁的，并且愈禁愈厉。

　　明清两朝的统治者通过禁书达到思想专制的目的。禁书所打击的对象都是有碍于思想专制与皇权统治的书籍，以及统治者自觉有碍风化的小说、戏曲作品。这些措施和活动，毁灭了中国古代优秀的文化典籍，阻碍了文化思想的自由交流和科学技术的发展，更隐藏了古代历史的真实面貌，导致了中国社会的封闭与活力的丧失，其罪莫大焉。

三　中国古代传播控制的典型事件及其影响

（一）陈新甲泄密被杀事件

　　中国古代没有所谓的保密制度，对那些机密事件需要保密的，保密到何种程度、何时公开，都取决于皇帝和有关官员的意志。崇祯十年（1637 年）十一月初八日上谕中说："凡关系机密的，不许抄传。"[1] 但是什么是机密呢？机密就是指那些一旦被公布出去，足以涣散人心、动摇统治者的权力地位的事情，因为不便公开说明，便以"机密"为名，加以限制。明代"陈新甲泄密被杀事件"，是中国最早因报纸泄密处斩朝廷官员的案件。

　　陈新甲，四川长寿人，崇祯十三年（1640 年）任兵部尚书。崇祯十五年（1642 年），受崇祯指示，秘密主持与清方议和事宜，当时崇祯皇帝曾"手诏往返者数十，皆戒以勿泄"[2]。可见这件事属于高

---

① （明）文秉：《烈皇小识》卷六，神州国光社 1946 年版，第 163 页。
② 李洵、薛虹等：《清代全史》（第一卷），辽宁人民出版社 2007 年版，第 222 页。

度机密，不料，陈新甲却一时大意泄露了此事。据《明史·陈新甲传》记载："一日，所遣职方郎马绍愉以密语报，新甲视之，置几上。其家僮误以为塘报也，付之抄传。于是言路哗然。"由此可知，是家僮误把进行议和谈判的人交上来的秘密情报，当成一般的塘报，交给各省驻京办事处抄传了出去。事情泄露后，崇祯十分恼怒，"降严旨切责新甲，令自陈"①。而陈新甲不知道代主子承担责任，却一味地替自己辩解，结果把事情越闹越大，终于被下狱弃市。

（二）何遇恩、邵南山被杀案

清朝雍正四年（1726 年），何遇恩、邵南山二人因为报道失实，被处斩，这是中国新闻史上第一宗有姓名可查的报人被杀事件。

清朝的小报，又称为小钞，是提塘官们发行的报纸。顺治年间，小报公开发行，并没有受到当局管制。在一般官员们心中，它被视为以科抄为主要内容的正式官报的一种补充。除此之外，还有提塘官们和提塘报房的抄写报文者们自行采录的消息，为有关省份的官员们获知朝廷信息提供了渠道。

到康熙末年，小报开始受到当局的注意和限制，并以上谕的方式禁止小报的发行，但是没有起到效果。经雍正、乾隆两朝一再查处后，小报几乎被完全禁止。小报被当局限制的原因有三：一是刊发了未经六科发钞的章奏；二是先于部文到达地方，泄露了司法机密；三是刊发了不实的消息。其中，何遇恩、邵南山二人就是因为报道雍正游园活动失实事件被查处。

清雍正四年五月初五，雍正召住于圆明园内的王公大臣 10 余人，在园内勤政殿侧的四宜堂会面，并请他们吃过节的粽子，"逾时而散"。对这次活动，提塘报房的小钞作了如下报道："初五日，王大臣等赴圆明园叩节毕，皇上出宫登龙舟，共数十只，俱作乐，上赐酻酒。由东海至西海，驾于申时回宫。"②在这段报道中，时间不完全准确，登舟、作乐、赐酒、游园等细节本来没有，属严重的新闻失

---

① 史媛媛：《清代前中期新闻传播史》，福建人民出版社 2008 年，第 36 页。
② 方汉奇：《中国新闻事业通史》（第一卷），中国人民大学出版社 1992 年版，第 201—202 页。

实。由于当时，雍正与王室中的允禩、允禟集团进行权力斗争，对提塘报房小钞的这一失实报道十分敏感，认为这个报道和允禩、允禟集团的流言诬陷活动有关，遂立即批交兵刑二部"详悉审讯，务究根源"①。最后，将发行这一小钞的何遇恩、邵南山两位报人以"捏造小钞，刊刻散播，以无为有"的罪名，判处斩刑。

对提塘小报加以限禁，其目的在于加强对官报发行工作的控制，堵塞泄露朝廷机密的渠道，避免不利于统治者信息的传播。对于查禁小钞活动中被处死的人来说，等同于当时的文字狱一样残酷。提塘小报的发行，本来可以使提塘们在做好管理塘务、传递官文书、发行邸报的本职工作的同时，获取一些经济上的收益，但是小报的禁绝也促使一部分提塘由官方的新闻工作者向民间的新闻工作者转移。

（三）清代吕留良文字狱案

文字狱是指封建统治阶级利用特权，对知识分子的一种迫害。统治者们为了稳固政权，从文人的诗文中摘取字句，罗织罪名，轻者被发配边疆，重者则会引来杀身之祸，甚至株连九族。文字狱历朝皆有，清朝时则登峰造极。在康、雍、乾三朝，共发动160多起，为以前历代之总和，其持续时间之长、文网之密、案件之多、打击面之广、罗织罪名之阴毒、手段之狠，都是超越前代的。其中尤以吕留良案最为有名。

吕留良是清初著名的学者、理学家、思想家，在清代学术思想史上有重要地位和影响，矢志不食清禄，其言论多有感伤时事、宣传反清之意。吕留良案发生在清雍正六年。当年十月，湖南书生曾静游说岳钟麒谋反而被告发，曾静在受审之后供说自己是受了吕留良的影响，导致吕留良死后49年又被"剖棺戮尸"。雍正特发专谕痛斥吕留良"以无父无君为其道、以乱臣贼子为其学"，是"名教中之罪魁"，认为其学说理应毁版灭迹。该案的定罪和处罚都很严酷：吕留良、吕

① 方汉奇：《中国新闻事业通史》（第一卷），中国人民大学出版社1992年版，第202页。

葆中戮尸，吕毅中斩立决，诸孙免死流放宁古塔，门徒严鸿逵戮尸枭示，其孙亦发遣为奴，沈在宽斩立决，其他刊刻收藏吕氏文集的人也都受到严厉惩罚。

雍正时期共发动文字狱 25 起，主要打击的对象是具有反清思想的士大夫或政治上的反对势力，获罪的大多是官吏和上层知识分子，并对他们随意罗织罪状。文字狱表面上压制了人民的反抗和暴乱，但是在实施过程中，过度地加大了惩治的手段，以致造成先进思想的埋没和人民的恐慌。

（四）清代传抄伪稿案

传抄伪稿案是清代影响最大的查禁传抄伪稿案件，是查禁伪造题奏和御批案。当时，清政府明文规定禁止伪造题奏和御批，禁止传报未经批发的奏章，禁止探听采录科抄以外的新闻，禁止不实报道等，其目的就是防止朝廷机密泄露和维护封建统治秩序。传抄伪稿案使乾隆皇帝极为震怒，在全国范围内进行排查，并将主犯、从犯连同查办不力的官员一同处置。

该案发生于 1750 年，即乾隆十五年（又说 1751 年，即乾隆十六年），前后历时 3 年。伪造题奏和御批事件的主谋是江西漕运系统的两个地级官员——抚州卫千总卢鲁生和南昌卫守备刘时达。由于他们听说乾隆将事南巡，因怕办差赔累，遂于乾隆十五年七月串通，编写了一份反对巡幸的假题奏，主要内容是指责乾隆皇帝有"五大解、十大过"，对乾隆皇帝本人和他执行的政策及权贵重臣进行了尖锐的抨击，特别是指责乾隆南巡和冤杀张广泗。该题奏假借以敢言著称的孙嘉淦之名，并加上了伪造的御批，通过书办抄传了出去，在各省流传。新任云贵总督硕色首先向乾隆报告，接着山东、江西、浙江、江苏等省也相继举报。[1] 而此时，离卢、刘两人编写伪稿的时间已过去一年多了。

得知此案件后，乾隆非常重视，下令在全国范围内进行排查，经过朝廷大臣们研究推敲，直到乾隆十八年正月，才得到重要线索，并

---

① 方汉奇、李矗：《中国新闻学之最》，新华出版社 2005 年版，第 23 页。

很快追查出卢、刘二人伪造题奏及御批的情节。严加审讯后，将伪造者二人并置重典。卢鲁生在押期间因病重，不待结案，被提前凌迟处死。刘时达和按家属原应坐例入罪的卢鲁生的两个儿子，均被判死刑。

从传抄伪稿案中，我们可以看出，清代的新闻传播活动严格控制在统治者手中，所刊发的内容和形式同样受统治者支配。此案件完全是伪造杜撰出来的，不仅触犯了统治者的利益，而且也造成了一定的舆论压力。只有严惩伪造者，才能防止不利于统治者的信息的传播和言论的扩散，进而控制舆论。

第二节　晚清时期新闻检查制度

自 1840 年鸦片战争之后，晚清政府面对外来侵略者的挑战和国内日益强烈的改革甚至革命思潮，一方面他们继续维持封建专制的传播审查制度，一方面不得不适应和建立近代国家信息传播管理制度。这使得晚清的新闻检查制度呈现出半殖民地半封建特征。对内，它虽然推出一些改革，但尽量延续剥夺国民言论思想自由的封建专制制度，推迟改革；对外则卑躬屈膝，赋予外国人治外法权。这种策略使它逐渐陷入了内外交困的境地，最终被历史潮流抛弃。在这里，我们将不再重复前文所述的封建专制制度对新闻传播的检查，而只谈晚清时期有自己特点的新闻检查制度。

一　晚清时期新闻检查法规

晚清时期，政府颁布专门的新闻法规对新闻媒体进行管理，这是以往封建政府所不具备的。以往的封建政府未曾面对发达的近现代传媒，它们只是在国家的基本法规或一般法规中提及传播检查和管理问题，多数时间对新闻传播的审查只是有意为之。晚清时期，政府首先面对的是外国传教士等创办的报刊，接着是国人在租界地创办自己的报刊，最后面对的是报禁开放问题。因此，在 19 世纪初清政府先后出台了专门的法规，对新闻媒体进行管理。这些法规虽然穿着近代法律的"外衣"，体现的却是封建专制的思维模式。

（一）晚清新闻检查的主要法律依据

（1）《大清律例》

《大清律例》是清朝最为系统、最有代表性的律典，也是中国历史上最后一部封建王朝的律典。它以《明律》为蓝本，参考金、满旧律制定而成，在结构上分为例律、吏律、户律、礼律、兵律、刑律、工律共七篇，四十七卷，四百三十六条，附例一千〇四十九条。①《大清律例》颁布后，每五年一小修，十年一大修，在原有律文上不断增加。光绪二十七年（1901 年）发行的《大清律例增修统纂集成》，就是《大清律例》多次增修的版本。

清政府主要援用《大清律例》刑律"盗贼类"中有关"造妖书妖言"的规定，实行新闻传播审查，限制言论出版自由，处理有关报纸案件，甚至用来迫害民间的出版物及报人。

该条款规定："凡造谶纬妖书妖言，及传用惑众者，皆斩。"具体规定有三条："一、凡妄布邪言，书写张贴，煽惑人心，为首者，斩，立决。为从者，斩，监候。若造谶纬妖言妖书，传用惑人不及众者，改发回城，给大小伯克及力能管束之回子为奴。二、凡坊肆市卖一应谣词小说……严禁，务搜板书，尽行销毁。有仍行造作刻印者，系官革职，流三千里，市卖者杖一百，徒三年，买看者杖一百。三、各省抄房，在京探听事件，捏造言语，录报各处者，系官革职，军民杖一百，流三千里。"同时规定执法时可以"比附援引"，"凡律令该载，不尽事理，若断罪无正条者，引律附比，应加应减、议定罪名"②。

从这些援用条款中可以看出，它不是用来保障言论自由的，而是限制言论自由。律文中对于"妖言妖书"、"传言惑众"、"妄有邪言"的概念也没有详细的界定，封建统治者可以对此任意解释，再加上可以援引律令、类比定罪，执法的随意性相当大。如雍正四年发生的何遇恩、邵南山案，乾隆十五年发生的传抄伪稿案，甚至光绪二十九年

---

① 蒲坚：《新编中国法制史教程》，高等教育出版社 2003 年版，第 200 页。

② 方汉奇：《中国新闻事业通史》（第一卷），中国人民大学出版社 1992 年版，第947—948 页。

的"苏报案",都是援用此条款附比定罪的。此外,一些地方政府也曾根据《大清律例》颁布过控制言论、出版自由的条例和命令,其文字界定更加笼统。这些条例和命令的解释权归各级执法官吏,他们执行的随意性相当大。

(2)《大清印刷物专律》

《大清印刷物专律》颁布于光绪三十二年(1906年)七月,是清政府制定的最早关于报刊出版的专门法律。该法律是由商部、巡警部、学部共同拟定与公布的,分为大纲、印刷人等、记载事件等、毁谤、教唆、时限6章,共41条法规。

该法律对新闻传播的审查方面做出了如下规定:

第一,实行注册登记制度。所有关涉一切印刷及新闻记载必须在印刷总局注册。未经注册的印刷人,不论承印何种文书图画,均处以150元以下的罚款或5个月以下监禁,或两者并罚。另外,以印刷出售为业者,须向巡警部缴纳注册费,巡警部批准后才能经营。并且,出售的印刷物上要印明印刷人姓名及印刷所地址,违犯者处100元以下罚款或3个月以下监禁,或两者并罚。印刷人需将印刷物详细记册,以备随时检查,违犯者处100元以下罚款或3个月以下监禁,或两者并罚。印刷人必须备印刷物品两份送所在巡警部门,违犯者处50元以下罚款或一月以下监禁,或两者并罚。①

第二,关于"毁谤",则分普通毁谤、讪谤、诬诈三种,并专门规定了"讪谤"条款。其中规定:"是一种惑世诬民的表揭,令人阅之有怨恨或侮慢,或加暴行于皇帝、皇族或政府,或偏动愚民违背典章国制,甚或以非法强词,又惑使人人有自危自乱之心,甚或使人彼此相仇,不安生业。"凡有"令人阅之有怨恨或侮慢,或加暴行于皇帝、皇族或政府,或煽动愚民违背典章图制"者,须处以5000元以下罚款或10年以下监禁,或两者并罚。②

第三,法律赋予地方各级行政长官以很大的审判权和监督权,规

---

① 刘哲民:《近现代出版新闻法规汇编》,学林出版社1992年版,第2—5页。

② 同上书,第5页。

定他们有权管理对印刷物的指控，逮捕被告，随意封闭印刷所。

总之，这项法规赋予了各级官吏很多权力，在《大清印刷物专律》第一章"大纲"中规定："本律通行各直省，即仰各地方该管官酌量办理。"① 所谓"酌量办理"，对于执法者来说，可以作各种解释，实际授权他们受理有关案件的指控，随意逮捕被告，随意封闭印刷所。

《大清印刷物专律》对报刊发行出版的规定是较为苛刻的，其中充满了"处罚"与"监禁"字样，无形中给办报人一种压抑之感。它的目的也不是报纸言论出版自由，但是，限制也好，处罚也罢，其出现终究说明中国封建统治者开始对报刊出版进行正式的法制管理。

（3）《大清报律》

继《大清印刷物专律》颁布 3 个月后，清政府为了进一步控制革命报刊的发行和出版，巡警部先后制定了《报章应守规则》九条和《报馆暂行条规》十条，两部法令内容基本相同。《报章应守规则》规定新开报馆必须经巡警所批准，严禁报刊诋毁宫廷，乱议朝政；《报馆暂行条规》只是新加了"出版前要呈报巡警部，经批准后才能发行"这一条。

由于《报章应守规则》和《报馆暂行条规》都是暂行法令，到光绪三十四年（1908 年）一月，在上述两部法令的基础上，商部以日本《新闻条例》为母本，参照当时德国的新闻法规和英国人制定的香港报律拟定了《大清报律》。后又经巡警部加以修改，联合清末民政部、法部、宪政编查馆复议，批交六大臣（奕劻、载沣、世续、张之洞、鹿传霖、袁世凯）详加修改，于同年三月奉旨颁布实施，该律共四十五条，其中正文四十二条，附则三条。

《大清报律》对报刊发行、报刊检查、报刊内容和国外报刊入境等，都做了详细的规定。可以说，它是清政府对以前所颁布的相关新

---

① 刘哲民：《近现代出版新闻法规汇编》，学林出版社 1992 年版，第 2 页。

闻法律法规的概括和总结。其主要内容包括①：

第一，报纸的登记方式及处罚。报纸创办发行 20 日以前，必须申报呈请备案，并缴纳 250 元至 500 元不等的保押金；如若专载学术、艺事、章程、图表及物价报告等的汇报，免缴保押金；凡是未按规定呈报者处以 100 元以下罚金。

第二，报纸的检查制度及处罚。每日发行的报纸，应于发行前一日晚上 12 点以前，其他期刊应于发行前一日中午 12 点送该监管部门查核，违者处以 30 元以下罚金。

第三，禁载事项及处罚。其中第十四条为："报纸不得揭载：诋毁宫廷之语，淆乱政体之语，扰乱公安之语，败坏风俗之语。"违者处以 20 日以上两年以下监禁，另加 20 元至 200 元不等的罚金，并且该报永远禁止发行。其情节较严重者，仍然按照刑律治罚。凡在国外发行的报刊如有违律，禁止入境，由海关没收且入关将其销毁。

《大清报律》是在清王朝宣布预备立宪、施行新法的口号声中制定的。清政府的目的显然不是发展新闻事业，也不是保证言论出版自由，而是加强对新闻事业的控制。因此，它具有极其鲜明的维护晚清君主专制统治的封建性色彩。其矛头主要指向资产阶级革命派报刊，但也殃及了不少改良派报刊和其他报刊。在这样的时代背景下，《大清报律》就是封建统治者强加在资产阶级报刊和报人身上的枷锁。

《大清报律》颁布实施后，经常会遭到国内报界的抵触，洋人对此更是不屑一顾，甚至出现了"各报馆延不遵行，外人所设者尤甚"②的局面。清政府越来越感到原有报律不能满足其统理报界的需要，于是，到了宣统二年（1910 年）便正式提出由民政部、资政院再度核议，重新修正。修正后的报律又称为《钦定报律》，实质上，它就是《大清报律》的一次再版，基本沿袭了原律的内容，但受当时的形势所迫，也对个别条例做了微小的修改和增删。

---

① 刘哲民：《近现代出版新闻法规汇编》，学林出版社 1992 年版，第 32 页。
② 戈公振：《中国报学史》，岳麓书社 2011 年版，第 272 页。

所以说，《大清报律》这个所谓正式的报律是一个只讲限制、不提保护的法律。对于报纸的开办，它改批准制为注册登记制，但又规定必须缴纳保押金，对办报加以限制。与之前的报刊、法律、法规相比，不仅加大了禁止刊载的内容范围，而且是实行新闻预检，报纸在出版前必须将报样送该管部门审查，经批准后才可以发行。笔者认为，虽然《大清报律》是在当时已完全沦为半殖民地半封建社会的境况下炮制出来的，但它是一部具有近代性质的、比较完整系统的报纸专律。

（二）晚清新闻出版法律的特征

晚清时期，有关新闻出版的专门法律，最早出台的是在 1906 年 7 月由清政府颁布的《大清印刷物专律》。而在此之前，清政府主要援用《大清律例》刑律"盗贼类"中有关"造妖言妖书"的规定附比定罪，来管理民间出版物和报人。1908 年颁布的《大清报律》，除将先前制定与颁布的报刊禁载规定全部收入外，还新增了一些限制性的条款。这些相关新闻出版的法律，具有强烈的封建色彩和浓厚的半殖民地色彩。

（1）形成了较为完备的新闻立法体系

清政府颁布的一系列新闻法律，诸如《大清印刷物专律》《报章应守规则》《报馆暂行条例》《大清报律》《钦定报律》等，从形式上看，它们管理各种类型的报刊及其他出版物且覆盖面非常广。与此同时，各地方政府根据本地的情况，制定了专门的报刊条令，以此来规范报刊的活动，如广东南海县令制定的报律八条、两广总督颁布的报律三条等。这些法律条令也对清政府颁布的新闻法规起到了一定的补充作用。在内容方面，从《大清印刷物专律》到《钦定报律》是逐步完善的。《大清印刷物专律》是针对包括报刊在内的整个印刷出版行业，内容是比较丰富的。在这之后颁布的《报章应守规则》和《报馆暂行条例》，内容都比较简单，仅规定了报刊呈请注册、禁载内容和失实更正等，没有更多的新内容。在报刊宣传活动管理方面、禁载和处罚方面的规定，《大清报律》和《钦定报律》相比之前的法律全面多了。如前所述，清政府制定的新闻法规越来越完善，已经基本具备近代新闻法规的要求。

（2）以限制言论出版自由为目的

戈公振在《中国报学史》一书中提到，清政府制定所谓的"报律"，是因为"与其漫无限制，益生厉阶，何为勒以章程，咸纳轨物"，而"明定报律，以息邪说，而重关防"。意思是说，当时对报刊的新闻报道难以控制，尤其是租界媒体，更是让清政府鞭长莫及，与其这样，还不如主动立法，放宽言论自由，以便于更好地进行控制。而制定的限制法，"用以维持正议，仿制讹言，使舆论既有所发抒，而民听亦无淆惑"，使"一切邪说横议"，"不禁而自止"[1]。因而，加强对新闻传播的检查，限制言论出版自由是晚清新闻法律的本质特征。

《大清印刷物专律》里规定的注册登记制度变为严格的批准制度[2]，《大清报律》的第二十二条至第二十六条关于发行人、编辑人、印刷人连带责任的规定，使晚清新闻法律对责任认定起到株连的作用，这种对新闻自由的既赋予又剥夺，加强了清政府对新闻媒体的控制。从《大清印刷物专律》到《钦定报律》，只见种种限制的规定。而且，这些限制报刊出版的法律，层层加码，制定的内容越来越详细周密，表面上看是放宽新闻自由的尺度，其实质上是为了控制和约束言论出版自由。

（3）带有浓厚的半殖民地色彩

清政府颁行的新闻法律、法令，以及由这些法律、法令构成的新闻法律制度，吸收和借鉴了不少资本主义法律制度的因素，可以说，它具有资本主义新闻法的形式，但是它并不属于资本主义的法律范畴。由于清政府在政治上屈服于帝国主义的压力，所以在外交政策上就呈现出浓厚的半殖民地色彩，而且渗透在所制定的新闻法规中。

从《大清印刷物专律》到《钦定报律》等一系列新闻法规中可以看出，对于如何管理外国人出版的报刊并没有相关条例的规定，就

---

① 戈公振：《中国报学史》，中国新闻出版社 1985 年版，第 340 页。

② 徐培汀、裘正义：《中国新闻传播学说史》，重庆出版社 1994 年版，第 209 页。

连如何管理国人在租界内创办报刊的问题也只字未提。由于历史原因，清政府对于外国人在租界以外地区所创办的报刊也不敢加以管理。宣统三年（1911 年）10 月 8 日，两广总督张鸣岐就打着外国人旗号的革命报刊如何处理、是否适用本国报律等问题打电报向民政部请示。民政部将电话咨送外务部商议办法。随即外务部作出答复："报馆既挂洋旗，则吾国报律不能适用。因吾国领事裁判权尚未收回故也。现在只好电商该外国驻粤领事，请其秉公干涉。"① 这一答复彻底显露了清政府的半殖民地色彩。

由上述分析可以清晰地看出，清政府从长期的封建专制到引进西方法制，制定了比较完备的新闻法律法规。但是因为长期受到封建专制思想的影响，以及国内资本主义发展尚未成熟，在剖析晚清的新闻出版法规时，无论从其制定和颁布的历史背景，还是从其内容来看，其本质仍然是半殖民地半封建社会的各种社会条件的反映，以及控制和约束新闻事业。

二　晚清时期新闻检查执行方式

（一）查封报纸，限制出版

自报刊出现之日起，清政府就采取各种手段加强对报刊的控制。辛亥革命时期，清政府对报刊实行了残酷的迫害。据不完全统计，从1899 年到 1911 年，至少有 53 家报刊被查禁。② 除此之外，还有多家报刊受到警告、暂时停刊和其他处分。

清政府设立巡警部之前，对于报刊的查禁有两种模式。一是由军机处发布谕旨，各省督抚接到命令后吩咐所属地方官进行查禁；二是各地方官员发现"违禁"报刊后上报督抚，督抚再命令有关机构对其查禁。而在巡警部设立之后，对于"违禁"报刊的查禁皆须经过巡警部，由巡警部经手处理报刊检查的案件。直到成立民政部后，处理"违禁"报刊一般由民政部奉谕或自行札饬各省督抚、巡警道进

---

① 中国社会科学院新闻研究所：《新闻研究资料》，中国新闻出版社 1985 年版，第205 页。

② 丁淦林：《中国新闻事业史》，高等教育出版社 2002 年版，第 98 页。

行查禁。民政部内又设探访局、阅报处、京师内外城巡警总厅负责报刊检查的工作，特别是京师内外城巡警总厅全面负责北京城的报刊检查工作。

1905 年 2 月，清政府下令查禁《江苏》《浙江潮》《湖北学生界》《鹃声》等革命性质的报刊。1907 年 9 月 29 日，北京《京华日报》《中华报》被巡警部冠以"妄议朝政、捏造谣言、肆为论说、附和匪党"等罪名封禁。《大清报律》颁布实施后，京师内外城巡警总厅对报刊的检查呈现制度化的趋势，每天派专门的人员进行检查，轮流对辖区内各报馆逐次检查有无违犯报律的情形，每十天列表向民政部汇报一次。① 宣统三年（1911 年），国内一些报纸纷纷刊载有关"各国在巴黎召开会议，讨论瓜分中国之事"的新闻，清政府害怕引起外交纠纷，在外务部的请求之下，民政部咨会各省督抚严禁所属各地报纸登载此类新闻。②

相比之下，《大清报律》和《钦定报律》颁行后，清政府对报刊的新闻检查出现了新的变化。执行报刊检查的相关机构多援用报律条款"按律办理"，使之"言之有据"。如宣统三年正月，广东的一些报馆刊登"中国因东三省、伊犁、西藏及云南等处地方与各国交涉事件"及"拟派唐绍怡使美请调处中俄交涉之说"时，两广总督就以"督署向未接有确实消息，各报所载难免出自讹传"为由，勒令该报停刊。其处罚依据是《大清报律》第十二条和第二十二条规定，即"外交、海陆军事件，凡经该管衙门传谕禁止登载者，报纸不得揭载"，"违第十二、第十三条及第十四条第四款者，该发行人、编辑人处二十日以上六月以下之监禁；或二十元以上、二百元以下之罚金"③。随即广东巡警道就"按律办理"，对以上新闻禁止刊登。又如宣统三年五月，广东《天民报》刊载了革命党大文章一则，字里行间冒渎乘舆、淆乱政体、诋毁不遗余力。紧接着两广总督便要求广东

---

① 王学珍：《清末报律的实施》，《近代史研究》1995 年第 3 期。
② 张运君：《晚清报刊检查程序述论》，《历史档案》2010 年第 2 期。
③ 刘哲民：《近现代出版新闻法规汇编》，学林出版社 1992 年版，第 32—33 页。

巡警道参照《钦定报律》第十条一、二两款和第二十二条及附条第二条①对该报进行查办，并迅速移送地方检察厅。但实际上，《天民报》未经审判就被警方勒令停止出版。

（二）颁布禁令，强化文禁

随着国人办报的不断发展，大量政论文章涌现，逐渐引起朝廷对报刊功能和作用的重视。从 1901 年开始，中国近代报业再次掀起高潮，报刊充分利用租界和境外条件开展新闻活动，且愈加频繁，报业与清政府之间的矛盾日益突出。1906 年，清政府制定了《大清印刷物专律》来控制报刊的言论出版自由。除了制定法律法规外，清政府对于报刊的控制还有一些硬性的措施。

首先，严禁报纸刊登敏感政治新闻，以此设限来切断反政府思潮的传播途径，稳定人心。光绪三十二年（1906 年）粤督周馥因"各报登载路事，纷纷其说"，"是非淆混"，禁止广东各报刊登粤汉铁路事件的新闻。②宣统元年（1909 年）六月，清廷民政部通令各省禁止报纸刊载有关东三省安奉路政交涉事宜的新闻和评论。

其次，在对报纸和报馆进行新闻检查时，要求报馆、书肆具结和缴纳保证金，声明不得出版、售卖"违禁"书报。宣统三年（1911 年）七月，汉口当局为了摧残新闻舆论，限制各报的革命宣传，曾勒令各报馆缴纳保押金。③

最后，报刊进入流通领域后，清政府采取禁止递寄、售卖与购阅的方式，切断其传布渠道。戊戌政变后，宣传维新思想的报刊被禁阅、禁售，随着资产阶级革命运动的兴起和发展，革命派报刊也多被清政府列入禁阅、禁售的黑名单。光绪二十八年（1902 年），清政府颁布《钦定学堂章程》，禁止学生"私自购阅稗官小说，谬报逆书"④。

---

① 刘哲民：《近现代出版新闻法规汇编》，学林出版社 1992 年版，第40—43 页。

② 《报馆与粤路之关系》，《申报》1906 年 12 月 4 日。

③ 刘望龄：《黑血·金鼓——辛亥前后湖北报刊史事长编》，湖北教育出版社 1991 年版，第 247 页。

④ 方汉奇：《中国新闻事业编年史》（上），福建人民出版社 2000 年版，第 214 页。

（三）以意为法，残民以惩

晚清政府虽然制定颁布了五部具有近代色彩的新闻出版法规，宣称言论、著作、出版自由，但是在实施中并没有依法办事。相反，以意为法，甚至用残酷的手段破坏言论、出版自由，摧残报人的事情屡有发生。对于一些敢于揭露和触犯朝廷的报人，封建统治者更以原始野蛮的手段进行迫害。

对于新闻法律法规的施行，在中央由巡警部、在地方由各督抚具体负责。这种混淆检查权与审判权的法律体制完全违背了行政、司法分权的宗旨。修订《钦定报律》时，虽增加了"关于本律之诉讼，由审判衙门按照法院编制法及其他法令审理"[①] 一条，但同时保留了该官署的行政处罚权。而从实际操作程序来看，大多数报案仍由该行政官掌控，由巡警衙门具体执行。只有少数报案移交审判衙门审理，但是审判官无权解释报律，又不能独立参照报律定罪和判罚，只能听命于该行政长官，新的执法机构有名无实。

由于新闻法规的解释权、执行权均在行政长官手里，他们不但不依法办事，而且还任意罗织罪名，以严酷手段摧残报馆、报人。行政部门常常就报纸文字中的只言片语无限上纲，动辄给报纸冠以"扰乱治安"、"毁乱治安"、"毁谤朝廷"、"妨碍外交"等罪名。而报纸一旦被指控，就广受株连，不仅发行人、主编首当其冲，其他稍有关系的如投资人、赞助人、撰稿人也受到牵连。广州《博闻报》仅仅因为描绘慈禧太后的容貌时用了"唇厚口大"四字，就被指"大不敬"而查封，广东《广报》因报道了某大员被参劾，触怒了两广总督李瀚章，便被李以"妄谈时事，淆乱是非，胆大妄为"的罪名查封。在清末被查封的数十家报刊中，绝大部分都未经法律程序宣判，而是被各级统治者妄加罪名任意查封的。报案的处理、审判结果表明了晚清新闻法规的封建专制主义色彩，法律、审判只是形式而已，主动权还是在行政长官手中。

---

① 刘哲民：《近现代出版新闻法规汇编》，学林出版社1992年版，第42页。

（四）警察管理，摧残肉体

光绪三十一年（1905 年）九月，由于革命党人吴樾用炸弹袭击出访五大臣（载泽、戴鸿慈、徐世昌、端方、绍英）的事件发生，使朝廷意识到设立巡警的重要性。随后，便成立了全国警察机构最高监督管理机关巡警部。一年后，清政府实行官制改革，借以"警察为民政之一端，东西各国无特设专部者"① 为由，将巡警部门的事宜划分归并入民政部。光绪三十三年（1907 年）五月，清政府在各省设立巡警道，直接由督抚节制，间接受民政部监督。但是巡警制度建立之后，既没有规定的法令和章程可以遵循，又没有统一的管理，导致了警察随意暴力现象屡屡出现。《大清印刷物专律》《大清报律》将巡警官署列为报刊审查的管理单位，对报刊进行警察式管理，巡警官署遂对报刊和报人进行野蛮执法，甚至摧残报人的肉体。

例如 1910 年 9 月的北京《京话实报》案，因该报登载的文章中有"因禁地照像竟革一北洋大臣，庙堂之上有喜怒有爱恶，立宪国会我看亦是书生造反，融合汉满亦是假话，于两广云贵四省暗置为南藩"等语，外城巡警总厅认为是胆大妄为，但又没有相对应的处罚条例，便抄录原报请示民政部尚书如何办理。该尚书以"该行政处金事未经详核报律，率行请示，殊属非是，仰仍按律妥拟办法，申部核夺"批复。外城巡警总厅经过传讯调查后，酌情拟出"暂令停版七日，附加罚金二十元"处罚办法请示民政部，获准后即以其所拟处罚结案。②

1911 年 1 月 6 日，北京《公论实报》因刊登《狗说》《群狗竞争图》等文，讽刺资政院内部的争权夺利的情形，被北京警厅处 30 元罚金并勒令停刊 7 天，引起北京新闻界及群众的强烈不满，声援该报被罚事件。北京警察当局为此恼羞成怒，加重了对该报的惩罚，即日发布公告，宣布该报"永远禁止发行，并附科罚金 100 元"。此外，还有一些部门如宪政编查馆、学部、外务部、邮传部、军机处等经常

---

① 朱寿朋：《光绪朝东华录》（第 5 册），中华书局 1958 年版，第 2338 页。
② 王学珍：《清末报律的实施》，《近代史研究》1995 年第 3 期。

受到报馆评论指责，这些部门往往任意罗织罪名，指控报馆违律，甚至直接咨请民政部和命令地方督抚向该管巡警官署传令从严惩处。

更为甚者，清政府还残忍摧残报人肉体，甚至剥夺报人的生命。清末著名报人卞吾因为点名揭露慈禧太后在颐和园筹备祝寿大典等奢行而惨死狱中，身受 72 处创伤。最骇人听闻的是 1903 年的"沈荩案"。沈荩是当时北京的记者，因报道了有关《中俄密约》的消息遭到朝廷的忌恨而被捕，之后在未经任何审讯手续的情况下被判斩立决，因适逢慈禧寿庆不宜公开杀人而改判"立毙杖下"。行刑时，"特造一大木板，而行杖之法又素不诸习，故不至二百条下，血肉飞裂，犹未至死，后不得已始用绳紧系其颈，勒之而死"。从 1898 年至 1911 年的 13 年内，至少有 53 家报纸遭到摧残，其中 30 家被查封，14 家被勒令暂时停刊，其余的分别遭到传讯、罚款、禁止发行、禁止邮递等处分。办报人中，有 2 人被杀，15 人被捕入狱，还有百余人遭到拘留、警告、遵释回籍等处分。①

三 晚清时期典型新闻检查事件及其影响

（一）"苏报案"的事情经过及其影响

《苏报》1896 年 6 月 26 日创办于上海，是一份挂"日商"招牌的报纸，因报纸内容匮乏，文字水平低劣，报刊经营困难而亏本，于 1900 年将报纸转卖给"思以清议救天下"的退职官员陈范，《苏报》便成了国人自办的报纸。

1902 年，随着爱国学潮的不断兴起，陈范的思想逐步倾向革命，渐渐地激进起来。《苏报》借机开辟了"学界风潮"，专门刊载南洋公学等学校退学风潮的消息，大力支持学生运动，其影响越来越大。因此，"自 1902 年冬起，《苏报》事实上已成了以报道学运为最大特色的报纸"②。1903 年春节前后，陈范与爱国学社约定，由学社师生轮流为《苏报》撰写每日论说，并资助学社每月 100 元。于是，《苏

---

① 徐培汀、裘正义：《中国新闻传播学说史》，重庆出版社 1994 年版，第 212 页。
② 马光仁：《上海新闻史》，复旦大学出版社 1996 年版，第 233 页。

报》接连发表了许多反清革命的文章，政治倾向日渐激进，"《苏报》实际上成了当时上海资产阶级革命派的言论机关"①。

1903 年 5 月，陈范正式聘请章士钊为《苏报》主笔，并约请章太炎、蔡元培为主要撰稿人。自此以后，《苏报》开始大量刊登批判清政府和保皇派的文章，其中尤其以邹容的《革命军》和章太炎的《驳康有为论革命书》两本著作的宣传最为著名。1903 年 6 月以来，《苏报》先后发表《客民篇》《读严拿留学生密谕有愤》《杀人主义》《贺满洲人》等文章，从不同角度和侧面揭露清政府卖国残民的反动本质，批判康有为之流攻击革命的保皇谬论，慷慨激昂，淋漓尽致。

《苏报》的革命言论在社会上引起了很大的反响，同时引起了清政府的恐慌，必欲除之而后快。1903 年 6 月 29 日，《苏报》又以《康有为与觉罗君之关系》为题，摘录《驳康有为论革命书》的文字，并轻蔑地直呼光绪帝"载湉小丑"，终于引发了朝廷的震怒。章太炎在当日就被捕，邹容闻讯后激于义愤第二天自动投案。《苏报》在章太炎、邹荣被捕后又坚持出版了 7 天。经过多次开庭审理，1904 年 5 月 21 日，会审公廨无理判处章太炎监禁 3 年、邹容监禁 2 年、《苏报》永远停刊。这就是中国近代新闻史上著名的"苏报案"。

"苏报案"是发生在上海而影响到全国的反清政治案件，可以说它是帝国主义、封建势力联合镇压爱国革命运动的事件。清政府和帝国主义企图用高压政策，将革命的声音禁锢起来。但是事与愿违，"苏报案"发生后，民主革命思想得到了广泛的传播，革命运动也呈现出了迅猛发展的势头，国内外深受革命思想的洗礼和影响，资产阶级革命势不可当。

（二）"大江报案"的事情经过及辛亥革命爆发

《大江报》创刊于 1910 年 12 月 14 日，社址在汉口歆生路（今江汉路）。初创时刊名为《大江白话报》，每三天出一小张报纸。后改名为《大江报》，每天出两大张报纸，声明"提倡人道主义，发明种

---

① 方汉奇：《中国新闻传播史》，中国人民大学出版社 2002 年版，第 127 页。

族思想"，明确提出推翻满清政府主张。该报刊由胡为霖创办并任经理，詹大悲担任主编，何海鸣任主笔。不久，胡为霖退出，改由詹大悲兼任经理。

1911 年，在詹大悲和何海鸣的主持下，《大江报》成为资产阶级革命团体文学社的机关报，成了文学社鼓吹反清革命的主要舆论阵地。其"日著论攻刺时政，鼓吹革命不稍讳"，影响颇广，因此清政府视其为眼中钉、肉中刺，湖广总督瑞澄"派探索捕党人甚急，于《大江报》尤忌视"①。

1911 年 1 月 21 日，汉口发生了英国巡捕无故打死人力车夫吴一狗事件。由于当时千余名工人抗议，英国军队又开枪打死了 10 余人。清政府的司法机关迫于英方压力，故意歪曲事实，向外界公布"吴尸并无致命伤痕"的验尸结果，企图瞒天过海，欺骗民众。而《大江报》在事件发生后迅速以大篇幅报道了该事件，并发表社论谴责英帝国主义的血腥暴行，抗议英帝国主义者的行径，支持武汉人民的斗争，在社论中向读者发出了只有推翻清政府才能摆脱帝国主义束缚的暗示。

1911 年 4 月，清政府下令铁路收归国有，名为"国有"，实为出卖，向帝国主义出卖主权。《大江报》对此载文抨击，对参与出卖铁路权的清政府官员进行了强烈的讽刺和谴责。《大江报》接连发表了何海鸣题为《亡中国者和平》的时论，指出立宪派叩头上书的改良主义无济于事，警告国民如不立刻站起来，革命必将招致亡国无疑。仅隔数日，《大江报》推出了署名"奇谈"（即黄侃，字季刚，辛亥革命的先驱者之一）的短评《大乱者救中国之妙药也》，鼓吹以革命救中国。此文刊出便轰动一时，深受革命人士欢迎。

《大江报》敢于大胆揭露吴一狗事件的真相，已使清政府如鲠在喉，而此后接连登出两篇如此惊世骇俗的革命言论，更引起清政府的极端恐慌和仇恨。湖广总督瑞澄便以"宗旨不纯，立意嚣张"、"淆

---

① 《辛亥革命史丛刊》编辑组编：《辛亥革命史丛刊》（第四辑），中华书局 1982 年版，第 199 页。

乱政体，扰害治安姆"① 的罪名，下令封闭《大江报》，并逮捕了詹大悲、何海鸣。

《大江报》被封后，革命舆论的宣传受到了削弱，詹大悲、何海鸣的被捕，又使武汉革命党人失去了两位重要的领导人，这迅速在武汉各界引起了强烈的反响。由于《大江报》是当时时代背景下不畏强权的宣传最强音，极大地振奋了清朝新军士兵的精神，鼓舞了全国各阶层群众的斗志。清朝新军中有三分之一的士兵都表示愿意和《大江报》共同革命。《大江报》遭查禁、詹大悲被捕两个月后，新军士兵打响了震惊中外的武昌起义，辛亥革命爆发。紧接着，各省相继起义响应，最后形成了席卷全国的革命运动，终于推翻了清政府的反动统治。

辛亥革命在武昌爆发绝不是偶然的。可以说，《大江报》的诸多充满战斗精神的宣传连同资产阶级革命派其他报刊的宣传，共同为辛亥革命的爆发和胜利做了广泛而又充分的舆论准备。《大江报》的寿命虽然只有短短的 8 个月，但是它那些振警愚顽的宣传，引起了包括新军士兵在内的社会各界人士的瞩目。在这场革命中，《大江报》不仅发挥了重要的舆论鼓动作用，还发挥了重要的组织作用。

第三节　北洋政府时期新闻检查制度

辛亥革命胜利之后，新成立的中华民国临时政府取消了《中华民国暂行报律》，做了保障国民新闻出版自由的努力。但是很快，袁世凯政府颁布《报纸条例》，新闻检查变本加厉，并制造了"癸丑报灾"。北洋军阀同样对报纸内容做严格审查，并严酷迫害报人。这种情况表明，虽然保障言论出版自由已经是历史大势所趋，但封建专制的影响不可能在一朝一夕之间剔除。

---

① 付崇斌：《〈大江报〉被封与武昌起义》，《中国石油大学学报》（社会科学版）1993 年第 2 期。

一　民国初期新闻自由与新闻检查

（一）民国政府奉行的出版自由政策及"暂行报律"事件

1912 年 10 月 10 日，武昌新军率先发动起义，打响了辛亥革命的第一枪。两个月后，全国 24 个省中有 14 个省起而响应并宣告独立，早已腐朽的清政府迅速土崩瓦解。1912 年 1 月 1 日，中华民国政府在南京成立，孙中山就任临时大总统，史称中华民国南京临时政府。南京临时政府成立后，立即把言论自由在所控制的地区热情地加以倡导和执行。它废除了清政府颁布的新闻检查法令，并废止了内务部草拟的《中华民国暂行报律》，展示出了反对封建专制的言禁、保障公民言论出版自由的努力。

1912 年 3 月 4 日，南京临时政府内务部通电全国新闻界知照："查满清行用之报律，军兴以来，未经民国政府明白宣示，自无继续之效力。"① 清政府制定的《大清印刷物专律》《报章应守规则》《大清报律》等新闻出版法规相继被废除。南京临时政府颁布的具有宪法效力的《中华民国临时约法》第二章第六条第四款规定："人民自由言论著作刊行并集会结社。"②《中华民国临时约法》第二章第十五条中规定，这一人民享有的自由权利，只有在"有认为增进公益、维持治安，或非常紧急必要时，得以法律限制之"③。

3 月 17 日，孙中山发布的《大总统通令开放疍户惰民等许其一体享用公权私权文》，从资产阶级的人权说出发，认为"天赋人权，疍属平等"，并特此下令：前清法律对疍户（水上居民）等各类所谓的"贱民"的歧视与限制一律取消，"凡以上所述各种人民，对于国家社会之一切权力，公权若选举、参政等，私权若居住、言论、出版、集会、信教之自由等，均许一体享用，误稍歧异，以重人权，而

---

①　复旦大学新闻系新闻史教研室编：《中国新闻史文集》，上海人民出版社 1987 年版，第 88 页。

②　方汉奇：《中国新闻事业通史》，中国人民大学出版社 1995 年版，第 1009 页。

③　黄瑚：《中国近代法制史论》，复旦大学出版社 1999 年版，第 110 页。

彰公理"①。

在之后地方所颁布的新闻法令当中，新建立的政权机关一般都写上了保障言论自由的条款。如《浙江军政府临时约法》《江西临时约法》和湖北军政府颁布的《中华民国鄂州临时约法》都有同样规定，允许"人民自由言论著作刊行并集会结社"②。这些法令，将言论出版自由的原则以法律的形式确定了下来，为民众维护言论出版自由的斗争提供了法律依据。

最能体现南京临时政府恪守言论出版自由、废除新闻检查的，是对《中华民国暂行报律》事件的处理。鉴于清政府的新闻出版法规废除后报刊出版无章可循，在南京临时政府内务部次长居正等人商议下，内务部参事林长民草拟了《中华民国暂行报律》，与报界约法三章，要求全国报馆遵照执行。其基本内容为：

（1）新闻杂志已出版及今后出版者，其发行人及编辑人姓名，须向本部呈明注册，或就近地方高级官厅呈明，咨部注册。兹定自令到之日起，截至阴历四月初一日，在此限期内，其已出版之新闻杂志各社，须将本社发行及编辑员姓名呈明注册。其以后出版者，须于发行前呈名注册，否则不准其发行。

（2）流言煽惑，关于共和国体有破坏弊害者，除停止其出版外，其发行人、编辑人并坐以应得之罪。

（3）调查失实，污毁个人名誉者，被污毁人要求其更正，要求更正而不履行时，经被污毁人提出诉讼时，得酌量科罚。③

宣布执行《暂行报律》的电文发出后，立即遭到新闻界的一致反对。1912年3月6日，上海报界俱进会代表上海《申报》《新闻报》《神州日报》等十几家报纸专电南京临时政府，认为"今统一政府未立，民国国会未开，内务部拟定报律，侵夺立法之权，且云煽惑，关于共和国体有破坏弊害者，坐以应得之罪；政府丧权失利，报纸监督，并非破坏共和。今杀人行劫之令尚未定，而先定报律，是欲袭满

---

① 黄瑚：《中国近代法制史论》，复旦大学出版社1999年版，第110页。
② 丁淦林：《中国新闻事业史》，高等教育出版社2007年版，第104页。
③ 刘哲民：《近现代出版新闻法规汇编》，学林出版社1992年版，第51页。

清专制之故智，钳制舆论，报界全体万难承认"①，反对《暂行报律》的颁行。

3月7日，章太炎在上海各报同时刊出《却还内务部所定报律》一文，对《暂行报律》三条逐一批驳，且言辞尖刻，他还提出立法之权在国会，内务部无权制定法律，且民国始造、杀人行劫之律未定而先定报律是本末倒置。对于此事件，孙中山于3月9日下令指出："案言论自由，各国宪法所重，善从恶改，古人以为常师，自非专制淫威，从无过事摧抑者，该部所布暂行报律，虽出补偏救弊之苦心，实昧先后缓急之要序，使议者疑满清钳制舆论之恶政，复见于今，甚无谓也。又民国一切法律，皆当由参议院决议宣布，乃为有效。该部所布暂行报律，既未经参议院决议，自无法律之效力，不得以暂行二字，可谓从权办理。寻绎三章条文，或为出版法所必载，或为宪法所应稽，无所特立报律，反形裂缺。民国此后应否设立报律，及如何订立之处，当俟国会会议决议，勿遽亟亟可也。"② 撤销了《暂行报律》，理智地解决了因《中华民国暂行报律》的颁布而引起的风波。

"暂行报律"事件反映了孙中山尊重舆论的明智的态度，同时也反映了当时资产阶级革命派内部的矛盾与斗争。对于刚刚建立的新生的革命政权临时政府，从加强政府对报业的管理这一角度来说，《暂行报律》的颁布是有必要的。但是，内务部颁布的《暂行报律》虽是临时法令，在没有经过立法机构临时参议院授权的情况下，制定与颁布名曰"律"的文件，确实有些草率。而且，该报律中对于罪与非罪的界限及量刑的标准并没有解释清楚，所以如果实施的话，容易被误解和滥用。

（二）民国初年新闻检查的取消

中华民国南京临时政府取消了清政府的新闻检查制度，撤销了《中华民国暂行报律》，不仅从法令层面取消了新闻检查制度，而且

---

① 《中国出版史料》（补编），上海杂志出版社1953年版，第185页。
② 中国社会科学院近代史研究所等合编：《孙中山全集》（第2卷），中华书局1982年版，第199页。

在执行层面，对新闻出版自由给予了尊重和保护。报纸批评政府的空间不断扩大，政府对于报纸的干涉在减少。

在革命党人掌握政权的地区，新政权的领导人多以实际行动维护了言论出版自由，对报刊出版持鼓励态度。如陈其美任都督的沪军都督府，就很尊重当地的报刊和报人，多次表示欢迎报纸对军政府的"箴规"、"庶足以保言论自由，俾为政者得闻其失"，强调"当此民族意识时代，报馆愈多愈好"。对上海有些报纸有关都督府的明显失实的报道，也未多加指责，只是平和地函请更正。都督府还经常邀请各报开会座谈，共同讨论商榷政策之进行。江西军政府和都督李烈钧也很尊重报界，经常邀请当地革命报纸的主笔担任顾问，定期与报社进行沟通。拥护共和的立宪党人、旧官僚也在一段时间以来摆出了尊重舆论、保护报纸的姿态。如四川军政府在所颁布的《独立协定》中规定巡警不得干涉报馆。省内外来往电报，可以发表的，都印得清清楚楚，分送报馆。对报纸言论，"也能准人尽情倾吐，不必忌讳"①。袁世凯和北洋军阀政府国务院，为应付记者采访，还特设过新闻记者接待室，每天由国务院秘书长亲自出面接待。

孙中山更是自居为国民公仆，认真接受报纸和舆论的监督，平易近人地接受记者的采访，经常参加报界的活动，鼓励报刊在共和建设中发挥舆论监督作用。卸任总统之后，他一再鼓励报界担负起舆论监督的责任："今民国成立，尤赖报界有言责诸君，示政府以建设之方针，促国民一致之进行，而建设始收美满之效果。故当革命时代，报界鼓吹不可少，当建设时代，报界鼓吹更不可少。是以今日有言责诸君所荷之责任更重。"②

民国初年言禁的取消，给了中国新闻媒体发展喘息的机会，也给了思想界进步的机遇，反映了民众内心的深刻期盼。只可惜这个时期太短了。

---

① 孙少荆：《成都报界回想录·中国近代报刊发展概况》，新华出版社1986年版，第577页。

② 中国社会科学院近代史研究所等合编：《孙中山全集》（第2卷），中华书局1982年版，第495页。

（三）民国初年报刊的快速发展

1911 年 10 月 10 日，武昌起义的爆发，清政府垮台，新政府奉行新闻出版自由政策，这一自由新闻体制给新闻界注入了活力，给我国新闻事业带来了前进动力，使其呈现出前所未有的繁荣景象。

据统计，在武昌起义后的半年内，全国的报纸由 100 家猛增至 500 家，总销量达到 4200 万份。这两个数字都超过了历史最高纪录。其中，1912 年 2 月以后，到北京民政部门登记要求创办报纸的就达到 90 多种，被称为"报界黄金时代"。据 1912 年北京政府内务部公布的报告说，从 2 月 12 日清帝退位到 10 月 22 日，8 个月内在内务部注册立案的北京报纸有 89 家。①

民国初年的报纸大多集中在革命思潮比较普及和光复较早的城市，如北京、天津、上海、广州、武汉等。在这些报纸中，有个人自办的报纸、民办报纸、机关报纸等。其中，机关报刊的性质跟封建官报的性质完全不同，带有明显的民主色彩，且有些在形式上和民办的报纸一样，也带有少许官报的气味。还有一些鼓吹"实业救国"的经济报刊和推销自己产品的商业性质的报刊，如湖北工业总会的《工业世界》、武昌的《民国经济杂志》。

另外，还有知识分子创办发表自己主张的报纸，如章士钊在上海创办的"坚持不偏不倚"和"朴实说理"的《独立周报》，黄节在广州创办的以"发扬民主、伸张民权、罢斥贪官污吏"为己任的《天民日报》。除此之外，又有"专对女界而言"，争取妇女参政权利的十几种妇女报刊，如上海神州女界共和协济社的《神州女报》和《女子共和日报》。总之，报刊种类五花八门，各种性质的报刊如雨后春笋般在各个城市间立足。

在民国初年的所有报刊中，发展最快、数量最多的要数政党报纸。在建设民主政治的形势下，各路政客纷纷组建政党，最多时竟有各类政党 300 多个，其中上海和北京两地政党占全国党派数的一半以

---

① 方汉奇：《中国新闻事业通史》（第一卷），中国人民大学出版社 1992 年版，第 1014 页。

上。在众多政党中，影响最大的是孙中山领导的同盟会——国民党、章炳麟的"统一党"、以沈毅为发起人的"民社"、孙洪伊的"共和党"，以及民主党、公民党、自由党等。后来为了和国民党竞争，共和党、民主党和统一党三党合并组成"进步党"。这些政党都有自己创办的报刊，并且每个政党还支持一种或多种报刊，为自己做宣传。

除此之外，还有一些较小的政党社团也办有自己的报刊。如自由党在武汉的《自由日报》、在上海的《民权报》；国家学会在北京、上海两地的《国权报》等。其中，自由党在上海创办的《民权报》颇有影响。该报在政治上与国民党的报纸观点较为接近，且重视言论，言辞也较为激烈，曾提出"报馆不封门，不是好报馆；主笔不入狱，不是好主笔"① 的激进口号。但是在报纸快速发展的过程中，报人素质的低下导致了很多报纸质量低劣。

民国初期报刊的繁荣，是由于自由新闻体制的确立，同样也是资产阶级的各个大小政党为争夺更多的革命果实发展起来的。不同政党及团体纷纷把报刊作为自己的喉舌和宣传工具，促进了报刊的发展。但是，民初报刊的繁荣，有泡沫，也有假象。虽然这一段时期曾被称为民初报业的"黄金时代"，但其实是十分短暂的。随着袁世凯对新闻法律的扭曲，新闻事业的前进步伐戛然而止。这个所谓的"黄金时代"只维持了不到一年时间就结束了。

二　袁世凯时期新闻检查制度与"癸丑报灾"

（一）袁世凯统治时期颁布的新闻检查法规

袁世凯夺取了辛亥革命的胜利果实后，于 1912 年 3 月 10 日在北京就任中华民国临时大总统，成立北洋政府。袁世凯上台之初，由于民主共和思想和言论出版自由理念深入人心，不得不故作尊重新闻自由的姿态。他口头上承认《中华民国临时约法》，推出了一些保护新闻自由的举措，但同时又制定了一系列新闻法律法规来限制言论出版

---

① 蒋含平、谢鼎新：《简明中外新闻事业史》，合肥工业大学出版社 2004 年版，第 75 页。

自由。

　　随着权力的稳固，也由于旧官僚意识的浓厚和民初舆论界的不自律，袁世凯迅速启动了恢复新闻检查制度的进程。袁世凯政府在1914 年公布的《中华民国约法》中，虽然规定了"人民于法律范围内，有言论、著作、刊行及集会、结社之自由"，但改变了《中华民国临时约法》中只有在增进公益、维持治安或在非常紧急必要时才可以限制公民的言论出版自由的明文规定，将限制的范围笼统地规定为"法律范围内"，进而为政府自由裁量控制言论的尺度提供了所谓的宪法依据。

　　为了限制新闻出版事业的发展，特别是对政府权力的监督，1914年 4 月，北洋政府颁布了专门适用于报业的《报纸条例》。该条例不仅悉数照搬《大清报律》的禁限条款，而且参考日本《新闻纸法》的许多禁限内容，制定了 35 条法律条文。该条例规定，在国内无住所或居所者、精神病者、依法剥夺公权尚未复权者、海陆军军人、行政司法官吏和学校学生这六种人不具备办报资格；本国人民年满 30岁以上者可以担任报纸的编辑人、发行人和印刷人。报刊创刊应由发行人呈报报刊名称、体例等信息呈请该管警察官署认可并颁发执照，发行人还应在报纸发行 20 日前缴纳高额保押费。

　　此外，《报纸条例》还规定了以下八条报纸禁载事项："第一，淆乱政体者；第二，妨害治安者；第三，败坏风俗者；第四，外交、军事之秘密及其他政务，经该管官署禁止登载者；第五，预审未经公判之案件及诉讼禁止旁听者；第六，国会及其他官署会议，按照法令禁止旁听者；第七，煽动、曲庇、赞赏、救护犯罪人、刑事被告人，或陷害刑事被告人者；第八，攻讦个人阴私，损害其名誉者。"[1]

　　据此，几乎所有的政务活动均被划入禁区之内。而且"淆乱政体"、"妨害治安"等罪名又无明确的定义，可由执法者任意解释，从而使报刊活动处于动辄得咎的境地。《报纸条例》被北京英文《京

---

　　[1]　刘哲民：《近现代出版新闻法规汇编》，学林出版社 1992 年版，第 87 页。

报》称为"世界上报律比较之最恶者"①。

此后，袁世凯政府又相继补充和颁布了《陆军部解释"报纸条例"第十条第四款军事秘密之范围》《报纸条例未判案件包括于检厅侦查内涵》及《报纸侮辱公署依刑律处断电》等规定。1914 年 12 月 4 日，袁世凯政府变本加厉，出台了《出版法》，共 23 条，将《报纸条例》的适用范围从报纸扩大到所有出版物。该法除对一些出版基本知识加以规定外，主要是禁载内容和处罚的规定，其最大特点就是要求所有出版物，必须在发行前交警察署审阅，这样使得政府有更大力度控制信息和舆论传播。

1915 年 2 月 5 日，袁世凯政府又颁布了《新闻电报章程》。其主要规定："电报局由电线传递刊登报纸之新闻消息，准作为新闻电报，减价纳费。"但是报馆要遵守以下限定条件：首先，报馆要向交通部提出申请，申请表要如实填写，并缴纳一定的费用，待交通部批准后发执照；其次，访员赴电报局发新闻电报时，必须检验执照，且新闻电报内容要用明语，不得载有私事、广告等性质的文句；最后，还规定报社收到新闻电报后应如何处理等内容，如若违犯，将受到追销执照的处罚。② 由上述内容可以看出，《新闻电报章程》的颁行不仅规定了新闻电报的费用，而且还通过控制电报等先进的技术手段加强对新闻出版的控制。

除此之外，袁世凯政府还颁布了许多法律法规限制新闻出版自由，扩大政府对新闻控制的范围，加强控制手段。如《戒严法》《治安警察条例》《预戒条例》《电信条例》《著作权法》《著作权法注册程序及规费实行细则》等。另外，还规定了一些命令、通告、训令等，虽不是正式的法律法规，但是在实际的新闻活动中却起到了举足轻重的作用。

（二）袁世凯统治时期新闻检查制度的残酷性

尽管袁世凯和北洋政府制定了世界上非常严厉的新闻管制法规和

---

① 宫承波：《新闻历史与理论》，中国广播电视出版社 2007 年版，第 45 页。

② 刘哲民：《近现代出版新闻法规汇编》，学林出版社 1992 年版，第 94—96 页。

非常严密的新闻检查规定，但是在实际执行过程中，袁世凯与北洋政府依然没有依照所制定的法律程序处理新闻检查问题，实际上这些法律法规也缺少具体的实施细则和办法。对于新闻审查问题的处理，通常是靠一张指令，或者是派军警到报馆索阅大样、底稿及抓人乃至封报，不走任何法律程序。纵观袁世凯统治时期对新闻出版事业的摧残和迫害，可以说完全继承了清政府的衣钵，甚至有过之而无不及。

　　袁世凯与北洋政府经常用命令、通告、训令等方式直接控制和迫害报刊，如 1913 年 5 月，袁世凯以北京《国风日报》等报所载评论"宋案"文章言辞激烈，命令内务部对上述各报"严防取缔"。内务部立即发出训令："据五月一日总统令：凡罪案未经审判以前，照律不得登载新闻。乃有《国风日报》、《国光新闻》、《新中国报》等，任意诬蔑，有'万恶政府'等语，据报律十一、十三条，刑律二百二十一及三百十二九及三百六十条，先行告诫云云。"凡遇重大问题，袁世凯就亲自下令不许报纸刊载，如 1915 年 3 月，袁世凯与日本秘密签订"二十一条"，就亲自下令不准各地报纸"用过激之论，损害中日邦交"①。

　　袁世凯与北洋政府还经常绕过法律对报社和报人进行暴力迫害。1912 年 6 月 2 日，北京《中央新闻》刊出《看着赵秉钧大事记》一文，揭露内务总长赵秉钧营私舞弊，包庇重用前宗社党人、现任步军统领军警督察长乌珍等丑闻，于是赵秉钧和乌珍唆使城南管带等率领军警 200 余人，包围《中央新闻》报馆，经理、主笔及校对等 11 人被捕入狱。8 月 8 日，湖北都督黎元洪以汉口《大江报》鼓吹无政府主义，"擅造妖言，图谋不轨"为借口，派出卫兵 10 余人，巡警数十人将该报查封。该报编辑朱华斌、发行人黄吉人等被捕，负责人何海鸣、凌大同、侯伯章等潜逃，报纸遭查封，凌大同被捕后惨遭杀害。

　　1913 年 5 月 12 日，北京《国风日报》因刊载《忠告政府与军警同胞》一文，触怒当局，被京师警察厅派军警百余人强行包围，以"登载叛逆之论说"、"煽动军警，妨害治安"等罪名，逮捕该报协理

---

　　①　马光仁：《中国近代新闻法制史》，上海社会科学院出版社 2007 年版，第 106 页。

裴梓青、编辑郭究竟及经理部工作人员，交检察厅审讯，还向该报记者张秋白等四人发出传票。5 月 14 日，济南《齐鲁民报》因刊《为宋案敬告北方军界同胞》社论，山东都督周自齐以该报"有意煽惑"等罪名，指使地方检察厅提起公诉，结果被判罚款 500 元，停刊 7 日，不久又被当地军警强行查封。5 月 26 日，天津警察厅长杨以德，以天津《民意报》主持人赵铁桥支持组织反袁血光党负责人等，派军警前往围捕，而当时赵铁桥不在，就直接将报社全部捣毁，该报被迫停刊。7 月 1 日，开封《民立报》也因故被河南都督张镇芳派军警包围查封，编辑主任罗飞生等多人被捕，其中 2 人被害。

　　1914 年 5 月 8 日，广东汕头《竞正日报》《公言日报》《大东报》三家报纸，因刊登"潮梅兵变"消息，潮梅绥靖督办以"附和乱党，扰乱治安"等罪名，派兵包围三家报社。7 月，湖南《湖南通俗教育报》，因发表反袁世凯文章，发行人何雨农被拘入陆军监狱，判处徒刑 6 个月。8 月，武汉《大汉报》前编辑余慈舫因登载贪污官吏的证据，被湖北当局挟怨逮捕，入狱仅 5 日即以反袁罪名被判处死刑，在汉口后湖空场被士兵乱刀砍死。①

　　这些事例充分表明，在数千年封建专制思想的影响下，在半殖民地半封建条件下，资产阶级革命派"不患政权不我操，而患无正当之言论机关以为监督"的想法太单纯了。没有民主政权的建立，固然导致新闻传播自由无法实现，即使有所谓的民主政权，如果执政者依然深受封建专制思想的影响，依然会对公民和媒体的言论出版自由给予严厉限制，实行言禁和新闻检查也是必然的事情。

　　（三）"癸丑报灾"及其对以后报纸的影响

　　1912 年底到 1913 年初的国会参众两院选举中，宋教仁领导下的国民党取得了压倒性的胜利。但是在 1913 年 3 月 20 日，宋教仁遇刺。为了防止事件的真相被新闻界揭破及由此导致的反政府风潮，袁世凯政府陆军部出面，下令各地报纸"定二年三月二十一日起，由部

---

　　①　马光仁：《中国近代新闻法制史》，上海社会科学院出版社 2007 年版，第 108—109 页。

派员实行检阅签字办法"。陆军部函的主要内容是："近日京上报纸，多方刺探外交、军事秘密事件。漏泄登载，实于国家政务大有妨碍。昨由府秘书厅奉谕，函请贵部饬知各报馆，对于外交军事秘密事件，一概不许登载，违者按律严办在案。惟秘密军情，一经漏泄，即碍进行，虽严惩报馆于事后，实已无从补救，诚不如先事预防，免生枝节。应请贵部转知各报馆，嗣后凡登载军事，均应先行具稿到本部检阅签字后，方准登载。否则一概认为禁止事件，不准滥登。盖军事消息，本部闻之最详，知之最确，其于可否宣布各情，尤有斟酌之责，固不尽以事之虚实为衡。"

"今与诸报约，自二年三月二十一日起，由总务厅派员于每日午后一点至三点，接待各新闻记者，实行检阅签字办法。倘有故违，本部立即饬员究办，自有相当之对待。本部实心任事，一秉大公，但求于国家前途有益，决不畏摧残舆论之谩言。"

"报界诸君必多明通谙达之材，委屈苦衷，当蒙深谅也。除电致各省都督转饬各路高级军事官署一体遵办外，请先行饬知本京各报馆，并转饬各省民政长查照办理。"3 月 21 日，京师警察厅正式向各报馆转发陆军部致内务部函，宣布自即日起，"由部（陆军部）派员衽新闻检阅签字办法。倘有故违，立即派员究办"①。直接对报纸内实行军事化预检。宋教仁遇刺之后，以孙中山为首的革命党人发动了讨袁的"二次革命"，但很快被袁世凯以武力镇压。

1913 年，袁世凯政府镇压"二次革命"的同时，对同盟会党派的报刊及其他异己报刊大肆摧残。凡是同盟会党派的报刊一律以"乱党报刊"的罪名查封。除此以外的其他报刊，只要有碍袁世凯的独裁统治，也被乘机剿灭。由于袁世凯政府对新闻事业的摧残，大批报馆被查封，大量记者被捕被害，以至于报业呈现出萧条的境况。

据统计，仅 1913 年期间，因各种罪名被查封的报纸数不胜数。如北京的《日日新闻》《正宗爱国报》《京话报》等；福建的《群报》《福建民报》《共和报》等；广西的《民风报》；河南的《民主

① 马光仁：《中国近代新闻法制史》，上海社会科学院出版社 2007 年版，第 111 页。

报》；江苏常州的《公言报》；广东汕头的《大风报》；四川的《民报》《宪演报》《人权报》《四川正报》等；湖南的《天民报》《大同日报》等；浙江的《汉民日报》；广东的《中国日报》《民生报》《中原报》等。

到 1913 年底，全国继续出版的报纸只剩下 139 家，较之 1912 年的 500 家，锐减了 300 多家，北京的上百家报纸也只剩下 20 余家，报纸减少了三分之一。因 1913 年是农历癸丑年，所以在中国新闻史上把"二次革命"失败后，袁世凯政府对新闻界的大扫荡称为"癸丑报灾"。

"癸丑报灾"之后，仍有报纸因为反袁、拥袁不积极，得罪地方政府等原因被查封。1912 年 4 月到 1916 年 6 月袁世凯执政的四年多时间，全国报纸至少有 71 家被封，49 家被传讯，9 家被反动军警捣毁；新闻记者至少有 24 人被杀，60 人被捕入狱。从 1913 年"癸丑报灾"，到 1916 年袁世凯为推行帝制而实行的对舆论的残酷压制，全国报纸总数仅维持在 130—150 家之间，形成了四年新闻事业的低潮。①

新闻事业持续低潮的事实表明，袁世凯政府对报纸、报人的摧残和迫害，与晚清政府的新闻检查制度相比还要严重。不过也正是因为袁世凯政府钳制新闻事业的发展，各报都把主要精力集中在做好新闻报道上，因此在政论报刊遭到重创的同时，新闻报道工作有了较大的进步。其对于政论报道的严格控制，直接促使了部分新闻报道权的确立。抛开袁世凯政府对新闻事业的残酷镇压，这是袁世凯政府新闻立法对全国新闻事业的另一影响。

三　北洋军阀混战时期新闻检查制度

（一）北洋军阀混战时期的主要新闻检查法规

1916 年 6 月，袁世凯病逝后，北洋军阀中的皖系、直系、奉系军

---

① 蒋含平、谢鼎新：《简明中外新闻事业史》，合肥工业大学出版社 2004 年版，第 77 页。

阀轮番执政，政局复杂多变。在管理新闻事业方面，除袭用袁世凯统治时期颁行的新闻法律法规外，还专门制定了新的法律法规，加强对新闻事业的控制。

反袁护国运动胜利不久，北洋军阀在对报刊言论出版自由的限制方面暂时有所收敛。当年 7 月，北洋政府内务部两次通咨各省区："现在时局正宜宣达民意，提携舆论。"前此查禁各报，"应即准予解禁"，"一律自可行销"。当月，总统黎元洪颁布命令，废止《报纸条例》。但是在待其羽毛渐丰和护国声浪过后，封建军阀即袭用清廷和袁世凯故技，对民众的发言权和新闻媒体的内容横加限制。

1918 年 10 月，北洋军阀政府召开内阁会议，通过法制局起草新的《报纸条例》，共 33 条。它和 1914 年袁世凯政府颁布的共 35 条的《报纸条例》相比较，内容上有如下变化：

（1）报纸发行人、编辑人、印刷人的年龄由年满 20 岁以上改为年满 25 岁以上。（2）在规定"海陆军军人"、"行政司法官员"不得编辑、发行、印刷报纸的条例中，"海陆军军人"、"行政司法官员"前增加了"现役"两字的限制词。（3）取消缴纳保押费。（4）第十条所规定的禁载事项，"淆乱政体者"改为"淆乱国宪者"，"妨害治安者"改为"妨害公安者"，"攻讦个人阴私者"改为"记载他人私事者"，"外交军事之秘密及其他政务经该管官署禁止登载者"改为"外交军事及其他政务经该管官署预行指定范围或临时禁止登载者"，并且增加"侮慢元首者"。（5）增加一项新条文，即"报纸登载第九条（原条例为第十条，专载禁载事项）第一款至第八款事件之一者，警察官署认为有重大危害时，得以警察处分，停止其发行。警察官署须于前项之处分后 12 小时以内报告检查厅，检查厅于接受前项报告 30 日内，认为无须提起公诉时，须通知警察官署解除停止发行之处分。警察官署认为无停止发行之必要时亦同"①。

1919 年 10 月 25 日，北洋军阀政府颁布了《管理印刷营业规则》，共 8 条，其主要内容可分为两点，一是实行印刷业许可证

---

① 马光仁：《中国近代新闻法制史》，上海社会科学院出版社 2007 年版，第 122 页。

制："凡为印刷营业者，无论专业、兼业，均应先行呈报，得该管警察厅许可，给予执照后，方准营业。"以前"已为印刷营业者"应补办手续。如要"变更时，随时另行呈请许可"。二是稿件检查制："印刷营业者"应将印刷物"随时开具印刷物目录，呈送该管公察厅"，检查时，如认为有违《出版法》时，"得调取印刷物或原稿检查之"①。如有违犯者，将按照《出版法》的有关规则进行处置。

1925 年 4 月，北洋军阀政府京师警察厅发布了《管理新闻营业规则》，共 12 条，规定报刊经营者除遵守《管理印刷营业规则》所有规定外，特别强调"凡办理报纸杂志或通讯社者，均须取具五等捐以上通保两家"，"发行所、社址房屋，房主须出具同愈切结"②。《管理新闻营业规则》一出台就遭到新闻界的强烈反对，北京京师警察厅不得不于 1926 年 2 月对其进行修改，改为《修正管理新闻营业条例》，由 12 条减为 10 条，没有实质性的改动，只是对上述两条做了文字上的改动，改为"营新闻业者须于呈报时取具妥实铺保，以资负责"，"报纸杂志之发行所，通讯社之地址房屋，均应商得房主之许可"③。另外，报纸、杂志、通讯社取得许可证开始营业后，需按资本总额的千分之五缴纳营业执照费。

1923 年 1 月，美国记者奥斯邦在外商的帮助下，在上海建立了中国第一家无线广播电台，开创了中国新闻事业发展的新时期。此后，其他外商创办的无线广播电台也相继问世，国人也涉及此业。为了对这一全新的新闻传播媒介进行管理，1924 年 8 月，北洋军阀政府颁布了中国历史上第一个关于无线电广播事业的法规——《装用广播无线电接收机暂行规则》，共 23 条。其主要内容是对申请内容执照、电台接收机的装置地点、收听的内容、收费问题，以及对违反者的处罚方面的具体规定。

北洋军阀政府统治时期，虽表面上有中央政府，但其实各地军阀

---

① 刘哲民：《近现代出版新闻法规汇编》，学林出版社 1992 年版，第 67 页。
② 方汉奇：《中国新闻事业编年史》（中），福建人民出版社 2000 年版，第 1017 页。
③ 马光仁：《中国近代新闻法制史》，上海社会科学院出版社 2007 年版，第 123 页。

相对独立，混战不已，为维护自己的反动统治，各自采取自认为有效的措施。因此，除了北京政府制定的新闻法规外，各地军阀也制定了一些新闻法律法规。其中有广东的《广东暂行报纸条例》、上海淞沪警察厅发布的《上海取缔印刷所办法》，还有江苏的《江苏省检查电报规则》、广东省的《广东暂行检查邮政条例》等，但都对新闻内容和传播做了严格的限制。

（二）北洋军阀新闻检查机构的设立

在新闻出版事业管理方面，北洋军阀袭用了袁世凯时期的新闻内容预检模式。1917 年 5 月，北京京师警察厅宣布，即日起实行邮电检查，重点是对新闻电讯的检查，各报纸的新闻电讯稿多被扣压和删除。

1918 年 8 月，北洋军阀中央政府设立了"新闻检查局"。这是中国历史上首个中央政府设立的新闻检查机构。1919 年 5 月，京师警察厅宣布，即日起派员到国民公报馆和晨报馆检查所有新闻稿件。

1920 年，北洋军阀国务院通知全国实施邮电检查："据皖督省电称，近日过激主义正在萌芽，往往发现各方面印刷品，深恐谬说相传，蔓延日广，拟仍将各地邮电派员检查，以弭乱源，经函商陆军部准复以如何办理，由部酌核等因，查检邮电以戒严为旅行根据，应由陆军部主持。现在过激潮流深处滋蔓，妨害地方秩序，影响于国家安宁，赣、鄂、黑、川、新、皖及绥远、上海等处，业经前后准其暂缓停止检查外，所有具报停止之鲁、苏、奉、浙、闽、晋等省，应否电知办理，提出公决前来，查过激党谬说传播印刷品，实有所闻，甚或妄发通电，影响大局，鲁、苏等省，地处衡衢，治安最关重要。为维持地方，防遏乱源起见，对于往来邮电，自京九分别施以检查。"①

1924 年 10 月，北京京畿警备总司令部通知北京各报，各报馆、各通讯社登载军事新闻，应先把原稿按检查时间表，先行送交该部检查，经验讫，方准刊载。

各地方通过邮电检查摧残出版业的事件更是屡屡发生，还经常在

---

① 马光仁：《中国近代新闻法制史》，上海社会科学院出版社 2007 年版，第 123 页。

检查中加码。如《广东省检查邮政暂行条例》共 11 条，江苏省颁布了《灌输省检查电报之规则》，上海颁布了《上海检查邮电详细办法》。

（三）北洋军阀混战时期新闻检查的主要特征

（1）警察化管理

北洋军阀政府在统治时期，对于新闻事业的管理主要采取管制、收买和镇压的办法，并且对有关新闻业的出版、印刷及内容等方面做了详细的规定，警察官署有权对上述事项进行管理。报纸新闻宣传内容交给了警察，是这一时期新闻检查制度的典型特征。

京师警察厅规定，报纸、杂志和通讯社都属于新闻业。报社出版报刊前，须由经理人将名称、体例、发行日期、发行所地址、印刷所名称及地址、资本数目及经理人等姓名、籍贯、履历、住址等呈报于警察厅，呈报时还应取具五等捐以上铺保两家，"以资负责"。

待警察厅核实后，发予报社营业执照，才能开始营业，在未经核准领照以前，不能擅自出版或刊发稿件。学校学生不能充当报纸、通讯社的经理人、编辑人、发行人和印刷人。经过核准出版发行的报纸、杂志，通讯社如有变更，或迁移发行所等事，还须另文呈报。因故停刊再行续刊发行也须再次呈报京师警察厅备案。如 1917 年 9 月，《中华新报》因刊载张勋复辟事件而停刊，在京师警察厅重新呈报批准后，才得以继续出版。

不仅如此，袁世凯统治时期颁布的其他与新闻事业有关的法律法令与法规，如《戒严法》《治安警察条例》《预戒条例》《陆军刑事条例》等，警察部门也大都沿用。1919 年 5 月，众议员王文璞就曾经质问："日来报载北京《益世报》、《救国报》均被封禁。并阅警厅布告，准京畿警备司令部函，以《益世报》登载鲁军人通电一则，认为妨碍时机，依律应行封禁。谨按《临时约法》，大总统得以依法律宣布戒严。现在大总统并无宣布戒严明令，何以施行戒严法？"① 以警察思维管理新闻，其效果可想而知。

---

① 戈公振：《中国报学史》，中国新闻出版社 1985 年版，第 256 页。

（2）军法式处理

由于北洋军阀统治时期，各派军阀混战不休，几乎常年处于战争或戒严时期，所以军事审判在实际上已经代替了普通的司法审判。只要反对军阀统治的，就会被交付军事法庭审判治罪，唯军阀意志是从，其暴力程度令人咋舌。

军阀孙传芳入浙江后，一次下令查封了《浙江晨报》《三江日报》《新浙江报》《浙江日报》《杭州报》《浙江民报》《平湖日报》等十几家报纸，连上海《申报》《新闻报》《时事新椰》《商报》等在杭州的分馆也同时被封。1926 年 4 月，张家口驻军宣布戒严令规定："非得戒严司令部许可，不得集会及散发传单，张贴告白"，否则严处。5 月，北京卫戍总司令部颁布的《治安条例》中，特别强调："宣传赤化，主张共产，不分首从，一律处死。"9 月，北京《共进》半月刊，被奉系军阀查封，其借口是该刊一文中有"共产党"、"共进"杂志之语。10 月，蚌埠当局实行戒严，戒严令规定："集会、结社及新闻杂志图书告白传单等，认为与局势有妨害者，得停止之。"①

很多军阀往往以暴力从肉体消灭他们不喜欢的报人。如邵飘萍是北京著名日报《京报》社长，在新闻工作中以"铁肩担道义，辣手著文章"自励，对反动军阀时有抨击之辞。因五四运动爆发后，《京报》支持学生的爱国反帝斗争，于 1926 年 4 月 24 日被奉系军阀逮捕，4 月 26 日凌晨即被枪杀于北京天桥刑场。林白水也是北京的一位著名报人，时任《社会日报》社长，因抨击军阀张宗昌的御用政客潘复，于 1921 年 8 月 6 日被张宗昌部宪兵逮捕，数小时后即被枪杀，未经过任何法律程序。据统计，从 1916 年底到 1919 年五四运动前，全国至少有 29 家报纸被封，17 个报人遭到监禁和枪决处分。②

北洋军阀把新闻检查的矛头主要指向进步革命报刊。如 1919 年 5 月，在五四运动高潮中成立的由武汉学生联合会创办的《学生周

---

① 马光仁：《中国近代新闻法制史》，上海社会科学院出版社 2007 年版，第 137 页。
② 方汉奇：《中国新闻事业通史》（第一卷），中国人民大学出版社 1992 年版，第 1061 页。

刊》，因宣传反帝爱国，刚出 1 期就被查封；7 月，湖南学生联合会创办的《湘江评论》，仅出版 4 期即被当地军阀查封；8 月，《每周评论》因为刊载《尉独立与教育独立》一文被当局查封。

中国共产党成立之后，其报刊更是军阀的眼中之钉。1922 年团组织创办的《先驱》半月刊出版不久，即受到北京政府迫害而不得不迁往上海；《向导》周刊创刊不久，北洋军阀政府即下令停止邮寄，迫害读者；《中国青年》创刊之后，多次遭到北洋政府的禁止和没收；党在上海创办的上海书店也被军阀孙传芳以"煽动工潮，妨害治安"的罪名查封。共产党从一开始就深受新闻检查制度之害。

（四）北洋军阀混战时期反对新闻检查的斗争

由于北洋军阀政府疯狂限制民众的言论出版自由，特别是对新闻媒体进行非常严格的审查，而与历史潮流相悖，引起了社会各界的不满，此间连续掀起了反对新闻检查，争取言论出版自由的运动。

1914 年 4 月袁世凯政府颁布了《报纸条例》，力图加强对报业的全面管制。为了生存需要和维护仅存的言论出版自由，北京报界与政府多次交涉，屡起冲突，在抗争中发挥了核心作用。北京报界同志会经过多次协商，决定向总统及政府各部门呈递请愿书，逐一批驳《报纸条例》中不合理的规定，要求缓行保押费，并对条例内容做出合理的修订。当年 8 月，20 余家报馆联名上书袁世凯，指责陆军部摧残舆论。虽然未能征得政府的同意，但是表示了维护记者权利的坚定意志。

1922 年 6 月，中国全国报界联合会召开大会，要求北京政府废除《出版法》和报纸条例。10 月，北京 72 个团体推举蔡元培等代表向北京政府请愿，要求废除《治安警察条例》和《出版法》。11 月，北京言论自由期成会成立，宣布向国会请愿，废止《出版法》和争取言论自由。在地方上，1918 年，广东新闻界发起了反对《广东暂行报纸条例》的斗争，湖南新闻界也联合要求取消《报纸检查条例》。

革命进步人士站在了反对新闻检查和迫害的前列。李大钊发表文章抨击反动军阀摧残舆论的罪行，指出"思想自由与言论自由"都是"绝对的自由"，警告反动派妄图"禁止思想自由的，断断没有一点的效果。你要禁止他，他的力量便跟着你的禁止越发强大"。陈独秀著文指出："言论自由，出版自由，信仰自由"等是人民的基本权利，自称民主共和的中国"政府拿治安警察条例和出版法两种武器"，"把人民的出版集会自由缚得和钢铁一般"①。

1921年7月，中国共产党成立后，争取废止《出版法》等反动法令的斗争进入了一个新阶段。共产党在1922年6月发表的对时局的主张和"二大"决议中都明确提出了"保障人民结社、集会、言论、出版自由"的要求，把它视为进行民主革命斗争的一个重要内容，并加强了对这一斗争的领导。同年10月，北京七十二团体联合发动了废止《治安警察条例》，保障人身安全和言论出版自由的斗争，党派邓中夏领导了这一斗争。这一斗争推动了新闻文化界争取言论出版自由运动的发展。

第一次国共合作后，随着革命运动的发展，争取废止《出版法》的斗争出现了新高潮。1925年5月，邓中夏根据党的指示，在《劳动运动复兴期中的几个重要问题》一文中，明确提出废止《出版法》的斗争任务，他号召全党及广大群众积极"参加废除《出版法》这一类的运动"。这一斗争迅速形成具有全国规模的运动。

帝国主义援引《出版法》限制中国人民的言论出版自由，残害报人，这种行为激起了中国人民的极大愤慨，更增强了废除《出版法》和《治安警察条例》的斗争决心。上海日报公会、书报联合会、书业商会、书业公所等团体两次公开发表声明，要求北京政府立即废止《出版法》。1926年1月，上海各公团联合会又上书内务部、司法部，请求废止《出版法》，指出："共和国家，人民有集会、结社、言论、出版之自由，昔袁世凯妄自称尊，阴谋帝制，擅自公布出版法，钳制民口。此种剥夺人民自由非法之法，事前既未经合法国会通过，事后又遭全国国民反对，当然不能生存。""务恳大部，尊重人民自由，即日通令废止，人民幸甚，国家幸甚！"② 1926年1月20日，北京新

---

① 马光仁：《中国近代新闻法制史》，上海社会科学院出版社2007年版，第151页。
② 同上书，第153页。

闻界在中山公园召开"北京新闻争自由大同盟"大会，通过了废止《出版法》呈文。

　　新闻出版界要求废止《出版法》和《治安警察条例》的斗争，得到了全社会的同情与支持。一时间，全国各界纷纷谴责帝国主义和北洋军阀政府的反动行径，支持新闻出版界的斗争。在强大的舆论压力下，1926年1月27日，北洋军阀政府不得不在国务会议上通过了废止《出版法》的决议。在此之后，《治安警察条例》等法律法规也相继被废除。

结　语

　　"人是被处境规定的存在者，因为任何东西一经他们接触，就立刻变成了他们下一步存在的处境。"① 历史留下的观念和制度，同样成为当代人思想和生活的环境构成物，影响着、制约着、延续着人的思想和决定。

　　先秦以来形成的新闻检查思想，包括儒家的"正名为先"、法家的"止私言"、墨家的"尚同"、道家的"不变"、兵家的"无形"等思想，构筑了国民党新闻检查思想的根基。

　　因为蒋介石等国民党者虽多有西方思想外衣，其实质上继承的却是中国传统文化的衣钵，深受中国古代儒法之道的影响。而中国封建体制自古以来钳制舆论的惯习、唐宋以来对于邸报的管理制度、明清兴起的文字狱、晚清对于报纸的控制、北洋军阀对于报界的迫害，都以惯例的形式深植于中国政治体制的运作过程中，并为许多国民党官员所信奉。特别是当他们面对内忧外患、手足无措之时，求助于传统体制的言论管制，自然而然成为首要之选。

　　当然，随着西方思想的传播和革命运动的开展，以及近现代报刊业的发展状态，言论管制呈现出新状态，即以法制的形式，行思想统制之实。这正是下文所描述的国民党新闻检查产生的境况。

―――――――――

　　① ［美］汉娜·阿伦特：《人的境况》，王寅丽译，上海人民出版社2009年版，第3页。

第二章

·+·+·+·+·

南京国民政府新闻检查制度的历史流变

第一节　南京国民政府执政初期新闻
检查制度（1928—1937）

　　1927 年 4 月 18 日，国民党中央政府在南京举行了定都典礼，南京国民政府宣告成立。南京国民政府在形式上统一全国之后，面临着巩固政权建设国家的艰巨任务。

　　为了实现该目标，南京国民政府在军事上加紧剿共和收编地方军阀的军队，在意识形态上则着力构建国民对政府的认同。国民党中央认为自己"过去偏重于应付时事之宣传，而其力量上不能深入于全国最优秀之知识分子中，不能普及于不识字之大多数民众"，今后的重要任务是"使党义普及于全国人民"[①]。但是，南京国民政府并未改变专制主义和政治镇压的惯习，势必要加强新闻事业领导权，对民众进行思想禁锢。在此背景下，南京国民政府以孙中山先生的"训政"理论作为法理基础，构建了自己的新闻统制体系。

　　其统制体系的核心，是在表面上承诺开放"言禁"，实质上坚持"以党治国"和"一党专政"的思想，将蒋介石认可的党义强加给民众。在这个过程中，南京国民政府建成了严密的新闻检查制度。

---

　　① 中国第二历史档案馆编：《中华民国史档案资料汇编》，江苏古籍出版社 1998 年版，第 6 页。

一　训政及国民党新闻统制思想形成

（一）"训政"：国民党新闻检查制度的法理基础

"训政"一词古已有之。"训"，《说文解字》释为"说教也"，即教诲、开导之意。训政的思想与做法可追溯到伊尹、周公。"在昔专制之世，犹有伊尹、周公者，于其国主太甲、成王不能为政之时，已有训政之事。"① 古代中国，训政常常在皇帝年幼、昏聩时出现。这时，握有实权的皇戚、官宦及权臣在皇权正统思想束缚下，或由前朝皇帝指派辅政，或借口皇权继承者政治上不成熟强行代理朝政。汉代的皇戚、宦官交替专权，曹操挟制汉献帝"令天下"，唐、宋、明时期的宦官、权臣专权及清朝慈禧垂帘听政，均是古代"训政"的不同形式，其结局鲜有伊尹、周公归政之誉，更多是"训政"口号下的专权误国或改朝换代。国民党的训政是由孙中山提出来的。当然，孙中山强调，现在的"训政"不同于过去的"训政"，"所谓训政，即训练清朝之遗民，而成为民国之主人翁，以行此直接民权也"②。

早在 1906 年，孙中山先生就提出了建国三期论，即实行"军法之治""约法之治"和"宪法之治"三序方略。1914 年制定《中华革命党总章》时，孙中山将这个时期正式定名为"军政""训政""宪政"。1924 年国民党第一次全国代表大会通过了《国民政府建国大纲》，详细地解释和阐述了三期的任务和目标。在军政时期，由军政府总揽一切政权，集中武力扫除国内障碍，促进国家统一，奠定民国基础；在训政时期，由国民党督率国民建设，实现地方自治，而一切军国庶务，悉由国民党完全负责，并训练人民逐渐学会行使政权，以立宪政之基础；在宪政时期，由国民选举代表，组成国民大会制定宪法，全国国民依宪法进行选举，国民政府授权于民选政府。之所以设计训政环节，孙中山认为，中国公众民主意识淡薄，不可能直接由专制而入民主共和，必须以循序渐进的方式来实行民主政治。③

---

① 黄彦编：《建国方略》，广东人民出版社 2007 年版，第 66 页。
② 《孙中山全集》（第 5 卷），中华书局 1985 年版，第 189 页。
③ 卢艳香：《试述南京国民政府的训政制度》，《改革与开放》2012 年第 2 期。

　　孙中山提出了宪政"三步走"的策略，但是对政府如何组织、党和政府的关系如何规划等诸多问题没有具体的论述。1928年南京国民政府宣布完成了全国统一，结束军政实行训政时，对"训政"时期的政权建设做了详细部署。1928年6月，胡汉民等提出《训政大纲（草案）》，提出了"训政"三条原则："一、以党统一，以党训政，培植宪政深厚之基；二、本党重心，必求完固，党应当发动训政之全责，政府应担实行训政之全责；三、以五权制度作训政之规模，期五权宪政最后之完成。"①

　　当月胡汉民提出的《训政大纲提案说明》进一步说明，在训政时期，国民党是"政权之保姆"，国民党是政治核心，政府是国民党意志的执行者，国民党中央政治会议总握训政时期一切根本方针之抉择，是国民党与政府间的连锁机构。当年8月，国民党二届五中全会讨论并接受了这些主张，决定设立立法、行政、司法、考试、监察五院；10月，国民政府改组完成，训政正式开始。1931年5月，国民会议在南京召开，通过了国民党中常会提出的《中华民国训政时期约法》，共8章89条，对国民党训政时期的建国原则、政府权限、人民权利、党政关系、地方自治等均做了详细规定。

　　南京国民政府确立的训政的主要内容有：

　　（1）规定由国民党垄断全部政权，为其实施一党专政创造了必要的条件。它没有依照孙中山将国民大会作为国家最高权力，而是规定国民党全国代表大会代表国民大会领导国民行使政权。

　　（2）将五院制确定为训政时期的国家政体形式，这样既使政权具有了现代民主体制的形式，又便于容纳和平衡各派政治势力。

　　（3）确定了国民党中央执行委员会政治委员会的核心作用，实现其以党治国和驾驭政府的目的。②

　　南京国民政府实行的"训政"，在革命程序上继承了孙中山"训政"过渡期的设想，但是背离了孙中山关于训政时期应实行的主要政

---

　　①　蒋永敬：《民国胡展堂先生汉民年谱》，台湾商务印书馆1986年版，第306页。
　　②　陈雷：《略论国民党的训政体制》，《阜阳师范学院学报》（社会科学版）2012年第4期。

治、经济任务的主张，继承了孙中山"以党治国论"的思想，但是背离其后来对此的修正和完善，在政权形式上采用了五院制，却背离了孙中山提出的权能区分、人民有权、政府有能的原则。因此，南京国民政府的"训政"实质上是集权专制的政治制度，它从思想到实践都背离了孙中山"训政"理念中的民主精神，最后成为了蒋介石个人独裁的工具。

"训政"时期由国民党一党专政，在国民党设计的"道统"体系中，独尊三民主义，使其党义成为各界遵循的意识形态，同时严密控制各种异端思想。在新闻宣传领域，则实行"以党治报"的方针，规定新闻事业必须接受国民党的思想指导和行政管理，使新闻界成为国民党训政事业的一部分，即"积极的党义宣传和消极的宣传审查"[①]。如1928年4月，国民政府《抄内政部提议遵照总理遗训发扬中国固有文化重心以端趋向而奠国基案》就强调：先总理"于三民主义中极力发扬中国固有之美德为革命最高指导之原则，以期唤起我民族特殊之精神，俾恢复我民族固有之地位"，"现当训政时期，亟应依据斯旨，定为标准俾全国人民有所遵循"[②]。1929年颁布的《宣传品审查条例》中规定："各种宣传品审查标准如下：一、总理遗教；二、本党党义；三、本党纲领政策；四、本党决议案；五、本党现行法令；六、其他一切经中央认可之党务政治记载。"[③] 其1930年颁布的《出版法》第四章第19条规定，出版品不得"意图破坏中国国民党或三民主义"[④]。总而言之，训政为国民党对新闻宣传工作确定了以下几个方面的指导思想：

第一，在新闻报道和宣传内容上，用三民主义作为唯一的思想钳制工具，并作为判断其他政党及人民思想言论正确与否的标准；言论方面要解释党的政纲政策，并以"一贯之精神"分析各种实际问题。

---

① 曹立新：《在自由和统制之间——战时重庆新闻史研究》，广西师范大学出版社2012年版，第24页。

② 中国第二历史档案馆编：《中华民国史档案资料汇编》，江苏古籍出版社1998年版，第12页。

③ 同上书，第75页。

④ 同上书，第81页。

第二，新闻方面要阐扬本党主义及政策，即孙中山原来所强调的"教本党以外的人都明白本党的主义"，以"党义"统一军心、民心，也就是以三民主义改造人心，以达到"用本党的主义治国"的目的。①

第三，在宣传纪律上，规定"各党报需绝对站在本党的立场上，不得有违背本党主义、政策、章程、宣言及决议之处；各党报需完全服从所属各级党部之命令，不得为一人或一派所利用；各党报对于各级党部及政府送往发表之文件，需尽先发表，不得迟延或拒绝；各党报对于本党应守秘密之事件绝对不发表"，若违反这些纪律，将分别予以警告、撤换负责人直至改组编辑部。②

（二）"以党治报"：国民党新闻检查的基本逻辑

国民党掌握了全国政权，提出了由国民党做"政权之保姆"的训政理念和国民党垄断政权的国家组织机构，并确定了三民主义报刊理论作为训政的道统。在新闻领域，它具体地表现为"党化新闻""以党治报"，规定国民党和非党的整个新闻事业，都必须接受国民党的思想及其意识形态的指导和行政管理与监督，国民党必须"党化全国新闻界"③。

训政初期，由于南京政府对于党员办报的支持和倡导，国民党"宣传刊物如雨后春笋"，数量上迅速增加。但令蒋介石不满的是，在这些刊物的"思想立场"上，"微有出入者有之；绝对异趋者有之"。而其中"最令人忧惧不安"的是，由于思想上的分歧，"党员之间，都有以意气而分派别的倾向，甚至有剑拔弩张，形成敌对团体的危险"。认为刊物上的一些言论"对党取批评的态度，缺乏拥护的真诚"，而这种批评又只"偏重于吹毛求疵的琐屑的攻击，鲜有具体的建议"。因此，"只有及早定出一个言论标准来，令全体党员遵照标准发表"，以此达到"思想统一，则党的团体容易坚固了"。在这

① 中国社会科学院近代史研究所等合编：《孙中山全集》（第8卷），中华书局1986年版，第282页。

② 中国第二历史档案馆编：《中华民国史档案资料汇编》，江苏古籍出版社1998年版，第13页。

③ 方汉奇：《中国新闻传播史》，中国人民大学出版社2002年版，第394页。

种思想的指导下，为了达到统一的"言论标准"，南京政府规定，全国新闻界都必须接受"三民主义"的思想指导，以及国民党当局的管理和监督，国民党必须"党化全国新闻界"，"以党治报"的基本方针随即应用于南京政府的新闻审查工作中。①

　　主要体现在南京国民政府对党报的刊行及审查原则上，南京政府要求党报、机关报时刻要与国民党中央保持高度一致，始终站在国民党的立场上，以三民主义为最高指导原则，对国民党的政治纲领进行最大化的宣传。而对于非国民党组织创办的新闻事业，则通过建立符合国民党自身利益的新闻政策法规进行审查和管理。规定"各刊物立论取材，必须绝对不违反国民党的主义政纲为最高原则，必须绝对服从国民党中央和各地党部宣传部的审查"，从而"消灭反动报纸及通讯社，取缔灰色新闻及毒素新闻，淘汰肤浅落伍桀骜不驯之新闻记者，其有冷酷无情、始终自外革命集团、绝无合作诚意者，尤不容留"②。

　　1931年"九一八"事变之后，国内外形势急剧恶化，国民党统治面临着严重危机，国民党吸取了德、意法西斯的新闻审查思想与手段，进一步加强对新闻舆论的管制。其主要特点：一是鼓吹国家至上、民族至上的原则，凡是反对国民党的新闻宣传，一律以有害国家和民族利益为由进行压制。二是强化国民党的新闻力量以争夺"新闻最高领导权"。如1934年1月，国民党中央执行委员会全体会议通过决议，明确规定中央宣传委员会的任务是集中经费于少数报纸，培养有力量之言论中心，尽力增厚党的新闻业之权威，充分培养其本能，使之自动发挥伟大的力量，取得新闻纸新文艺运动之最高领导权，彻底完成新闻一元主义之任务。同时消灭反动报纸及新闻社，淘汰桀骜不驯的记者，消灭私营新闻业，实行报刊公营化。

　　总之，国民党在十年内战时期形成的新闻统制思想与政策，以"党化新闻界""以党治报"为起点，后又渗入了德、意法西斯的新闻审查

---

　　①　荣孟源：《中国国民党历次代表大会及中央全会资料》（上），光明日报出版社1985年版，第535页。
　　②　杨柳：《论南京国民政府的新闻审查制度（1927—1937）》，硕士学位论文，吉林大学，2012年。

思想与经验。新闻业完全受制于党权，随时都要接受国民党的新闻检查，造成了媒体权力的进一步集中，从鼓吹国民党到鼓吹中央，再到最后只剩下鼓吹最高领袖，将整个事业从一党专政引向了个人独裁。

二　初创时期颁布主要新闻检查法规

（一）国民党新闻检查的基本法则：《出版法》

1930 年 12 月 16 日，国民政府公布《出版法》。这部新闻出版法典共 6 章 44 条，对报刊等各类出版物及发行人、著作人、编辑人做了明确的法律界定，对报刊的创办、报纸的出版和报刊的禁载事项，以及违反《出版法》行为的处罚，做了详细的规定。主要内容具体概括为四点：

（1）实行出版登记许可制度，规定："未经许可出版而擅行出版之书籍，概行扣押。"

（2）出版管理范围，除新闻纸、杂志、书籍及其他出版品外，还包括传单、标语等印刷品，即"谓用机械或化学之方法所印刷，而供出售或散布之文书图画"。

（3）对出版品内容的限制。除禁载的"意图破坏中国国民党或三民主义者""意图颠覆国民政府或者损害中华民国利益者""意图破坏公共秩序者""妨害善良风俗者"四条外，还规定"不得登载禁止公开诉讼事件之辩论"，认为"特殊必要时，得依国民政府命令之规定"，禁止刊载有关军事和外交方面的内容。

（4）对违者的处罚，处罚方式有罚金、停刊、查封、拘役、有期徒刑等。1931 年 10 月 7 日，国民政府又公布了《出版法施行细则》，将《出版法》中的条款进一步具体化。①

从表面上看，这部《出版法》较晚清、袁世凯时期所颁布的同类法律稍微宽松，但是由于文字写得十分空泛，解释权又操于执法机关手中，因此执法者在实际操作时，可以任意解释，给报刊强加"莫须有"罪名。有人尖锐指出"此法一行，将使著作出版之人，无一书

---

①　马光仁：《中国近代新闻法制史》，上海社会科学院出版社 2007 年版，第 156 页。

可以应时出版，无一日不可陷于刑辟"①。

（二）国民党控制消息来源的法案：电信条例

随着科学技术的发展，使用电报传递新闻信息活动越来越多，反对和揭露国民党专制罪恶的新闻信息也通过电信传播，南京国民政府遂决定对新闻电讯实行严格控制。1929 年 8 月，南京国民政府颁布了《全国重要都市邮件检查办法》，并于 1930 年 4 月补充了《各县市邮电检查办法》，规定了国民党政府部门和各级党部合作，对重要都市和各县市的邮件、邮电进行检查，从流通环节上对新闻出版进行严格管理。

1933 年 4 月，南京国民政府交通部制定了《新闻电讯检查标准》。该标准共三大类 15 条。主要内容有：（1）关于军事方面的共 7 条，除关于国防设备、军队兵力、部署、行动计划等具体内容不准传递外，认为"敌我军情与事实不符之记载""不利于我方之军事新闻"也加以扣留。（2）关于政治、外交方面的共 5 条，认为"消息不确者""引起社会或其他之不良影响者""事件正在秘密进行者"等，都不准传递。（3）关于地方治安方面的共 3 条。这 3 条使用了"含有""足以引起""妨宵"等不确定词语，使检查带有更大的随意性。②

1934 年 5 月，南京国民政府交通部颁布了《新闻电报规则》，规范报馆、期刊或通讯社之新闻记者若发寄新闻电报，必须遵循的事项。规则规定，不论国内记者或外国记者必须"请领凭照"，由交通部核发，方可到电信局收发新闻电讯。规则对如何发递、使用新闻电讯也做详细规定，如记者凭执照可以在若干地区发递新闻电讯，但收者只能是一处，发电讯"应用明语书写"，以使用"中文、英文及罗马字拼音之文为限"，若发往国外则再加上法文，所发新闻电讯稿只能供新闻媒体刊载，如作他用必加倍收费。如违反有关规定将吊销执照，或受其他处罚。

① 张静庐：《中国现代出版史料》（丁编下册），中华书局 1959 年版，第 413 页。
② 马光仁：《中国近代新闻法制史》，上海社会科学院出版社 2007 年版，第 158 页。

　　1935 年 11 月，南京国民政府出台了由国民政府军事委员会制定的《邮电检查施行规则》。"它最主要的功能，是授权军事委员会调查统计局插手邮件检查。"① 这个规则第一条即明确了实行全国邮电检查的目的："国民政府军事委员会为镇压一切反动，监视敌方间谍并防止危害国家，扰乱治安，破坏国防外交之一切阴谋起见，对全国邮件电报得施行检查。"但是规则第二条规定的"邮件电报检查应检查者"所列出的八项中，却将检查"关于反动党派者"作为首要任务，其次才是"关于挑拨离间，试图挑拨本党势力，破坏本党党务者"，到了第七条才涉及"敌方"。这意味着此时国民党仍奉行"攘外必先安内"的政策。规则第三条规定："为集中事权，所有各地邮件电报检查事宜，由军事委员会调查统计局秉承军事委员会委员长之命，统筹办理"，这就是说，国民党对邮电检查实行了更为专制的军事集权，邮电检查听命于"委员长"一人。②

　　随着无线广播的迅速发展，南京国民政府对无线广播电台的管理十分重视。1928 年 12 月，南京国民政府建设委员会制定了《中华民国广播无线电台条例》，共 25 条。主要内容有：

　　（1）设立广播无线电台必须申请核准。"凡公众团体或公司或私人之欲设立广播电台者，应备文向无线电管理处请求核准"发给执照，"以五年为有效期间"。

　　（2）规定广播的业务内容为"公益演讲"，"新闻、商情、气象等项之报告"，"音乐、歌曲及其他娱乐节目"、"商业广告不得逾每日广播时间十分之一"。

　　（3）禁播事项。"广播电台不得广播一切违背党义、危害治安、有伤风化之一切事项，违者送交法庭讯办。"

　　（4）对私营广播电台的要求。"政府如有紧急事件须即广播者，私家广播电台应为尽先广播，不得拒绝，但得酌量收费"，"无线电管理处于必要时得收管或停止私家的广播电台"，"广播电台对于无

---

　　① 张静庐：《中国现代出版史料》（乙编），中华书局 1955 年版，第 30 页。
　　② 王静：《国民党统治前期（1927—1938）新闻政策研究》，硕士学位论文，山东大学，2007 年。

线电管理处稽查员随时人台检查时，不得拒绝"。①

（三）管理党报的检查规定：三个党报条例

国民党建立南京国民政府后，为巩固统治、加强对新闻舆论的控制，对党内新闻媒体的建设和控制予以较高重视。为有效指导党报工作，从 1928 年 6 月起，国民党中央常委会陆续制定了《设置党报条例》《指导党报条例》《补助党报条例》。

《设置党报条例》界定的党报是："中央及各级宣传部设置的日报杂志，酌量津贴本党党员所主办之日报杂志。"条例规定报纸的主管和总编辑由中央或所属党部委派，报社的组织大纲、工作计划及职员名册须呈所属党部审核并于中央宣传部备案，报纸言论内容须遵照中央颁布的《指导党报条例》进行宣传。②

《指导党报条例》则将党报分为党报、本党报和准党报三种，后修订为各级党部宣传部主办和党员主办的报纸两种。该条例对党报宣传的内容和纪律做出了规定。主要内容有：各级党委宣传部直辖的党报，主管党委宣传部委派负责人员及总编辑；宣传部负责指导党报宣传内容，发布宣传纲要及方略和宣传要旨，党报内容需送各级宣传部审查，党报需要宣传国民党的方针政策并遵守国民党的宣传纪律。③

《补助党报条例》主要规定申请补助报纸的条件，如第二条规定具备下列条件的报纸方可申请补助："言论及记载随时受党之指导者；不利于党的一切文字图书等件，概不为之登载者；能尽量宣传本党主义、政策、纲领者；完全遵守党定言论方针及宣传策略者；党之宣传文字等件，能尽量并迅速刊载者。"④"党报三条例"成为国民党此后长期指导党报宣传活动的纲领文件。

（四）专门的新闻检查规定：新闻检查办法

1929 年 1 月，国民党即通过了《宣传品审查条例》，明确规定了

---

① 上海市档案馆：《旧中国的上海广播事业》，中国广播电视出版社 1985 年版，第 173—175 页。

② 中国第二历史档案馆：《指导党报条例》全宗卷号 400，第 722 项。

③ 刘哲民：《近现代出版新闻法规汇编》，学林出版社 1992 年版，第 530 页。

④ 中国第二历史档案馆：《指导党报条例》全宗卷号 400，第 722 项。

各种宣传品的审查标准是：总理遗教；本党主义；本党政纲政策；本党决议案；本党现行法令和其他一切经中央认可之党务政治记载。同时认定宣传共产主义、国家主义、无政府主义及攻击国民党主义、政纲、政策、决议案刊物为反动宣传品，会得到查禁、查封和究办的处分。

1933 年后，国民党当局认为，一直以来实行的新闻审查制度不足以对时下的舆论进行有效的控制。其他政党及主义，尤其是共产党之刊物仍旧泛滥，并在社会上产生了国民党当局并不愿意看到的影响。于是，南京政府开始对新闻审查制度进行调整，不再以原来实施的事后追惩为主要手段，而是开始制定法规政策，在新闻界全面推行以事前审查为主要手段的新闻审查制度，意欲从源头上对新闻的内容进行预防①，以便更有效地对新闻舆论进行管理和控制。

1933 年 1 月，国民党第四届中央执行委员会第 54 次常务会议分别通过了《重要都市新闻检查办法》和《新闻检查标准》两个文件，决定在"重要都市"设立由"当地高级党部、高级政府（或指派公安机关）及高级军事机关（或指派警备机关）会同派员组织"的新闻检查所，进行新闻的事前审查工作。对于事前审查的范围，虽然《新闻检查办法》中规定只"限于军事、外交、地方治安及有关之各项消息"，各地的新闻检查所却要求，"凡各省、市印行之日报、晚报，小报、通讯社稿及其增刊、特刊、号外等，于发行前均须将全部新闻一次或分次送各该新闻检查所检查"。

为了保证这一制度的实施，国民政府训令行政院军事委员会还特别做出决议，"如新闻有不服检查者，军政机关得予以一日至一星期停版之处分或其他必要之处分"②。而首都（南京）新闻检查所的惩治决议则更为具体化："如发现不经检查而先期发行，或经扣留、删改而竟发表原稿，以及禁载消息而私行泄露或在新闻删改处故留空白

---

① 杨柳：《论南京国民政府的新闻审查制度（1927—1937）》，硕士学位论文，吉林大学，2012 年。

② 刘哲民：《近现代出版新闻法规汇编》，学林出版社 1992 年版，第 531 页。

者，均要援引出版法予以惩处。"① 以上法规的颁行，体现了南京政府对于新闻舆论更为严格的控制，事前审查成为南京政府新闻审查工作中最主要也是最重要的方式。

三 初创时期新闻统制其他方式

以上所举，都是国民党公开进行新闻检查的办法和制度，但是国民党掌控的国民政府并不满足于此。为了进一步加强对新闻的掌控与审查，南京国民政府采用了所有能够采用的手段，包括合法的与非法的，公开的或者秘密的，柔性的或者刚性的。除了较为正式的管制举措之外，他们还动用了一些非正常手段。这些手段主要有：

（一）通过邮电检查等方式阻挠进步报刊发行

对出版印刷的报纸和刊物进行邮电检查，凡是不符合国民党条例和法律规定的，一律采用禁止邮递或者直接扣押的方式来阻挠进步的和其他非国民党印刷出版刊物的正常发行和流通。如 1929 年，国民党当局颁行了《全国重要都市邮电检查法》《各县市邮电检查办法》等一系列文件，赋予这种封建专制主义的恶劣暴行以合理性。

在这些专制文件下，随即又设立了一大批新闻、邮电检查机构，肆意妄为，稍有怠慢即以不合理为理由进行野蛮扣压。很多进步报纸和刊物被迫中断发行，以至于被迫停刊，也有一些中立社会性报纸和刊物被扣压和禁止发行，甚至一些亲国民党的报纸和刊物也遭到了扣压。从国民党政权上台伊始，到抗日战争爆发之前，被国民党中央和地方党部定性为不得发行的进步报刊难以计数。

（二）组织记者团体，从人事方面加强控制

国民党是一个具有丰富办报和宣传经验的政治集团，有大量的具有丰富阅历的报人和新闻记者，如于右任、叶楚伧等人。南京国民政府建立以后，利用业务上具有显赫名望的新闻记者、国民党新闻官员、党报和中央社及中央台负责人、党部负责人，对新闻界进行渗透，组织各种新闻团体，改组已有的新闻团体，并成为新闻团体的核

---

① 赵中颉：《法制新闻与新闻法制》，法律出版社 2004 年版，第 318 页。

心与骨干。通过这些人，国民政府期望掌握和控制新闻记者团体的权力，从而间接将新闻团体的人事权牢牢掌控住，将国民党的影响力直接渗透到新闻界核心圈子，把本应该坚持公正、中立地位的记者团体也变成了为国民党服务的附庸和工具，扰乱新闻界的正常活动秩序。

虽然目前尚未找到国民党管理新闻团体的相关文件，但是各种迹象表明，国民党非常重视新闻团体的建设与管理。如 1933 年，江苏省新闻事业委员会即要求"指导报界公众及新闻记者公会"，在同年 7 月召开的江苏省新闻事业委员会第一次委员会上，唐奇、王志仁就提出："新闻记者开始服务之日起，三个月内应加入各地新闻记者会，取得会员资格，呈报备案，逾期不加入者，由主管机关命令各该报馆通讯社撤退其职务案。"决议结果虽是"保留"，但也表明国民党通过新闻团体控制新闻记者的目的。[①] 1934—1935 年间，上海、安徽、福州、江苏、宁波、常州、平津等地的新闻记者团体纷纷成立，各地原有的记者团体也纷纷召开大会，重拟章程或选执、监委。

（三）创立民营报纸顾问制度，加强言论控制

国民党进行人事渗透的另外一种方式就是向新闻媒体派出"指导顾问"，其派出的主要对象是民营新闻业。

所谓顾问制度，就是委派国民党顾问若干人进入民营报社进行指导，旨在将国民党新闻统制的细胞渗透到各家报社内部，就地解决各种不利于国民党的宣传问题。通过所谓的"顾问"，国民党力图干预新闻报道和社论的写作与编辑，拓宽国民党党化新闻界的范围，彻底清除掉对国民党不利的信息，从源头上控制住不利于国民党的宣传。

1934 年，国民党中央执行委员会即派员赴上海各大报社"接洽联络"，以"帮同各报社解除目前苦难"的名义直接渗透到报社编辑部。

（四）利用特务行径恐吓及残酷迫害报人

南京国民政府效法法西斯主义国家，建立秘密警察队伍，利用特

---

① 马元放：《苏省新闻事业委员会概况》，《江苏日报·新闻事业专号》，1934 年 1 月 12 日。

务组织和秘密警察，用暴力对不利于国民党新闻统制的力量进行迫害。特务组织主要利用的两种手段是：

第一，收买一些流氓文人，或者组织国民党的宣传骨干，在报刊上大肆鼓吹法西斯专制主义，美化国民党的专制统治，对于进步文人或者进步团体，采用"泼墨"的方式，不断抹黑进步人士，并且进行恶毒的人身攻击。

第二，对那些敢于和他们抗争、不肯屈服的进步人士或者反对者，采用威胁、恐吓的卑劣手段，投毒、扔炸弹、写恐吓信、打砸报馆、打伤报人，无所不用其极。

对于那些被认为是国民党敌人的记者和报人，则采用最为极端的方式，发通缉令、秘密逮捕甚至直接进行肉体消灭。著名报业经营者、《申报》主持人史量才因为不肯与国民党合作，甚至直接批评国民党的专制做法，于1930年被国民党特务暗杀，就是最典型的例子。

四　初创时期新闻检查制度的实现

（一）严格控制本党的新闻事业

建立自己的新闻宣传机关以领导整个新闻界，是国民党争取新闻最高领导权的基本方式。在建设和壮大自己新闻事业的实力方面，国民党的确取得了很大成绩，从党报、广播电台形成了自己党化新闻事业体系。但是国民党在建设自己新闻事业时，并不是要实现其繁荣，而是为了达到钳制舆论的目的，对其新闻宣传内容做了严密的审查，其结果是压制了国民党新闻事业的发展活力，并使其在民众中间丧失了公信力，反而使自己丢失了新闻事业的领导能力。

国民党在训政初期推行的发展党营新闻事业的政策，首先着力构建了中央新闻事业网。党报方面，1929年2月，《"中央"日报》在南京复刊，复刊后的言论编辑方针以"拥护中央、消除反侧、维护党基、巩固国本"为职责，为蒋介石剪除反对力量，巩固中央统治服务。1927年5月，中央通讯社由广州迁往南京，依仗国民党中央执政地位，稿件采用率逐渐提高。1928年8月，国民党中央广播电台成立，负责播放国民党中央一切重要决议、宣传大纲及通令通告。国民党还在各地创办了自己的党报和电台机构，形成了全国新闻事业网。

　　据统计，1931 年，仅国民党中央和省辖市党报即有 47 家，通讯社 17 家，形成了较大的覆盖率和影响力。①

　　但是在壮大国民党新闻事业的过程中，国民党中央特别是蒋介石不断收紧新闻宣传口径，强化新闻内容的检查，束缚了党营新闻事业的手脚。在蒋介石独裁作风影响下，国民党党报宣传权力先后由中央宣传部和中常委垄断。

　　如 1928 年 5 月，国民党中央宣传部制定了《宣传大纲和标语办法》，要求"各省各特别市党部、各海外总支部接到所发宣传大纲及标语后，应即分发所属党部宣传机关及民众团体，以作宣传依据，不得另行制订，以免分歧。其因地方情形之一得不稍增减者，亦须随时呈报中央宣传部核定"。"临时发生事件，须急切宣传者，得由中央宣传部制订宣传要点，电达各省各特别市党部、各海外总支部及所属宣传机关，以应急需。"各地党部对"重要事项，认为有宣传之必要，得自行制订宣传大纲。宣传要点及标语，分发所属遵用，得须随时呈报中央核定"②。

　　由此可见，国民党对党内宣传机构控制之严密。国民党中央制定的《三个党报指导条例》，以及 1933 年通过的《各级党部所辖报社管理规则》等，对各级党报的宣传纲领、应守纪律及处罚措施，都有明确的规定。

　　为了有效控制新闻宣传，党内新闻宣传工作者稍有失误，便给予严重处罚。如《"中央"日报》曾经刊登了不确定的外电消息，国民党中央宣传部副部长陈布雷就受到了严厉批评，并给予了警告处分。在这种情况下，国民党宣传系统小心翼翼，不求有功但求无过，使其新闻业务处于失常状态。新闻报道迟缓、失实，新闻编排死板、保守，宣传上过于强调"党性""党义"，经常篡改新闻，无中生有，欺骗性明显，报纸广播中充斥着虚假主义和教条主义，虽然新闻媒体

---

　　① 方汉奇：《中国新闻事业通史》（第二卷），中国人民大学出版社 1996 年版，第 363 页。

　　② 中国第二历史档案馆：《指导党报条例》全宗卷号 400，第 722 项。

在数量和声势上占据了压倒性优势，却无法取得宣传效果上的胜利。

（二）严格限制民营新闻事业的发展

辛亥革命后，国民逐步获得自主创办报刊的权利，民营新闻事业得到了快速发展。据统计，1926 年全国拥有报社数量为 628 家；到 1937 年，全国报纸达到了 1077 家；1926 年到 1937 年，全国通讯社从 155 家增至 520 多家。①

在国民党"以党治报"战略的影响下，民营新闻事业受到了严密监控。这种监控从地上到空中，从国内到国外，从军事新闻、国际新闻到国内消息，从报纸出版之后提到出版之前，从东南沿海各省到全国大部分地区，新闻检查无时不有、无处不在。不仅如此，国民党还为这种检查制定了法律法规，却又不按照法律法规，而直接发出检查通令和决议。国民党还不满足于新闻媒体到检查所送检，还派人到新闻媒体进行指导，直接掌握报纸的编辑方针和内容设计。在报社之外，还进行邮电检查，对于不服从者，进行发行监控直至查封报社。新闻检查数量大、范围广、种类多、频率高，给民营新闻事业造成了巨大的压力。

严厉的新闻检查，使民营报刊运动动辄得咎，稍微或者偶尔犯下小错误，就会受到惩罚，如果是在国民党辖区，会立即遭到查封，如果是在租界，则对其禁邮，像平时比较遵守国民党新闻法规的《益世报》，仅仅因为几篇社论触怒当局就遭到查处。而社会影响力广泛，却不肯跟国民党配合的，往往会受到国民党的恐吓。如邹韬奋主持的《生活日报》和生活书店，先后被国民党封闭，邹本人也因为受到威胁而不得不出国。对于坚决不肯与国民党新闻检查配合的，国民党特务则欲除之而后快，如《申报》老板史量才即是因此而被枪杀于上海。国民党特务还假借进步团体名义给报社写恐吓信，如《东方杂志》就收到过这种恐吓信。

严密的新闻检查，后果是民营新闻事业、新闻业务的畸形发展，

---

① 方汉奇：《中国新闻事业通史》（第二卷），中国人民大学出版社 1996 年版，第 412 页。

首先是言论往往成为获罪之源，不少媒体便实行轻言论重新闻的编辑方针，言论中对于政府的大政方针总是极力维护和赞扬。其次，即使是在新闻领域，限制也非常多，常常是中央社一统天下，有些报纸另谋出路，着重传播煽情新闻。当时新闻业虽有部分报刊和记者以敢言自命，但是整体上已经陷入万马齐喑的境地。

（三）严厉打击反对党派的新闻宣传

国民党破坏了第一次国共合作之后，即加紧对共产党领导的进步报刊和文化事业进行围剿。1929 年，国民党中央宣传部发布的《宣传品审查条例》明确规定：凡是宣传共产主义及阶级斗争的，都属反动刊物，应"严厉取缔"。国民党中央党部多次直接给各省党部下达严厉取缔中共刊物、揭毁其销售书店的密令。

据南京国民政府 1931 年 2 月颁布的《危害民国紧急治罪法》第二条之规定："以文字、图画或演说为叛国之宣传者处无期徒刑或十年以上有期徒刑。"[①] 国民党当局对于那些违反国民党法令的反动报纸杂志，特别是宣扬共产主义、无政府主义和阶级斗争思想的新闻报纸杂志明确宣布："反动者查禁、查封或者究办。"[②] 此外，对第三党、国家主义派、无政府主义甚至帝国主义刊物，国民党也给予严厉取缔。

据国民党中宣部及中央宣传委员会编审科印发的文件等相关统计资料，南京国民政府建立的前十年，亦即大致是第一次国共合作破裂到第二次国共合作建立之间，仅被国民党中央及地方检查机构查禁的"社会科学书刊达 1028 种、进步文艺书刊 458 种"[③]。仅1934 年在北平一地，被限制出版的书刊便有 1000 多种。不仅这些书籍遭殃，连出版那些书籍的出版机构也被销毁，新闻从业人员横遭迫害。

---

① 中国第二历史档案馆编：《中华民国史档案资料汇编》，江苏人民出版社 1994 年版，第 291—292 页。
② 刘哲民：《近现代出版新闻法规汇编》，学林出版社 1992 年版，第 144 页。
③ 江沛、纪亚光：《民国时期对新闻出版的审查与追惩》，《传媒观察》2002 年第 7期。

五　初创时期新闻检查制度的影响

南京国民政府 1927—1937 年 10 年间，无论是在新闻法规还是在国民党上层下达的条令指示中，都有保障人民言论自由的体现。但实际上这些法规条例在实践中常流于空谈。各种限制和压制新闻事业言论自由的法规层出不穷，而且定义含混，给政策执行者宽泛的解释权力，使得执行者在执行新闻政策时具有极大随意性，国民党官方有时根本不守法律，动辄封闭报馆、逮捕记者，不依照法律程序随意处决新闻从业人员，人治大于法治的情形无处不在。这些都大大限制了新闻事业的合法生存空间，迫害了进步新闻事业，除了将中国政治体制引向独裁之外，还严重阻碍了中国新闻事业的发展。

通过观察发现，在新闻审查制度实施中，他们遵从的标准并不是繁多的新闻法规和既定政策，而是国民党的根本利益。南京国民政府企图用这样一种制度对社会舆论进行导向和限制，并以此巩固自己的政治权威和统治地位。从实施 10 年间的影响来看，并不仅仅限于新闻界，而是同时反作用于国民党政权本身，新闻审查制度不但未达到南京政府的预期目标，反而产生了诸多国民党当局意料之外的结果。这些影响主要表现在：

一是挤压了中国新闻事业生存空间。在国民党统治前期的新闻政策中，声称保障人民言论自由，但实际上这些法规条例在施行中无任何保障，种种限制和压制言论自由的法规层出不穷。国民党新闻检查标准不一致，特别是重复检查问题严重，任意封闭报馆、逮捕记者，不按法律程序随意处决新闻从业人员的事件无处不在。这都严重影响到新闻事业的生存，而利用特务机关对新闻从业者进行暗杀，使得新闻事业的合法生存与发展受到严重打击和压迫。

二是导致报纸质量严重下降。新闻检查制度极大影响了新闻业应发挥的社会作用。在国民党严酷的新闻检查下，新闻事业发展步履维艰。对国民党报刊，国民党新闻统治政策一方面强化了国民党新闻机构，另一方面由于国民党的新闻检查等统治手段，常常以党性原则消灭新闻特性，导致新闻报道迟缓、失实，编排死板、保守，文章千篇一律。此外，国民党报人的办报意识日趋保守，从而进一步加剧了国民党新闻业务保守落后的现象。

三是极大损害了新闻事业的公信力。报纸质量的下降和其正常社会功能的削弱，必然影响到报纸乃至整个新闻事业的威信。国民党为了达到其宣传目的，往往利用新闻电讯真假参半的方法，上海各报所刊登的专电，标明是北平、天津所发，但有些并非是各报驻北平和天津的记者所发。有些新闻稿张冠李戴，不知所云。更有甚者，不惜编造新闻稿或完全是道听途说来的新闻。这种欺骗手段严重损害了报纸的信誉和权威。

第二节　抗战时期新闻检查制度（1938—1945）

1937 年，卢沟桥事变掀起了中日全面战争爆发，中华民族与日本帝国主义的民族矛盾上升为主要矛盾，打乱了国民党的"攘外必先安内"的战略规划。大片国土沦陷，迫使国民党放弃与共产党打内战，在双方所达成的条件范围内共同抗战。从抗战全面爆发到胜利结束的八年里，国民党新闻传播制度也随着时局、战争和政治形势的变化发生着相应改变。在抗战初期，国民党在较大程度上停止了对新闻出版界的禁锢与压制，实行以"联合抗日"为基础的较为开明的新闻政策。但是，到抗战中后期，以防止虚假消息动摇人心和重要信息外泄为名，实施了更加严格的新闻检查制度。

一　战时新闻统制基本政策

（一）新闻国防：国民党战时新闻统制的理论基石

所谓新闻国防，就是在战时实施国家需要的舆论导向，它一方面是指新闻媒体应当自觉为国家的战争需要服务，另一方面指政府控制和引导舆论宣传为国家战争服务。其主要方针是，国家民族利益高于一切，绝对不得妨碍国家和民族利益。国家在战时状态下依据战时新闻法对新闻传播实施管制，调整战时新闻采访、报道和传播等领域的活动，主导新闻舆论宣传，以夺取"新闻传播权"。抗日战争时期的新闻国防，主要指国民党在战时的新闻管制和战时新闻宣传。

随着日本侵略战争不断升级，国内政治形势急剧变化，国民党的意识形态控制政策逐渐从国内斗争向民族抗战转变，新闻宣传领域的新闻国防思想日益突出。在 1936 年第五届国民党中央执行委员会第二次全体会议上提出："近来吾国外患日亟，关于阐发民族主义理论之文字较为普遍，佥以民族主义之实现，乃今后求独立自由之路向，挽回民族危机之急务。"① 1938 年 3 月，国民党临时全国代表大会第三次会议通过了《确定文化政策案》，要求推广新闻、广播、电影、戏剧等事业，"以发扬民族意识为主旨"，"取缔违反国家民族利益或妨害民族意识之言论文字"。此后，国民党中央宣传部下发《抗战救国宣传大纲》共 6 条，指导新闻界加强对日本侵略中国，以及我国抗战必胜的宣传，以激发民众团结一致的精神与共赴国难的勇气，信赖国民政府，拥护最高领袖蒋委员长，增强民众抗战力量。②

为了建立和巩固思想战线，国民党对新闻界释放了一定善意的信号，新闻界随即表现出对国民党新闻政策的配合。1938 年 3 月 29 日至 4 月 11 日，在武汉召开的国民党临时全国代表大会上，通过了《抗战建国纲领》，特别规定"在抗战期间，于不违反三民主义最高原则及法令范围内，对于言论、出版、集会、结社予以合法之充分保障"③。10 月，民主人士胡景伊、沈钧儒和刘百闵向国民参政会第二届大会提出的《拥护抗战建国纲领，确立战时新闻政策，促进新闻事业发展案》获得通过。这个提案包括三个部分：

第一，确立新闻报道原则。（1）军事方面应注意加强抗战必胜的信念和战局发展的正确认识。（2）政治方面应注意巩固全国团体，坚持抗战到底的既定国策。（3）经济建设方面，应注重财政经济之调整与生产建设之进行。（4）外交及国际方面，应注重我国独立自

---

① 王煦华、朱一冰：《1927—1949 年禁书刊史料汇编》，北京图书馆出版社 2007 年版，第 172 页。
② 曹立新：《在统制和自由之间——战时重庆新闻史研究》，广西师范大学出版社 2012 年版，第 79 页。
③ 中国国民党中央执行委员会宣传部编：《抗战建国纲领宣传指导大纲》，衡阳区书刊供应处 1938 年版，第 34 页。

主的外交政策之实施。（5）教育及民众方面，应注重战时教育之实施、民众运动之开展。

第二，调整新闻宣传机构。（1）改善新闻检查制度，使之不仅实施消极的检查工作，更应推行积极的指导任务。（2）扩充全国通讯广播事业。（3）扶助全国新闻事业。（4）加强国际宣传力量。

第三，增进新闻记者之工作效能。（1）提高新闻记者技能。（2）充实新闻记者学术研究。（3）政府对新闻记者应予特别优待。（4）对于新闻邮电，由政府通令各军事当局，对于持有证明文件之新闻记者，得予军事邮电通送之便利。①

这一提案有较广泛的民意基础，遵循《抗战建国纲领》，同时也进一步肯定了之前的《新闻检查标准》《修正重要都市新闻检查大纲》等法令，因此获得朝野一致支持。从而构成了国民政府抗战初期较为开明的"新闻国防"政策。

但是国民党很快就从开明的立场退缩，加强了对舆论的控制。1939 年国民党通过了《国民精神总动员纲领及实施办法》，提出意志集中、力量集中、民族至上、国家至上、军事第一、胜利第一等口号，要求全国人民的言论，一律以国民党的意志为准绳，"分歧错杂之思想必须纠正"②。1940 年，蒋介石在为中央政治学校新闻专修科第 1 期毕业生讲演时，特意强调新闻界必须"善尽宣扬国策之一责任，一切言论记载，悉以促进我国民独立自尊心，养成我国民奋斗向上心为旨归，处处遵守抗战建国纲领，时时不忘国家至上民族至上"③。

新闻国防是战时新闻统制的理论基石，这个基石的实施主要体现在战时新闻法规上。战时新闻国防体现了战时新闻传播的特点和规律，有很强的管制约束作用。依据战时制度的新闻法，对战时新闻传

---

① 荣孟源：《中国国民党历次代表大会及中央全会资料》（下），光明日报出版社 1985 年版，第 487 页。

② 《中共党史教学参考资料·抗日战争》（上），中国人民大学出版社 1983 年版，第 603 页。

③ 张莉：《南京国民政府新闻出版立法研究》，博士学位论文，华东政法大学，2011 年，第 62 页。

播实施控制。

（二）国民党战时新闻检查的具体目标

"以民族斗争之意识消灭政治斗争之意识"，是国民党战时新闻检查的具体目标。"民族斗争之意识"是指民族主义。在民族危急关头，民族主义反映民心向背。在社会缺少凝聚力和共同价值观的时候，民族主义可以在国民中造就一种共同意识；在政权的正当性基础受到威胁的时候，可以起到强化政权的合法性基础的作用；在社会的内部分化导致不同阶层间的巨大裂痕的时候，可以使人们减少对这些裂痕的关注，而去更多地关注其间的一致性。① 抗战时期，在共同的民族敌人面前，民族主义强调全民族的共同利益，通过调节民族国家内部的分歧与矛盾，获得更大力量来完成抗战救国的任务。民族主义既可以起到增强民族凝聚力的作用，也可能被统治阶级利用进行战争动员或者转移矛盾。

抗日战争时期，国民党希望利用民族矛盾缓和国内矛盾，通过宣传动员民众，使民众了解并拥护国民党的抗战政策，激发全民族的爱国精神以帮助政府度过艰难的抗战岁月。同时，国民党还希望通过战争宣传，进一步强化自身政权的合法性和在国民中间的认同感。让民众相信，信任政府、拥护领袖是当前抗战的必要条件，从而真正地凝聚民心，集中全国意志。也就是说，国民党的期望是利用战争条件在国内最大限度地统一舆论。

1938 年 3 月，国民党在武汉召开的临时全国代表大会，全面阐述了国民党"以民族斗争之意识消灭政治斗争之意识"的主张。大会通过的《临时全国代表大会宣言》中提出："当此之际，在议会及在社会间，杂然各殊之政党，亦必相约为政治的休战，以一人民之心思耳目。"② 会议通过的《抗战建国纲领》阐发了"以民族斗争之意识消灭政治斗争之意识"。《纲领》提出："中国国民党领导全国从事于抗战建国之大业，欲求抗战必胜，建国必成，固有赖于本党同志之努

---

① 房宁、王炳权：《论民族主义思潮》，高等教育出版社 2004 年版，第 39 页。
② 荣孟源：《中国国民党历次代表大会及中央全会资料》（下），光明日报出版社 1985 年版，第 468 页。

力，尤须全国人民戮力同心，共同担负。因此，本党有请求全国人民捐弃成见，破除畛域，集中意志，统一行动之必要。特于临时全国代表大会制定外交、军事、政治、经济、民众、教育各纲领，议决公布，使全国力量得以集中团结，而实现总动员之效能。""确定三民主义暨总理遗教，为一般抗战行动及建国之最高准则；全国抗战力量，应在本党及蒋委员长领导之下，集中全力，奋励迈进。"①

大会还通过了《统一革命理论肃清政治斗争之意识案》，指出："当兹强邻压境，国家民族生命存亡绝续之秋，各界人士，不问其派别如何，万应捐除成见，在一个信仰、一个领袖、一个政府之下，把我全国上下一致之力，抗战到底。"并部署要求"各地党部举行大规模之民族统一阵线之宣传周，并与文化界切实合作，以民族斗争之意识消灭政治斗争之意识"②。

1939 年 2 月，国民参政会通过了《国民精神总动员纲领》和《国民精神总动员实施办法》，要求全体国民言论，一律以领袖的意志为准绳，纠正分歧错杂之思想，实施办法提出了四项措施，包括整饬、统一民众团体组织及其训练，取缔有碍抗战之争论及非法活动，纠正各报之言论倾向。③

正是在此精神指导下，国民参政会一届二次大会通过了《拥护抗战建国纲领确立战时新闻政策促进新闻事业发展决议案》，主要内容包括：新闻报道原则以《抗战建国纲领》为蓝本，以建立三民主义的文化为最高理想，以教导并感化民众为着手方针，以树立新闻国防为斗争目标，以不妨碍国家民族利益为指导范围。在军事报道方面，应注意加强抗战必胜的信心和战局发展的正确认识；政治报道方面，应注重巩固全国团结，促成施政方针改进；新闻检查方面，统一全国新闻检查机关，新闻检查人员需从事新闻事业三年以上、确有新闻事

---

① 荣孟源：《中国国民党历次代表大会及中央全会资料》（下），光明日报出版社 1985 年版，第 484 页。

② 同上书，第 489 页。

③ 曹立新：《在统制和自由之间——战时重庆新闻史研究》，广西师范大学出版社 2012 年版，第 109 页。

业学识经验，新闻检查人员滥施职权，应加以严厉惩处等。①

在"以民族斗争意识消灭政治斗争意识"思想统领之下，国民党新闻检查政策获得了思想上的合法性，完成了从战前到战时的变化。与战前的以党义统制相比，战时的新闻检查政策更多地以领袖的意志为准绳，蒋介石进一步强化了个人独裁统治。但是国民党并未以国民参政会等决议为准，很快在新闻检查方面变得更加严厉。

（三）原稿审查：国民党战时新闻检查制度变本加厉

原稿审查制度最早实行于1934年的上海。当时是由国民党中央宣传部负责，1935年因发生"新生事件"而被撤销。抗战开始后，国民党以适应抗战需要为借口，推行文化专制主义，再次恢复实行原稿审查制度。②

该制度恢复实行的主要法律依据是1938年7月国民政府公布实施的《修正战时图书杂志原稿审查办法》。该办法第5条规定："各地书店及出版机关印行图书、杂志，除自然科学、应用科学之无关国防者及各种教科书应送教育部审查者外，均须一律送请所在地审查机关许可后，方准发行。如所在地无审查机关，得还请中央或邻近地方审查机关办理。纯学术著述不涉及时事问题及政治、经济、社会思想者，得不审原稿，但出版时须先送审机关审核后，方准发行。"

同时，第12条规定："凡审查机关不准发行，及不遵照指示删改而擅自出版者，一律予以查禁处分。其言论反动者，并得依法处罚其编辑人、印刷人与发行人。"第16条规定："其有在本办法未实行前出版之图书杂志，须经审查许可后始得发售。"③

根据《图书送审须知》的规定，"业经审查之原稿，付排时不得更动，尤不应将未审查之稿件排入。如必须变更添排时，应先向原审查机关声明，补行审核"。"许可发售之图书于翻印或再版时，仍应作

① 余戾林：《中国近代新闻界大事纪》，新新新闻报社1941年版，第49页。
② 庄廷江：《抗战时期国民党对图书出版业的控制与管理评析》，《国际新闻界》2009年第12期。
③ 中国第二历史档案馆编：《中华民国史档案资料汇编》，江苏古籍出版社1998年版，第561—562页。

为原稿送审"，领审查证后，才可以印行。①

为了对全国图书杂志实施原稿审查，国民党于 1938 年 10 月特抽调中央执行委员会宣传部、军事委员会政治部、行政院、内政部、教育部及中央社会部相关人员，联合组成中央图书杂志审查委员会。作为"全国最高之图书杂志审查机关"，"采取原稿审查办法处理一切关于图书杂志之审查事宜"。各主要省市相应建立地方图书杂志审查委员会或审查处，由地方党政军警机关人员联合组成，"隶属于中央审查委员会办理各该省市之图书杂志审查事宜"②。该审查机关一直维持到抗战胜利后，成为抗战期间国民党在出版界实行专制统治的重要机构。

根据《战时图书杂志原稿审查办法》，实施原稿审查制度，检扣查禁稿件图书是中央和地方图书杂志审查机关最主要的工作。在野蛮的原稿审查制度下，大量书刊稿件被查扣，严重摧残了出版自由。据不完全统计，1938 年到 1944 年通过原稿审查被扣留的书刊稿件就达 1045 种，其中绝大多数是革命进步稿件。据国民党中宣部和中央图书杂志审查委员会档案资料统计，1938 年 3 月到 1945 年 8 月期间被查禁取缔停止发售的图书应在 2000 种以上。其中，中共和进步人士的著作共 1925 种（含少数的刊物和传单）。

查禁最严格的年份是 1940 年、1941 年、1942 年，每年查禁图书都在 300 种以上，最多的 1941 年查禁书刊达 415 种。③ 1939 年 3 月 3 日中央图书杂志审查委员会派员搜查重庆生活书店，以审查未合格为由，一次就搜去库存书籍 7000 余册。1940 年 1 月 5 日，重庆市图书审查处报告称其查缴生活书店违禁书刊万余册，查禁取缔的理由主要有："派系私利立场""抨击本党，诋毁政府与诬蔑领袖""宣传赤化""鼓吹偏激思想""触犯审查标准""触犯禁载标准""主张阶级斗争，与本党主义相违""曲解本党主义，言论反

① 张静庐：《中国现代出版史料》（丙编），中华书局 1956 年版，第 502—503 页。
② 中国第二历史档案馆编：《中华民国史档案资料汇编》，江苏古籍出版社 1998 年版，第 561 页。
③ 叶再生：《中国近现代出版通史》（第 3 卷），华文出版社 2002 年版，第 447 页。

动""抵毁三民主义"等。①抗战时期原稿审查、查禁图书使大量稿件著作无法出版发行，这不仅是出版界的不幸，更是中国近现代文化史上的灾难。

二　战时新闻管制主要法规及方式

（一）战时新闻检查的主要法律规定

抗战时期南京国民政府对新闻检查制定的主要法律规定，可以大致分为两大类：一类是具有国家最高指导意义的纲领法规政策，另一类是具有针对性的专门性法律规定。

（1）关于新闻检查的纲领法规政策

具有国家最高指导意义的与新闻检查有关的法规主要是《抗战建国纲领》《国民精神总动员纲领》和《国家总动员法》。

1938年3月29日，国民党在武汉召开了临时全国代表大会，大会通过了抗战时期国民政府抗战建国的最高指导原则——《抗战建国纲领》。纲领规定了国民政府抗战时期的军事、政治、经济、外交等各方面的政策，全文共32条，其中第26条规定"在抗战时间，于不违反三民主义最高原则及法令范围内，对于言论、出版、集会、结社，当与以合法之充分保障"②。从抗战全面爆发到武汉沦陷期间，国民政府对抗战的态度相对来说是积极的，也给了人民一定的自由和民主权利。所以该纲领中有关出版的法条，体现了抗战初期国民党政府保障民众新闻自由的积极姿态。但是该纲领明确规定："确定三民主义暨总理遗教，为一般抗战行动及建国之最高准则；全国抗战力量，应在本党及蒋委员会长领导之下，集中全力，奋励迈进。"③将国民党党义和领袖的意志作为抗战时期言论的标准，表现出国民党意欲统制舆论的倾向。抗战进入相持阶段后，国民党政府抗日态度发生

---

①　中国第二历史档案馆编：《中华民国史档案资料汇编》，江苏古籍出版社1998年版，第688页。

②　同上书，第152页。

③　荣孟源：《中国国民党历次代表大会及中央全会资料》（下），光明日报出版社1985年版，第484页。

重大转变，对日妥协和反共的倾向逐渐抬头，一党专制独裁统治逐步加强，所以其政策开始趋向消极倒退。

1939 年 3 月 12 日国民政府公布了《国民精神总动员纲领》，开始大肆宣扬"国家至上民族至上，军事第一胜利第一，意志集中力量集中"，要求限制抗战以来的"分歧错杂之思想"。1942 年 3 月 29 日，国民政府又制定公布了《国家总动员法》，进而将限制新闻自由的措施上升到国家法律的高度。其中，第 22 条规定"本法施行后，政府于必要时，得对报纸报馆、通讯社之设立，报纸、通讯稿及其他印刷物之记载，加以限制、停止或命其为一定之记载"。第 23 条规定"本法施行后，政府于必要时得对人民之言论、出版、著作、通讯、集会、结社加以限制"①。与《抗战建国纲领》保障人民新闻自由不同，《国家总动员法》对人民的新闻自由实行的是消极的控制。

（2）关于新闻检查的专门法律规定

抗日战争期间，国民党对新闻宣传实施了大力管制，制定了很多操作性很强的专门法律，在书刊杂志方面，专门法规、办法主要有 1937 年颁布的《修正出版法》《修正出版法实施细则》、1938 年公布的《修正抗战期间图书杂志审查标准》《战时图书杂志原稿审查办法》《通俗书刊审查标准》、1939 年公布实施的《防范沦陷区及敌国反动书刊流入内地办法》《修正印刷所承印未送审图书杂志原稿取缔办法》《修正检查书店发售违禁出版品办法》《图书杂志查禁解禁暂行办法》、1940 年公布实施的《战时图书杂志原稿审查办法》、1944 年公布的《战时出版品审查办法及禁载标准》《战时书刊审查规则》等。这些法令、办法分别从编辑、出版、印刷、发行等各个环节对图书出版业构成"围追堵截"之势，严重阻碍了战时图书出版业的发展。

作为在新闻检查中最基本的新闻出版专门法律《出版法》，修正

---

① 中国第二历史档案馆编：《中华民国史档案资料汇编》，江苏古籍出版社 1998 年版，第 152 页。

完成于抗战前。1937 年全面抗战爆发后的第二天，国民政府公布了
这个《修正出版法》。与修正前的出版法相比，《修正出版法》的最
大特点就是无限扩大了出版品禁载范围，使编辑人、出版人、发行人
面临动辄触禁的危险。这总体上体现了国民党钳制思想、实施文化专
制的一贯精神。

　　在众多关于图书审查的法令中，被视为"最高准绳"的是 1938
年 7 月 21 日国民党第五届中央委员会第 86 次常务会议通过的《修正
抗战期间图书杂志审查标准》。该标准共有十五条，分为两大部分，
即"谬误言论"部分和"反动言论"部分。其核心是不可违反三民
主义，不可诋毁国民党和国民政府，不可泄露国防军事外交机密，不
可鼓吹阶级对立等不合抗战要求的"偏激思想"。这次常务会议还同
时出台了更具有可操作性的《修正战时图书杂志原稿审查办法》。该
办法规定，凡图书杂志原稿应一律送当地图书审查机关审查认可后，
方能出版发行。由于该办法中存在着审查机构组织隶属复杂混乱问
题，给实际执行带来了一定的不便。国民政府于是在 1940 年
9 月 6 日又公布了重新修订的《战时图书杂志原稿审查办法》。这个
办法共 19 条，规定较为周详细密，公布后成为图书杂志审查的主要
法令依据。[1]

　　（二）战时新闻检查的主要方式

　　（1）正规的新闻检查程序

　　所谓的新闻检查程序具体来说主要表现在对控制舆论导向的报
纸、杂志、书籍的控制模式，包括检查机关的设定、送检流程的设计
等。依据国民政府颁布法令法规，国民党成立了正式的新闻检查机
构，对新闻出版机构进行名正言顺的检查。

　　第一，对报刊的检查。

　　1939 年 6 月，国民党中央政府正式成立战时新闻检查局，为
"统制新闻，集中意志，以协助抗战建国大业之任务"，着力于人员

_____

　　[1]　庄廷江：《抗战时期国民党对图书出版业的控制与管理评析》，《国际新闻界》2009
年第 12 期。

训练的筹划、检查机构的普设、指导技术的改造等，并按等级相继成立了四川、广西、山西等特级新闻检查处，云南、广东、湖南等甲级新闻检查所及西康乙级新闻检查所，人员则由军事或新闻事业上有相当之学识与经验，且能恪遵中央意志者充任。

　　虽然各地报刊由其所属各地新闻检查所检查，但中央通讯社发表的稿件对全国及国际视听影响重大，因而战时新闻检查局要对其稿件进行审查。各地出版的报纸如有刊载违检稿件，情节严重者则要由当地新闻检查所报请战时新闻检查局核定，给予其相应处罚。

　　此外，战时新闻检查局还搜集、编发情报及调查统计全国中外报社、通讯社及新闻记者以为各地检查机关及中央和各省首脑机关参考。① 从 1941 年底起，战时新闻检查局将全国的新闻报纸按其所属单位划分为东南区、西北区、西南区、华中区、四川区。每一区由审查员一人或两人担任审查，将其认为的重要检扣稿件及处理不妥稿件摘录，每半月编印一次。同时，还将所检扣之稿件按其内容，编辑全国各地报纸言论动向、异党报纸言论动向等，分发到各单位参考。而对于被检扣稿件中其认为翔实之报道与积极之建议，战时新闻检查局加以抉择后，编辑新检消息、新检资料、特种资料、专题特辑等以供各方参考。

　　随着上海、南京的失陷，到 1938 年秋，武汉已成为事实上的首都。此间，国内各主要报纸及中外新闻记者都聚集于此，海内外视线，均集中于武汉。因此，"武汉新闻检查工作，顿形繁重"。但也正因为如此，加上民众对战局的关心，各报都将新闻检查视若虚设，并不将所有稿件送检。只是在钟贡勋接管武汉新闻检查所后，对此重视程度日深，并不断与各报联系接洽，令其将所有刊登之新闻稿件全部送检，"切实遵守法令，不得藉违词误"。为使各报接受检查，武汉新闻检查所数次召开记者招待会，并屡次向警备部及国民党中宣部呈述改进检查之意见，对于"统制宣传、辅助抗战，亦不无表现"。

---

　　① 中国第二历史档案馆编：《中华民国史档案资料汇编》，江苏古籍出版社 1998 年版，第 428—429 页。

1938 年 8 月，武汉新闻检查所认为《新华日报》屡登不妥社论文字，除处罚该报外，武汉警备司令部遂通知各报社"须将一切社评言论副刊并广告等全部送检，切实予以统制"。该所对新闻邮件检查也未疏忽，钟贡勋在 1938 年 9 月所作的《武汉新闻检查所半年工作报告》中明确指出："本所与邮件检查所取得相当联络，将所有寄发外地之新闻邮件送所审查，近来成绩颇佳，惟仍嫌联络不甚切，尚在继续进行中。"①

武汉陷落后，国民政府迁往重庆。作为战时首都，重庆报社林立，"新检工作偶有疏忽，影响殊大，故本处（新闻检查处）对业务之推行极为注意"②。因而新闻检查处除组织工作人员每天搜罗各地报纸，随时阅读并举行座谈会外，为使各报完全遵检，他们还注重与各报保持密切联络，在检扣稿件时或事先说明或临时用书函、电话通知，这一做法收效颇丰。

第二，对图书杂志的检查。

《战时图书杂志原稿审查办法》及《修正抗战期间图书杂志审查标准》先后实施后，中央图书杂志审查委员会及各地方图书杂志审查委员会马上就开始办公。中央图书杂志审查委员会负责陪都重庆的图书杂志审查工作，其他各地的图书杂志审查则由各地方图书杂志审查委员会执行。

事实上，在中央图书杂志审查委员会成立之前，设于重庆的中央图书审查委员会已派员将重庆各杂志社的创刊历史、言论中心、经费状况、发行人与编辑人的详细履历等情形一一登记在册，对于杂志的出版停刊及迁移等也随时登记，以备查考。对于图书，中央图书审查委员会则是先请中央宣传部分函至全国各书店及出版机关，陈报先前的出版书目，并由该会派员分赴重庆各大书店及出版机关，"搜罗来详细书目，加以统计，以便将来执行审查图书工作时，有所查考与根据"③。

---

① 中国第二历史档案馆编：《中华民国史档案资料汇编》，江苏古籍出版社 1998 年版，第 418 页。

② 同上书，第 471 页。

③ 同上书，第 707 页。

　　根据《战时图书杂志原稿审查办法》第八条之规定，各书刊在送审时应检最后清样三份，为减少各书刊的著作人、编辑人及发行人的抵触心理，中央图书杂志审查委员会准许图书以手写稿送审，每一期杂志的原稿可以分三批送审，随到随审，并立即发还，"以仰副中央维护出版界之至意"。

　　在具体的审查过程中，中央图书杂志审查委员会还利用原稿审查之便，将各刊物关于时事问题之重要论文，摘录内容，油印成册，寄发国民党上层人士。该会还从"有特殊见解之作，使之流传社会，固足动摇民心，但本党负责人员，则有参考之必要"的查禁书刊中择见解独特者摘录下来，"分呈本党负责人士参考"①。

　　陈独秀所著的《准备战败后的对日抗战》及《从国际形势上观察中国抗战前途》就是最先被摘录编印的两书。国民政府原稿审查的目的除防止"庞杂言论"外，还在于齐一国民思想，因而中央图书杂志审查委员会还组织人员成立了各党派言论研究会，分别研究并按期提交报告。其中的专题有"为抗日民族统一战线的真面目""驳中共《为开展国民精神总动员运动告全党同志书》""民族自觉问题在中国""抗战中的民主自由问题""中国共产党的三民主义论""中国共产党向何处去"等。②

　　此间，各地图书杂志审查委员会的职责只是依照各法令及中央图书杂志审查委员会的指示进行原稿审查，并对已出版的书刊搜集查禁。例如，重庆图书杂志审查委员会1942年9月至1943年7月不到一年的时间内就查禁《通俗社会科学二十讲》《中国政治史讲话》等书刊126种。基层图书杂志审查机构为表功，查禁书刊的力度更大，像广西省宜山县这样偏远的县级图书审查机构一年查禁的书刊也有近30种，且大多是《红军四讲》《苏区概观》《毛泽东抗战言论集》《统一战线下的中国共产党》等内容与中共有关的书刊。

---

　　① 中国第二历史档案馆编：《中华民国史档案资料汇编》，江苏古籍出版社1998年版，第709页。
　　② 同上书，第715—716页。

（2）普通检查与特务检查相结合

第一，普通检查的主要表现为战时新闻监控。1938 年 8 月 20 日，国民党中央下令设立中央图书杂志审查委员会和各地方的同业审查机关，公布了图书杂志审查办法。1939 年 6 月 4 日，原国民党军事委员会的新闻检查机构改组为战时新闻检查局，各省、市成立战时新闻检查所，重要县、市成立战时新闻检查室，建立了一个从中央到县、市，从报刊社、出版社到印刷所、书店的新闻出版检查网络。

这表明国民党新闻统制已从党的意志上升到国家意志。各地新闻检查机构已直接隶属于同级地方政府，进一步强化了对新闻的监控和管制。国民党中央图书杂志审查委员会印发的从 1938 年 10 月到 1941 年 6 月的《取缔一览表》表明，其间共取缔查禁书刊 961 种。[1] 另据 1943 年《解放日报》揭露，1937 年全国有报馆 1031 家，而到 1941 年 10 月仅剩下 273 家，在 1941 年一年内国统区被查封的报刊就有 500 种之多。

第二，特务机构进行新闻检查。在依据国民政府新闻检查法令法规成立的新闻检查机构之外，国民党中统、军统、三青团等特务机构都有破坏中共报刊的任务，而尤以中统为甚。其破坏的手段和花样可谓繁多。其主要招数为：

一是派特务插入报社内部进行侦察、监视。当时的很多进步报刊里都有中统特务插入，如《华西晚报》的"特约记者"何震川，《新秦日报》的编辑刘毅、校对郭汉章等。

二是派特务跟踪进步报社的工作人员，以便从中获取某些线索。如军事委员会西昌行辕就经常派遣特务跟踪《新康报》工作人员，并在报社对面设立监察哨，监视报社进出人员。对《新华日报》，则四周均设有监视哨、特务点。这些哨、点表面上是茶馆、照相馆、烟摊、鞋摊、熟食摊等。[2]

三是尽可能地扣留、销毁公开发行的中共报刊。重庆特检处有 40

---

① 许焕隆：《中国现代新闻史简编》，河南人民出版社 1988 年版，第 105 页。

② 中国社会科学院新闻研究所编：《抗日战争时期的中国新闻界》，重庆出版社 1987 年版，第 78 页。

多个特务专门对付《新华日报》，对查出的外邮《新华日报》一律扣留，集中焚毁。[①] 特务有时还从报丁、报童手中抢夺报纸或采用全部包购烧毁的办法来破坏《新华日报》的发行。对于张贴在市面墙壁上的《新华日报》，特务们也必撕之。

四是造谣诬蔑。1940 年"三八"节前，特务们散布谣言，说《新华日报》及中共机关要在"三八"节发动重庆全市妇女暴动，夺取政权，并在报馆周围加调军警进行武装包围、搜查。同年，军统特务制造成都"抢米事件"嫁祸于中共，借机封闭《时事新报》《捷报》和《新华日报》营业分处，以"煽惑群众，指挥抢米，破坏治安，阴谋暴动"的罪名枪杀朱亚凡，逮捕罗世文、车耀先等中共党员和其他进步人士多人。[②]

五是混淆视听。为了抵制《新华日报》，特务机关办了一个《新华时报》和一个《新华晚报》。《新华时报》还常常张贴于《新华日报》贴报栏内，企图混淆视听。

六是收买派报公会。戴笠、徐恩曾、洪友兰都曾召见重庆派报业把头邓发清，封官许愿，要求他在对付《新华日报》上多出一点力。

（3）违检惩罚方式

抗日战争全面爆发后，国民党当局以非常时期为借口，加大对新闻管制的力度。颁布了大量新闻检查法令，不少法令是国民党军事委员会制定，实施检查更加严厉，违检处罚十分残酷。1939 年 12 月 9 日，国民党军事委员会颁布了《战时新闻违检惩罚办法》，规定："有以下情形之一者均属于违检：①各报社、通讯社稿件未经检查先发行者；②各报社、通讯社稿件不遵照删改刊载者；③各报社、通讯社对缓登稿件，未俟本局或新闻检查所通知即行披露，或免登的稿件仍行披露者；④各报社对删、免稿件之地位，不设法补足于稿件文字内，故留空白，或另作标记，易致猜疑者。"[③]

简而言之，报纸、期刊"开天窗"也算违法，可见迫害报刊之残

---

① 《江苏文史资料选辑·中统内幕》，江苏古籍出版社 1987 年版，第 66 页。
② 《中共中央文件选集》（第 12 集），中共中央党校出版社 1991 年版，第 66 页。
③ 刘哲民：《近现代出版新闻法规汇编》，学林出版社 1992 年版，第 308 页。

酷。对违检报刊之处分视情节轻重，分别给予"忠告、警告、严重警告、定期停刊、永久停刊"，但"各报社或通讯社，如披露特种重要机密稿件，而引起国家重大问题，其惩罚不限于适用本办法"，即以刑事犯论处。① 1943 年 10 月军事委员会进一步修改该"办法"，把处罚分为六类："警告、严重警告、没收报纸通讯稿或其底版、勒令更换编辑人员、定期停刊、永久停刊。"②

三 战时新闻管制影响及抗检斗争

（一）国民党新闻检查制度造成的影响

（1）新闻出版检查制度严重破坏了新闻信息的准确性、及时性。新闻检查是国民党当局实行新闻统制的一项重要举措。1937 年抗战爆发后，国民党当局以战争为借口，强化新闻检查与管制，先后颁布了《战时新闻检查标准》《战时图书杂志原稿审查办法》《战时新闻违检惩罚办法》《战时新闻出版品审查办法及禁载标准》等一系列法律文件，将在十年内战时期初步建成的新闻出版检查制度进一步强化。

根据上述文件的规定，国民党当局建立起一个从中央到县、市一级的地方，从报社、出版社到印刷所、书店的新闻出版检查的罗网。在这种严密的新闻检查制度下，重要新闻常常得不到准确及时的报道，甚至有的检查所在检查信息后，篡改电文，有的新闻信息要经过几个不同级别检查所的检查，各地的检查所均有可能篡改电文然后送到报馆，新闻信息的准确性、及时性遭到极大的破坏。

（2）建立在国民党"党治"基础之上的新闻事业，偏离了"法治"道路。南京国民政府在《国民政府组织法》中规定，国民党在训政时期必须担负起指导国家政治生活的任务，以党治国。国民党中央、最高军事机构和特务机关，以及蒋介石的个人公开或秘密发出的指令和文件也都具有法律上的效力。

---

① 刘哲民：《近现代出版新闻法规汇编》，学林出版社 1992 年版，第 556—557 页。
② 同上书，第 566 页。

在新闻立法方面，南京国民政府在训政时期发布的任何有关新闻事业的法律法令，均须先由国民党中央作出决议或予以批准，甚至"以党代法"，以党的名义颁布具有法律效力的文件，党的领导渗透于新闻事业的各个方面。1931 年公布的《出版法》规定"新闻报纸或杂志有关于党义或党务事项之登载者，须经由省党部或等于省党部之党部向中央宣传部声请登记"①，而修正后的《出版法》规定，地方主管官署在审核报刊的登记申请时，"应送当地同级党部审查"，"内务部接到前条登记文件，应送中央宣传部审查同意后发给登记证"。

国民党政府千方百计地把新闻舆论控制到与其一党专制相统一的道路上，并且在新闻管制中，既有政府行政行为，也有官员个人意旨，新闻法的执法主体已经由司法机关变成了行政执政人员，大量新闻法律法规成为官员控制新闻舆论、打击破坏新闻媒体的工具。任意的行政干预，使得新闻事业无法得到法律保障，新闻法律被任意窜改，国民党的诸多举措都与其宣扬的"法治"大相径庭。②

新闻事业的发达与否是一个国家宪政程度高低的重要标志之一，宪政有名无实，言论自由得不到保障，均与国民党推行的新闻统制政策有直接关系。这种任意破坏舆论自由的行为使国民党付出了巨大代价，越来越多的本来对国民政府抱有希望的人，逐渐看清了其专制腐败而走向了对立面，国民党的控制舆论、限制自由反而促进了民众的进一步觉醒。

（二）各界对国民党新闻检查的抗争

抗战之初，在国民党较为宽松的新闻出版政策下，新闻出版界以"抗日"为共同目标，显现出一片生机。然而为时不久，随着国民党政策的变化，新闻出版界在此之下日渐受到压迫，新闻出版事业面临严重的危机。在这种情况下，新闻出版界的抗争相继而起。

---

① 刘哲民：《近现代出版新闻法规汇编》，学林出版社 1992 年版，第 207 页。
② 李霞：《南京国民政府时期新闻法制及其影响》，《江苏警官学院学报》2006 年第 3 期。

反抗最强烈的当然是受国民党压迫最重的共产党新闻出版事业。以《新华日报》为例，由于其稿件受新闻检查十分严苛，常常遭扣压、删减，于是《新华日报》就开始运用各种方法与国民党周旋：

一是直接将受检后的稿件"原样"刊登。送检稿件若被删减，编辑人员就在删减地方画红三角或是写上"被删""被略"字样，或是直接留白即"开天窗"，并在标题中点出被删文字之大意，而让读者领会其用意。

二是"摸清检查规律，钻检查官的'空子'"。在长期与新闻检查机关的接触中，报社也掌握了一些规律，如何时送检较易通过、某些文章单独送审通不过而与其他文章搭配则好通过等。

三是表面受检实则更换版面。"皖南事变"发生后，国民党当局知道《新华日报》定有行动，遂派新闻检查官员进报社监督其排版。于是报社工作人员就安排了两个版面，一个给新闻检查官员看，另一个送检印刷。

四是不送审，有些稿件送审一定是通不过的，就索性不送审，先刊登出版，然后再等当局处罚。①

同样，受到国民党新闻出版检查禁锢的其他进步报业和出版机构，也从一开始就不断通过抗议、宣言、向国民参政会提案等方式争取新闻出版的自由。1938 年 8 月，商务印书馆、中华书局、开明书店、世界书局、生活书店等 20 多家出版机构联名呼吁取消《战时图书杂志原稿审查办法》及《抗战期间图书杂志审查标准》。1939 年 9 月 17 日，桂林 25 家书店、出版社、杂志社及其他文化团体集会，致电国民党中央党部，要求撤销原稿审查。1939 年 9 月 17 日，国民参政会通过了邹韬奋等 22 位参政员联名提出的《改善审查书报办法及实行撤销增加书报邮寄费以解救出版界困难而加强抗战文化事业案》，建议"查禁书报必须由负责机关将书单和理由通知出版者和作者"，"检查书报须有统一机关执行"，"不得横加

---

①　熊欣：《南京国民政府时期新闻出版法规研究》，硕士学位论文，陕西师范大学，2009 年。

苛虐，任意扣押人员"。① 这一提案反映了当时新闻出版界的最低要求，国民党参政员也无法反对。

1941 年 11 月 25 日，沈钧儒在国民参政会第二届第二次大会上提出《请政府迅即对于言论与研究加强积极领导，修正消极限制，以通民隐而利抗战案》，他们的提案内容大致是将言论与结社、集会自由并论，以为抗战胜利后的国民大会做准备。所以不但言论出版的限制要取消，就连党派组织问题也要全部开放。换句话说，等于要提前结束训政，这是国民党在当时不可能退让的底线。所以这些提案虽对国民党形成相当压力，但终究是无功而退。②

同年 11 月 18 日，王亚平、于伶、老舍、矛盾、臧克家、夏衍等 53 人联名向国民政府提出 11 条改进文化出版事业的建议。同月，重庆 20 家书店联名发表《争取出版自由的呼吁》。

伴随着抗日战火，这样争取新闻出版自由的抗议和呼吁一个接着一个，但是以蒋介石为首的国民政府却都是置之不理或是横加干涉与制止，固执地实行着自己的新闻统制。这些政策与法规依旧如茧束住新闻出版界，而整个新闻出版界也和中国当时其他民众一样在压迫之下等待和孕育着新生。

（三）邹韬奋与反对新闻检查制度的斗争

邹韬奋（1895—1944），原名邹恩润，汉族，卓越的新闻记者、政论家、出版家，江西省余江县人，出生于福建永安，先后就读于福州工业学校及上海南洋公学，1919 年由南洋公学电机科转入上海圣约翰大学文科。1926 年接任《生活周刊》主编，以犀利之笔，力主正义舆论，抨击黑暗势力。"九一八"事变后，邹韬奋坚决反对国民政府的不抵抗政策，他主编的《生活周刊》以反对内战和团结抗日为根本目标，成为国内媒体抗日救国的一面旗帜。

他为民族解放、民主政治和进步文化事业奋斗了一生，始终同日本帝国主义和国民党反动派作艰苦的斗争。他主编了一系列的报刊，

---

① 傅国涌：《笔底波澜》，广西师范大学出版社 2006 年版，第 209 页。
② 王凌霄：《中国国民党新闻政策之研究（1928—1945）》，国民党党史会 1996 年版，第 166 页。

经历了一次入狱和六次流亡生活；他与黑暗势力作殊死战，争取集会、结社、言论、出版和生命的自由，是一个英勇果敢、坚强不屈的文化革命斗士。

抗日战争时期，在反对新闻检查，争取言论出版自由的斗争中，邹韬奋做出了巨大的贡献。邹韬奋认为：言论力量"绝对不在执笔的个人或少数人的自身，却在所发表的言论确是根据正确的事实和公平判断，确能言人所不能言，言人所不必言，真够称得上舆论，才能发生舆论的伟大的力量"，"有钱有势的人尽管可以压迫舆论，收买舆论，乃至摧残舆论，但这些手段只是做到表面上像煞有介事，但实际上丝毫收不到所希冀的舆论的效果。因为舆论这个宝物也是苛物，真正的舆论有如真理，无论如何是压不下去的"。①

邹韬奋从投身新闻出版事业开始，就积极投入反对迫害，争取言论出版自由的斗争，为此付出了惨重的代价，多次流亡。抗日战争爆发后，为了动员群众投入抗战，以期争取抗日战争的最后胜利，邹韬奋同国民党当局压迫言论自由的新闻检查制度进行了不屈不挠的斗争。

1938年邹韬奋首次参加国民参政会时，就接连提出三个议案，其中第二个是《具体规定检查书报标准并统一执行案》，代表了当时新闻文化界的普遍要求和呼声。其中心是反对国民党图书、杂志原稿检查办法。10月，参政会在重庆召开第二次大会，邹韬奋又提出《请撤销图书杂志原稿审查办法，以充分反映舆论及保障出版自由案》。在审查这项提案时，国民党中央党部主持图书杂志审查事务的刘百闵却说，实行"原稿审查"办法，是根据第一次大会上邹韬奋的一项提案作出的。邹韬奋完全没有想到，居然会这样无中生有。他当即声明，在第一次大会上他的提案没有一个字提到什么"原稿审查"。

经过力争，邹韬奋的提案在审查会上得到通过，但"撤销"被改成"改善"，与原意不符。在大会辩论时，刘百闵又说"原稿审查"

---

① 钱小柏等：《韬奋与出版》，学林出版社1983年版，第68页。

是王云五向政府请求的。邹韬奋不信,马上打电报给在香港的王云五。王回电说"图书杂志原稿审查,弟去年绝未向政府请求举办"。当时正是大会辩论的最后几分钟,邹韬奋宣读了电报,全场为之震动。他的提案不仅通过了,而且恢复了"撤销"二字。①

考虑到国民党政府不会认真执行,邹韬奋又提出了比较具体的《改善审查书报办法及实行撤销增加书报寄费,以解救出版界困难而加强抗战文化事业案》,最后也获得通过。与此同时,他还在《全民抗战》杂志上连续发表《审查与解散三团体》《审查书报原稿的严重性》《再论审查书报原稿的严重性》等,对国民党钳制文化事业自由的种种倒行逆施,进行了猛烈抨击。

邹韬奋献身事业,不置私产,却给中国人民特别是新闻出版工作者,留下了丰富且珍贵的遗产。毛泽东对邹韬奋评价说:"热爱人民,真诚地为人民服务,鞠躬尽瘁,死而后已,这就是邹韬奋先生的精神,这就是他之所以感动人的地方。"这种伟大精神,贯穿在邹韬奋毕生的事业中。他主编了七个报刊,出版了几十种著译,多次总结自己的新闻经验,多次对新闻出版工作作过精辟论述,成为中国新闻史上继往开来的巨人之一。

第三节　战后时期新闻检查制度（1946—1949）

1945 年 8 月,经过 14 年浴血奋战的中国人民最终取得抗日战争的伟大胜利。抗日战争胜利后,国内阶级矛盾上升为主要矛盾,多元化政治势力及其新闻事业进入了新的较量时期。就国民党统治区的新闻事业而言,抗战时期是以面对外来侵略者共同团结为主要特征。而战后,国民党反动派卖国、独裁和内战的政策,使其采取一切措施排斥异己,把新闻事业置于自己的监督控制之下。战时的新闻检查制度在战后得到完全沿袭和保持,查禁了《群众》杂志和许多进步报刊,严禁人民收听解放区的广播。在国民党统治区,在新闻检查制度下,

---

① 丁淦林:《邹韬奋小传》,《新闻记者》1984 年第 7 期。

新闻出版事业毫无自由可言。

一　战后时期新闻检查制度的变化

（一）抗战胜利初期对战时新闻检查制度的沿袭与保持

抗战胜利后，国共两党在重庆举行政治谈判，共产党和其他民主人士纷纷要求国民党取消新闻检查。国际上，各国政府纷纷取消了战时新闻检查制度。国内外的重重压力迫使国民党开始对其新闻出版政策进行"适时"调整。

1945 年 9 月 12 日，国民党中宣部吴国桢出面向外国记者宣布："遵照蒋主席的指示，我政府已决定自 10 月 1 日起废止战时新闻检查制度，但收复区在军事行动尚未完成以前除外。"

9 月 22 日，国民党中央第十次常委会通过了废止新闻出版检查制度的决定与办法。其要点如下：（1）自民国 34 年（1945 年）10 月 1 日起，废止战时出版品审查办法及禁载标准、战时书刊审查规则及战时违检惩罚办法。（2）新闻检查，除军事戒严区外，一律废止，军事戒严区之范围，依军事委员会之规定。（3）电影、戏剧检查仍继续办理，其检查标准应予以修订。（4）现行出版法应酌予修订。（5）中央图书杂志审查委员会、军事委员会战时新闻检查局及其附属机关，由该会、局呈请主管机关规定办法，分别结束改组。（6）出版负责人如对于其将行刊载之言论与消息是否合法发生疑问，得向中央宣传部或当地政府询问请求解答。当地政府如遇不能解答时，得请宣传部代为解答。但虽经解答，仍由出版物负责人负法律上之责任。① 自此，压迫新闻出版界多年的战时新闻检查被取消。

1945 年 10 月 10 日，国共签署《会谈纪要》，双方一致认为政府应保证人民享受言论、出版等自由，现行法令，依此原则，分别予以废止或修正。1946 年 1 月 10 日至 31 日，由各方政治力量代表参加的

---

① 方汉奇：《中国新闻事业通史》（第二卷），中国人民大学出版社 1996 年版，第 1004 页。

政治协商会议召开，蒋介石在开幕式上作出"人民享有身体、信仰、言论、出版、集会、结社自由"等四项承诺。会议通过的《和平建国纲领》中，国民党同意写上"废止新闻检查制度""修正出版法""扶助报刊通讯社发展"等内容。

同年初，国民党军事委员会宣布取消一批抗战期间制定的新闻出版法令。3月初，国民党当局宣布作为收复区的上海废止新闻检查制度，3月8日撤销上海新闻检查处。国民党在抗战后新闻政策的这番调整使共产党及其他民主党派和一些进步人士创办的报纸、图书、杂志都有了一定发展，宣传民主建国、团结建国、和平建国，形成了一股要求民主、反对内战的民主潮流。这一潮流也成为抗战胜利到内战爆发前主要的新闻出版和思想文化导向。

国民党虽然表面上多次作出给予人民言论出版自由的许诺，但没有将这些许诺付诸实际，而是继续对新闻界实施全面统制的反动政策，制定与颁发新闻统制法规，强化新闻统制制度，继续沿袭和保持抗战时期的新闻政策。

1945年9月22日，国民党中常会在通过废止战时新闻检查制度的决定与办法的同时就规定了废止新闻检查地区"除军事戒严区外"，而军事戒严区的设定则"依军事委员会之规定"，这样国民党"就可随意划定军事戒严区以继续新闻检查，尤其是把广大的收复区列入了'军事收复区'，为继续在收复区大中城市进行新闻检查提供了依据"①。

在广大收复区，国民党政府以"除奸"为名，堂而皇之地实行新闻统制政策，沿袭和保持抗战时期的新闻检查制度。1945年9月，国民党行政院颁布《管理收复区报纸、通讯社、杂志、电影、广播事业暂行办法》，规定敌伪新闻事业一律查封，其财产由中宣部会同当地政府接收管理；收复区报纸、通讯社自政府接收日起，应一律重新登记，非经政府核准不得先行发行出版；杂志之登记由政府斟酌各地

---

① 倪延年：《中国报刊法制发展史》（现代卷），南京师范大学出版社2006年版，第351页。

情形办理；收复区出版之报纸及通讯社稿，在地方尚未完全平定以前，应由当地政府施行检查。

根据这些规定，国民党当局在收复区重新恢复了同战前大体一致的新闻检查局面，国民党新闻事业网在接受敌伪新闻业财产的基础上迅速重建，而进步的新闻事业则因无法通过国民党政府的核准登记而失去了生存与发展之地。更令正义之士所不齿的是，新闻出版检查在收复区照样施行。[1]

（二）解放战争时期新闻检查法规的严厉与混乱

解放战争时期，国民党既想做出顺应民意实施宪政的姿态，又想巩固政权加强对国民思想的钳制，其结果是国民党立法程序非常混乱、法规审议非常仓促，造成部分立法质量非常粗糙，有时不得不频繁修改。如 1947 年 10 月，南京国民政府修改《出版法》时，删掉了原有关于罚则的规定，报刊等出版物违法均按《刑法》规定处罚。第 12 条增加了"出版物不得为妨害本国或友邦元首名誉之记载"；第 21 条改为"出版品不得为意图颠覆政府或危害民国"的"言论或宣传之记载"。此草案公布后引起新闻出版界的争议，最终并未付诸实行。[2]

但是随着战局的不利，国民党不断增加新闻检查立法，使得新闻检查法令多如牛毛，且尺度日益严厉，却是不争的事实。为了配合"戡乱时期"军事、政治政策，立法院修改了内政部等部门的组织法。与此同时，《戡乱建国动员委员会组织章程》《戡平共匪叛乱总动员令》《动员戡乱完成宪政实施纲要》《动员戡乱时期临时条款》等战时立法密集出台，对言论出版自由做出更加严密的限制。其中，《动员戡乱完成宪政实施纲要》规定，为维持安宁秩序，"政府对于煽动叛乱之集会及言论行动，应依法惩处"。《动员戡乱时期临时条款》规定，散布谣言或传播不实的消息，判处 7 年以上的有期徒刑到

---

① 黄瑚：《中国近代新闻法制史论》，复旦大学出版社 1999 年版，第 168—169 页。

② 倪延年：《中国报刊法制发展史》（现代卷），南京师范大学出版社 2006 年版，第 351 页。

无期徒刑。这表明国民党对于新闻媒体的处罚有加重刑事处分的倾向。①

对于新闻媒体进行刑事处分的倾向更体现于战时制定的《戒严法》《惩治叛乱罪犯条例》《戡乱时期危害国家紧急治罪条例》《特种刑事法庭审判条例》等法律法规中。其中《戒严法》规定，戒严地区取缔言论、讲学、新闻杂志、图画、告白、标语暨其他出版物，认为与军事有妨害者。《惩治叛乱罪犯条例》规定，散布谣言或传播不实之消息，足以妨害治安或蛊惑人心者，处无期徒刑或 7 年以上有期徒刑；以文字、图书、演说为有利于叛徒之宣传者，处 7 年以上有期徒刑。《戡乱时期危害国家紧急治罪条例》规定，以文字、图画或演说为匪徒宣传者，处 3 年以上 7 年以下有期徒刑，严重者处死刑或无期徒刑。②

除了立法机关颁布的法令之外，各地行政因应紧急需求，出台了不可计数的行政规章。这些行政规章，内容琐细但是非常苛刻。例如，国防部制定了《军事新闻采访发布实施暂行办法》，行政院颁布了《管理收复区报纸、通讯社、杂志、电影、广播事业暂行办法》等。这些行政法令在管理尺度上往往比正式的法规制度还要更胜一筹。

（三）解放战争时期新闻检查制度的变本加厉

（1）解放战争时期对民主进步媒体的疯狂镇压

解放战争爆发之后，一味地要"戡平共匪"的政治目的使蒋介石"一叶障目"，为了达到这一目的，制定了比以往更多的新闻检查办法，通过增加新闻检查法规，加强对新闻舆论的控制，背弃了言论自由的保证，大肆摧残民主进步的新闻事业。同时，也使自己的新闻事业信誉破产。国民党在解放战争时期的新闻检查的主要做法有：

第一，对共产党报刊的查禁。全面内战爆发后，蒋介石变本加厉

---

① 中国第二历史档案馆编：《中华民国史档案资料汇编》，江苏古籍出版社 1998 年版，第 236 页。

② 张莉：《南京国民政府新闻出版立法研究》，博士学位论文，华东政法大学，2011 年。

地对一切共产党舆论机关进行摧残。国民党军警、宪兵、特务等在内战爆发之前就已经加强了对共产党在国统区出版物《新华日报》《群众》等的监视，多次借口搜查，恐吓报社人员和破坏报社设施。

1947年2月下旬，蒋介石下令查封《新华日报》。2月28日凌晨3时许，2000多名军警、宪兵、特务包围报馆，宣布限令中共人员从3时起停止一切活动。当天报纸尚未印完，只能停下。随后报社人员被迫离开重庆返回延安。

同时，在南京、上海等中共机构都接到"限令"停止了活动。3月2日，《群众》停刊。除此之外，由共产党领导的其他刊物也陆续被查。1947年7月21日，《文萃》被国民党特务查抄，工作人员吴承德、陈子涛、骆何民三人被捕，在上海解放前夕被杀害。自此，国民党统治区内所有中共报纸杂志、书籍等都遭受厄运。

第二，对民主刊物实施摧残。除了对共产党刊物的坚决查禁，国民党对民主党派、团体及其他民营出版物也不断加强限制和打击。1946年1月10日，蒋介石在政治协商会议上承诺人民享有言论、出版等自由，但此承诺并未兑现，反而情势愈加向反方向推进。

自1946年1月12日到8月8日，北平、上海、西安、昆明、重庆等地有195家报刊、通讯社、印刷所、民营广播电台被查封。仅广州一地就有10多万册刊物被没收，20多名记者、教授被特务殴打，47名记者被捕，3位记者和1位读者被杀害。①

1946年10月，国民党借"登记"之名查禁的报纸至少有143家。1947年1月至4月，被查报刊在100种以上。民主同盟机关报《民主报》屡遭国民党特务袭击和威胁，但仍坚持进步立场。

1946年7月11日，民盟委员李公仆在昆明被国民党特务暗杀。15日，闻一多也惨遭毒手。1947年3月1日，《民生报》被勒令停刊。民盟在重庆、桂林、成都等地创办的报刊也陆续被勒令停刊。到后来，连民盟也被作为非法组织取缔。

随着内战愈加激烈，新闻出版界不断通过出版物发出和平、民

---

① 傅国涌：《笔底波澜》，广西师范大学出版社2006年版，第242页。

主、自由的呼声。一批批报刊刚创办起来，又一个个被查禁，在炮火和不断恶化的言论环境中，这些进步呼声逐渐被淹没。就连以"独立的、客观的、超党派的"追寻"第三条道路"的《观察》周刊，也于 1948 年 12 月 24 日被国民党查封。《观察》周刊创办人储安平在写下"政府虽然怕我们批评，而事实上，我们现在则连批评政府的兴趣也没有了"之后，愤而离开上海去了解放区，"用另一种方式继续努力"① 为国效忠。而这一选择代表了当时许多新闻出版界人士的最后选择。

（2）解放战争时期新闻检查法规的繁多与苛刻

1946 年 6 月内战全面爆发之后，国民政府还出台了一大批专门针对内战期间新闻出版业管理和打压共产党新闻出版业的法令。而这些法令也是 1944 年到 1949 年国民党实施新闻统制的主要法规依据。

内战爆发前，国民政府就多次下令限制共产党报刊、书籍出版，如 1945 年 10 月 14 日密电武汉接收特派员，要其阻挠《新华日报》在武汉复刊。

1947 年 5 月 19 日，国民政府正式公布《戒严法》，规定在戒严地区停止集会结社，"取缔言论、讲学、新闻杂志、图画、告白、标语暨其他出版物，认为与军事有妨害者"。6 月当人民解放军转入反攻后，国民党当局于 7 月 4 日，由国民政府颁布"国家总动员案"，下达"戡乱动员令"。7 月 19 日，国民党政府又颁布了《动员戡乱完成宪政实施纲要》，共 18 条，对人民的一切基本权利均严加管制，使一切镇压措施均得以借"戡乱"之名而合法化。其中第 17 条是"为维持安宁秩序，政府对于煽动叛乱之集会及言论行动，应依法惩处"。

9 月 5 日，行政院临时会议通过了《新闻纸杂志及书籍用纸节约办法》，以节约纸张为名，限制新办报刊的出版与登记。该办法规定各地报纸均须缩减版面，最多不超过两张；杂志的篇幅也同样缩减，周刊不得超过 16 页，半月刊不得超过 32 页，月刊不得超过 64 页；对于无充分资金、固定地址的报纸、杂志，严格限制登记。10 月，

---

① 谢泳：《储安平与〈观察〉》，中国社会出版社 2005 年版，第 42 页。

国民政府国防部下令恢复"戒严地区"的邮电检查，凡认为与审查标准相抵触的书籍、报刊，一律在邮局秘密查扣没收，不准发行。

12月25日，国民党政府公布《戡乱时期危害国家紧急治罪条例》，共12条，其中第6条是"以文字、图画或演说为匪徒宣传者，处3年以上7年以下有期徒刑"。此外，国民党当局还下达了不计其数的"密令"，取缔一切对其反动统治不利的新闻传播活动。1947年2月4日，国民党政府行政院绥靖区政务委员会密令有关部门"以各种技术打击一切反动刊物之流行及散布"①。

1948年下半年后，离国民党统治垮台指日可待，国民政府及有关部门又颁发了一批更为严密的新闻统制法规。6月，内政部、国防部共同制定了《军事新闻采访发布实施暂行办法》，后经行政院核准，改名为《动员戡乱期间军事新闻采访发布办法》通令实施。该办法规定，各报社、通讯社及杂志社刊登军事新闻以采用国民政府国防部政工局军事新闻发布组的稿件为原则，凡各报社、通讯社及杂志社自行采访的军事新闻未得到证实的，非经事先询问当地军事新闻发布机构不得发布。一纸法令垄断了国统区内军事新闻的报道权利。

1949年6月，国民党政府颁布《惩治叛乱条例》规定，散布谣言或传播不实的消息（实际上是指一切对国民党统治不利的消息），可判处7年以上的有期徒刑直至无期徒刑。这一时期，有关新闻出版活动的重要法令还有旨在通过对纸张供应的控制，来扼杀进步新闻活动的《白报纸配给标准》，以及将书刊印刷行业列入特种行业严加控制的《特种营业管制方法》等。

随着内战规模不断扩大，国民党政府把大量财富消耗在战火中。这样，造成了巨额财政赤字和恶性通货膨胀。在这种破败景象中，国民党高级官员和富商巨贾却趁火打劫、操纵黑市，贪得无厌。国统区报纸基本依赖进口白报纸，而进口白报纸又操纵在"官倒"和奸商手中。据南京中央日报社社长马星野披露，由海宁洋行

---

① 丁淦林：《中国新闻事业史》，高等教育出版社2007年版，第246—247页。

进口的加拿大白报纸，在上海交易市场价为每吨 50 美元，到了黑市交易价格高达每吨 2000—2280 美元。由于配纸严重不足，迫使报社向黑市买纸。各地国民党报不得不缩减篇幅，加价裁员，有的被迫停刊。

（3）解放战争时期特务检查体系的强化

随着解放战争战局的发展，蒋介石盲目自大，错误估计了形势。到 1947 年人民解放军由防御转为进攻。在这种形势下，蒋介石急于扭转败局，加强反共舆论，开始强化特务检查体系，动用大批宪兵、特务，捣毁报馆，捕杀报人，开始在新闻界实施白色恐怖。

1947 年 2 月中旬，国共和谈决裂前夕，国民党当局决定在北平市对中共地下党员、民主人士及其他"嫌疑分子"，实行大逮捕，几天内就逮捕了 2000 多人。出版发行进步书刊的出版社和书店成为国民党军警、特务重点打击的目标。分别创建于 1945 年 11 月和 1946 年 4 月的北平中外出版社、朝华书店都遭到了军警、特务的骚扰、捣乱和破坏。1947 年 2 月 18 日凌晨，国民党军警、宪兵以查户口为名，到中外出版社逮捕了地下党员和进步人士万舒扬、张煜、张鹤云 3 人；接着又到经理张明善家逮捕了他和产后身体虚弱的妻子彭瑛。

1947 年秋天，国民政府最后关闭了和谈大门，颁布"戡乱动员令"。9 月 12 日，北平市政府悍然宣布查封北平中外出版社。随着时局的发展和反动统治的加紧，朝华书店也经常遭受特务的骚扰。国民党特务组织"军警宪统一稽查处"时常突击检查，从门市检查到楼上宿舍，从书架检查到床铺。

据老报人回忆，"1947 年 6 月 1 日，国民党政府以防范中共'暴动'为名，派出大批特务警探在重庆大规模逮捕学生、教师、民主人士和新闻记者"①。

更加卑鄙的是，国民党特务还开办专营进步书刊的书店，引诱不了解情况的人士上钩，逮捕追求进步的读者。这些被捕的读者有的遭

---

① 白润生：《中国新闻通史纲要》，中央民族大学出版社 2004 年版，第 361—362 页。

受迫害，有的被迫从事特务活动。对于那些坚决不跟他们走的，往往会遭受暗害。上述特务检查体系使广大读者不敢逛书店，购买所需要的书刊。使书店业、印刷业、民营报业被破坏瓦解。

　　总之，国民党在内战前名义上废除了一些反动的有关新闻出版方面的法律法规。但是随着内战爆发与推进，到了后期，为了扭转战局，便变本加厉地制定了一些新的法规，特别是派遣特务、军警以或公开或隐蔽的办法进一步强化新闻检查的力度，企图最终对新闻出版事业实行法西斯专政。

　　（4）解放战争时期党化新闻事业

　　抗日战争胜利后，以蒋介石为首的国民党统治集团借收复失地之机，在接收原沦陷区敌伪新闻事业的基础上，党化自己的新闻事业，扩大自己的新闻机构，使国民党新闻事业迅速膨胀。1947—1948 年间，国民党新闻事业在国统区各个地区都占有绝对的统治地位。

　　据 1947 年国民党中宣部统计，国民党中央直属党报有 23 家，其中以《"中央"日报》命名的有 12 家；国民党各省党部主办的地方党报有 27 家；各地县党部主办的报纸为数更众，几乎占全国报纸总数的一半；国民党军事系统的报纸竟发展到 229 家。

　　通讯社与广播电台也盛极一时。国民党中央通讯社国内分支机构由 18 家发展到 52 家；国外分社、特派员办事处由 12 家发展到 25 家。国民党系统的广播电台发展到 100 多家。其中，国民党广播事业管理处直辖电台 41 家。[①]

　　国民党在内战期间，除了发展党管新闻事业外，还通过投资改组等方式，党化有影响的民营报纸。如上海的《申报》和《新闻报》，由于在日军进占上海租界后曾被其控制，日本投降后，国民党当局以"附逆"为由对两报进行接管，进一步调整报社工作机构，由国民党宣传大员出任要职，使两报变成了国民党的准党报。至此，在解放战争时期，国民党党化新闻，使得新闻事业在大陆发展至顶峰。

---

　　① 蒋含平、谢鼎新：《简明中外新闻事业史》，合肥工业大学出版社 2004 年版，第 164 页。

二　战后时期新闻检查制度的破产

（一）解放战争时期国统区反对新闻检查制度的斗争

国民政府对全国新闻舆论界的钳制与摧残，激起了民主进步报刊和爱国新闻工作者的极大愤慨，一场同国民党政府新闻宣传机器针锋相对的斗争展开了。这场斗争主要对准国民党政府的新闻检查制度，争取言论自由。在这场斗争中，开创了反对新闻检查制度先河的，是国统区广大新闻工作者发起的拒绝新闻检查的斗争。

1944 年 2 月底，黄炎培、张志让等主办的《宪政》月刊每月举行座谈会，邀请各界专家学者讨论民主宪政问题。从 3 月开始，桂林、重庆等地新闻出版界不断呼吁政府改善新闻、书刊检查办法，开放言禁。5 月 2 日，《大公报》以《出版界的呼吁》为名发表了张静庐、黄洛峰等 6 位出版人的联名公开信，要求国民党当局广开言路，提倡自由研究、自由读书之风气。重庆知识界纷纷响应，5 月 3 日，张申府、孙伏园、曹禺、张静庐等 50 多人举行茶话会，发出《重庆文化界对言论出版自由意见书》，以及 78 人联署的《重庆文化界为言论出版自由呈中国国民党十二中全会请愿书》，提出取消新闻、图书杂志审查等意见，喊出"拒绝检查、拒绝审查"的口号。这可以看作是 1945 年"拒检运动"的先声。

1945 年 7 月，黄炎培、章伯钧、左舜生等 6 位国民党参政员，受邀去延安进行访问，回到重庆后，黄炎培立即写了《延安归来》一书，详细记载他在延安的所见所闻。8 月 7 日，重庆国讯书店未经国民党当局检查，自行出版《延安归来》。"这是当时拒绝送检而出版发行的第一本书，也是'拒检运动'的开始。"① 《延安归来》出版后，张志让、杨卫玉、傅彬然 3 人起草了重庆杂志界"拒检"的联合声明，《宪政》《国讯》《中华论坛》《民主世界》等 16 家不同背景的杂志社都在声明上签字。8 月 7 日，此声明公开发表，宣布这 16 家

---

① 宋原放：《中国出版史料（现代部分）》（第二卷），山东教育出版社 2006 年版，第 94 页。

杂志自 9 月 1 日起不再送检，并将这一决定正式函告国民党中宣部、宪政实施协进会和国民参政会。8 月 27 日，在拒检声明上签字的杂志社增至 33 家。9 月 15 日，《宪政》《国讯》等 10 家杂志社还联合出版《联合增刊》，此刊没向国民党办理登记手续，稿件全部不送检。

这一拒检声明的发表立刻得到全国各地广泛回应。生活书店、新知书店等 19 家出版社组成的新出版业联合总处，立即宣布坚决支持重庆杂志界的拒检声明，各大报刊纷纷发表文章表示支持，并不断号召新闻文化界为争取新闻出版与言论自由而斗争。成都、桂林、昆明、西安等地新闻出版机构也通过集会、出版刊物等形式支持重庆拒检斗争。

9 月 17 日，成都 27 家新闻文化机构成立"成都文化新闻界联谊会"，推举叶圣陶、黎澍、沈志远等 7 人为执行委员，并发表宣言，提出"取消新闻和图书杂志检查制度""保障文化人的人身自由"等7 项"发表的自由"主张，并把这场联署运动正式命名为"拒检运动"。

新闻出版界这场声势浩大的"拒检运动"席卷整个中国，压蓄已久的反抗之声终于爆发。面对如此巨大的反击，国民党中常会至1945 年 9 月 22 日才通过决议，宣布自 10 月 1 日起废除新闻检查制度。至此，拒检运动取得了初步胜利。由于国民党政府没有实行言论自由的诚意，因此并没有彻底停止对民主报刊的迫害，所以说新闻出版界争取言论自由的斗争并未终止。

（二）国民党在大陆的溃败及其新闻检查制度的破产

1948 年秋，随着人民解放军战略反攻阶段的到来，国民党蒋介石集团在政治上、经济上、军事上已陷入极端困难的境地，面临着全面溃败的危险。受战局的影响，国民党新闻事业也陷入了深深的危机中。

政治、军事的失利使得国民党新闻机构的政治、军事宣传彻底破产，也宣告了新闻检查制度的破产。为了进行反共宣传，国民党新闻机构竭尽歪曲造谣之能，报道所谓"共区设立机构，专门贩卖烟毒，甚至卖人肉"等。对国民党的战绩,极力粉饰。

1947 年 8 月张灵甫所率 74 师被解放军歼灭,《和平日报》却隐瞒事实真相,称他们"最后不屈,即在阵地相率自戕"。明明是邱、李兵团被歼,杜聿明被俘,中央通讯社的电讯却是"杜聿明将军率邱、李兵团在宿永地区歼灭共军十七万人。刻以任务打成,已主动脱离青龙集战场,转进有利地区,续予匪打击"。把失败说成胜利,自欺欺人,国民党新闻传播机构已经走到靠谣言支撑的地步。政治宣传的功能也就难以为继了。①

随着人民解放战争的胜利推进,庞大的国民党新闻事业也随国民党政权在大陆迅速解体。1949 年初,各种国民党新闻机构除极少数人员和部分器材撤至港台地区外,其余被人民解放军军事管制委员会接收。1949 年 4 月 23 日,人民解放军解放南京。南京《"中央"日报》出至 4 月 22 日停刊,部分设备和人员事先迁往台湾,于 3 月 12日在台北市出版。南京中央通讯社总社被接管,只有少数人员和设备随国民党集团经广州、重庆,最后迁至台湾等地。至同年 12 月,中央社总社在台北发稿。

1949 年 10 月 1 日,中华人民共和国宣告成立。中国国民党新闻事业在大陆走完了产生、发展和消亡的历史过程。根基动摇,大厦将倾,长期以来为国民党蒋介石集团效命的国民党新闻事业自此灰飞烟灭。一个集团的倒塌,随之而来的就是这个集团孕育出来的制度破产。

结　语

统一全国之后,国民党基于革命形势的需要和政治合法性的考虑,以"训政"理论为基础,提出了在新闻传播领域的管理措施。以法律法规的形式确立了国民党统制新闻之权力,用分类管理模式,加强了新闻检查之力度。南京国民政府初步建立了中国现代新闻管理

---

① 方汉奇、张之华:《中国新闻事业简史》,中国人民大学出版社 1995 年版,第 364页。

体制。

随着抗日战争爆发，军事形势吃紧，南京国民政府新闻检查制度的法制建设被迫中断。以新闻国防为借口，以政令等方式加强了舆论钳制，既蒙蔽了国民，更引起了有识之士的抗议。虽然在战时没有遭到拒绝，但是却损害了南京国民政府的公信力。

在解放战争时期，由于国民党政权处于风雨飘摇之中，加紧了言论管制，却进一步将中间派别推到了对立面。在政治、军事和经济的多重张力之下，国民党的新闻检查制度最终在大陆失败。

第三章

南京国民政府新闻检查制度的思想渊源

第一节　三民主义与南京国民政府新闻检查制度

南京国民政府新闻检查制度是由孙中山先生提出，并经过国民党理论家完善的三民主义报刊理论为思想基础。三民主义报刊理论强调，宪政国家应保障国民的新闻传播与言论出版自由。但是，在宪政实施之前，国家应在新闻传播活动中发挥积极作用，新闻事业应该教育训练民众的民主政治素养，新闻媒体应当更多地宣传执政党的党义，并接受执政党的领导。南京国民政府新闻检查制度吸取了三民主义报刊理论中"以党治报"的思想，却抛弃了孙中山保障言论出版自由和训练民众民主素养等内容，体现出了鲜明的威权特征。

一　三民主义报刊理论内容与实质

（一）孙中山办报思想与三民主义报刊理论体系的形成

（1）孙中山办报思想：政治框架内的思考

孙中山新闻思想是其政治思想的重要组成部分，是资产阶级革命党人新闻思想的中枢，也是国民党新闻检查制度的理论依据。在一系列办报活动中，孙中山始终将新闻活动置于政治活动框架之下，是其政治理念与政治活动的组成部分。

1894 年之前，是孙中山从事报刊工作的早期阶段。该时期的报刊宣传工作主要集中在撰发文章，宣传改良思想及在各地从事革命演说上。在此期间，孙中山针对当时社会存在的现实问题，开始在香港教会报纸、上海《万国公报》等处发表文章，阐述改善中国政治局面的见解。他主张效法西方国家进行改良。

1894 年孙中山撰写的《上李鸿章书》，表达了他希望通过改良实现救国救民的思想。文中"有学会以资其博，学报以进其益"的论说，其注重报刊宣传的观念已见端倪。

面对国家政治腐败和旧社会风气，在深知上书请愿已经不能改变国家落后面貌后，孙中山毅然转向通过武力推翻清政府的民主革命道路。1894 年，中国第一个资产阶级革命团体——兴中会成立，标志着孙中山由改良思想向民主革命思想的转变。兴中会成立宣言中明确宣布，"拟办之事"，首在"设立报馆以开风气"。

1896 年 10 月 11 日，孙中山在伦敦被中国驻英大使馆拘捕。伦敦蒙难使他受到了世界舆论的注意，也让他深切感受到报纸和社会舆论的巨大影响力，对创办报纸的重要性、必要性有了更进一步的认识。这是促使孙中山萌发利用报纸宣传革命的思想的重要原因之一。

此后，孙中山作为中国资产阶级革命派的领导者，领导中国同盟会与保皇派进行了系列论战，其中以《民报》和《新民丛报》的论战最为激烈。在这场论战中，孙中山意识到报刊宣传工作对于革命成功和建设事业的重要性，开始将新闻宣传与武装斗争的重要性相提并论，要求两者齐头并进，相互辅助。[①]

孙中山思想观念的转变及政治理念的不断完善，决定了其日后报刊宣传理念的发展方向。革命家、政治家的双重身份决定了孙中山新闻思想始终服务于其政治理念与政治活动，并不是为了新闻事业自身发展。

在政治传播框架内思考新闻传播如何与"立党""起义"更好地契合，是孙中山新闻思想最核心的部分。孙中山认为，近代报刊已经全面介入政治，并被知识分子赋予强大的舆论力量。[②] 报刊成为宣传

---

① 王颖吉：《孙中山先生报刊宣传思想的形成及其传统文化特色》，《贵州文史丛刊》2003 年第 3 期。

② 刘继忠：《政治理念·自由主义·民族主义——孙中山新闻思想再评析》，《国际新闻界》2012 年第 1 期。

政治主张、造就革命舆论的工具。他公开承认，报纸就是革命党的"党报"和"机关报"，不仅把报刊宣传看作是资产阶级革命事业的重要组成部分，还把创办机关报看作是关系到革命党前途的重要任务，并且极力主张，通过报刊向民众灌输革命思想。[①] 他明确指出党报和党的"体用关系"，认为报刊、小册子等传媒工具是党和政府的喉舌，是造就舆论的政治工具。

三民主义是孙中山新闻宣传内容的政治灵魂。孙中山始终将三民主义作为政治革命的根本，以解决当时国内的混乱局面，实现社会稳定和激发民族觉醒。而如何将三民主义灌输到革命团体及广大民众中去，成为孙中山新闻思想要解决的主要问题，成为提出三民主义报刊理论的缘起。

（2）三民主义报刊理论的形成：党治下的党义宣传

在革命过程中，孙中山充分认识到革命事业的发展，宣传效力有时更胜于武力奋斗，遂逐渐把更多精力转向革命宣传。在此背景下，孙中山详细阐述了三民主义的办报思想，指出只有全体国民皆为党的主义宣传所感化，革命事业才能取得最终胜利。

1905 年同盟会成立后，孙中山亲自参与并领导同盟会机关报《民报》的创办和宣传工作。在《民报》发刊词上，孙中山将同盟会的政治纲领阐发为"民族、民权、民生"三大主义。也正是在此期间，孙中山较为详细地阐述了他的基本办报思想。在他看来，是否宣传三民主义是区分革命派报纸和改良派报纸的界限，而《民报》的创办就是为了宣传三民主义，报道资产阶级运动，唤醒近代民族意识，使民主革命思想在国内得以传播、普及。此间他的新闻传播思想可以概括如下：

第一，为革命办报。正如《〈民报〉之六大主义》中所强调的，报刊在宣传三民主义上有重大作用，"革命报之作，所以使人知革命也。盖革命有秘密之举动，而革命之主义，则无当秘密者。非惟不当

---

① 方汉奇：《中国新闻事业通史》（第一卷），中国人民大学出版社 1996 年版，第 983 页。

秘密而已，直当普遍之于社会，以斟灌其心理而造成舆论"①。

第二，直言资产阶级革命报刊的党派性，强调利用报纸宣传革命纲领、主张。在他的领导下，资产阶级革命团体大都建立了自己的机关报。这些机关报既是进行舆论宣传的阵地，又是组织联络同志和谋划发动革命活动的据点。办报成为从事政治活动的一个重要组成部分，为革命办报和利用报纸进行党义宣传，成为孙中山新闻思想的核心。

第三，宣传党义是立党治国的要求，立党治国就是按照党的主义管理国家，全国都要遵守党的主义。孙中山认为："革命报纸要向民众灌输知识，启发觉悟，不能仅仅激发感情，更重要的是要宣传理性，培养他们的能力。"② 并多次指出，报刊需从服务革命的角度出发，争取中国四万万同胞的心，不断扩大党的基础和力量。党报作为革命宣传的机关报，不仅需要大力宣传党义，同时需要积极投入到攻讦、批判政敌的斗争中去。

第四，革命的目标之一是为国民赢得言论出版自由。孙中山将"压制言论自由"视为清政府的重要罪行之一，主张民国政府应当保障国民的言论自由。他在阐释民权时提出："中国自革命以后，成立民权政府，凡是都是应该由人民作主的；所以现在的政治又叫做'民主政治'。"③ 正因为如此，中华民国临时政府成立之后，颁布了《临时约法》，保障国民的言论、著作、刊行及集会结社之自由，并撤销了内务部颁布的《中华民国暂行报律》。当然，孙中山强调，自由当以国家和他人的合法权力为限，新闻媒体应当"主持公理、指导国民、群策群力，使各尽其职"④。

辛亥革命胜利果实被窃及二次革命、护国运动、护法运动先后失败之后，孙中山的思想发生了很大变化。他总结教训，认为革命一再

①　张之华：《中国新闻事业史文选》，中国人民大学出版社1999年版，第59页。

②　刘建明：《中国媒介批评史》，福建人民出版社2011年版，第63页。

③　中国社会科学院近代史研究所等合编：《孙中山全集》（第2卷），中华书局1982年版，第434页。

④　同上书，第314页。

失败，在于国民党忽视了宣传和党务，决定以俄国为师对国民党进行改组。改组的步骤，从党务开始，党务先行，宣传为重。宣传的任务，就是教化本党以外的人都明白本党的主义，欢迎本党的主义，以三民主义改造人心，达到用本党主义治国的目标。①

改组国民党及党治理论的提出，标志着国民党希望成为一个像布尔什维克党那样垄断政权的政党，抛弃了议会政治的主张而采取了一党专政的理论。在新闻政策方面，国民党的新闻宣传采取积极攻势，但"宣传工作指挥系统之缺乏，党报之不健全，检察之旷废，宣传品分配之偏枯，农村宣传之不力，党内教育之无计划，均为两年来之缺失"，今后需统一中央及各省执行委员会的实际宣传工作。②

为了追求思想上的统一，国民党将不同派系的舆论斥为反动，并予以检查和纠正，国民党中央宣传部也进行了改组，被授予了检查和纠正党内出版物的专门职责。特别是在训政期间，孙中山等人提出了"以党代政""以党治国"的思想，使得三民主义报刊理论更具有威权色彩。

（3）三民主义报刊理论的主要内容

第一，新闻自由并非人人享有。孙中山认为，辛亥革命之所以成功，归根结底是由于各报纸的宣传。各报之所以能有所收效，由于言论一致。因此，他非常强调报刊宣传口径的一致性，而孙中山这种思想也完全归结于党报思想。

他在《革命成功个人不能有自由，团体要有自由》的著名演讲中指出："在普通社会中有平等、自由，在政治团体中便不能有平等、自由。政治团体中的分子有平等、自由，便打破政治力量，分散了政治团体……中国现在革命，都是争个人的平等、自由，不是争团体的平等、自由，所以每次革命，总是失败……大家要希望革命成功，便

_____

① 中国社会科学院近代史研究所等合编：《孙中山全集》（第8卷），中华书局1982年版，第282—285页。

② 荣孟源：《中国国民党历次代表大会及中央全会资料》（上），光明日报出版社1985年版，第142页。

先要贡献到革命党内来。"① 团体的平等、自由凌驾于个人的平等、自由之上，这就充分说明在三民主义报刊理论的指导下，新闻自由并非人人享有。报刊在言论上必须保持高度的一致性，做到"舆论归一"。

三民主义办报思想的出发点，在于保证革命党人思想的高度一致，维护革命内部稳定及巩固革命阵地，及时、有效地宣传革命主义与宗旨。因此，孙中山要求宣传工作者要言论一致，坚定政治立场，不应该哗众取宠，滥用言论自由；报刊宣传要集中攻击目标，不能随意变化。只有言论一致，人心方能一致。

第二，国家在新闻活动中扮演积极角色。孙中山认为，国家和新闻事业两者相辅相成。一方面国家需要鼓励和支持新闻事业的发展，保证新闻活动的顺利进行；另一方面报刊宣传同样有助于推进国家建设事业的开展。

孙中山对上海报界说："革命成功，全仗报界鼓吹之力。今民国成立，尤赖报界有言责诸君，示政府以建设之方针，促国民一致之进行，而建设始可收美满之效果。故当革命时代，报界鼓吹不可少，当建设时代，报界鼓吹更不可少。是以今日有言责诸君所荷之责任更重。"②

既然报界对于革命和建设行动如此重要，国民党就不能对新闻媒体的发展置之不理，而应承担起领导责任。首先，应当尽力发展党报，要求、鼓励和资助革命党和国民党党员创办经营自己的报纸，以更好地宣传革命和建设方针，为革命事业和国家建设服务。其次，需要加强对报纸的领导，以使革命思想和建设政策为国民所知，用本党的党义凝聚民心。

正是在三民主义报刊理论的影响下，南京国民政府不断创办党营新闻事业，并努力吸引甚至夺取有影响力的非党报刊，迅速建成了自

---

① 张育仁：《自由的历险：中国自由主义新闻思想史》，云南人民出版社 2002 年版，第 166 页。

② 中国社会科学院近代史研究所等合编：《孙中山全集》（第 4 卷），中华书局 1982 年版，第 495 页。

己的新闻宣传体系。

第三，新闻事业应当成为舆论引导者。孙中山吸收了梁启超的报刊思想引导舆论、制造舆论的观点，认为报纸作为"舆论之母"，具有极强的社会协调功能。因此，新闻事业应当成为大众论坛，培养国民正确的舆论导向。

梁启超从民权思想出发，对报馆、政府和人民的关系做了深刻说明。他指出："报馆者非政府之臣属。而与政府立于平等之地位者也。"不仅如此，"政府受国民之委托，是国民之雇佣也，而报馆则代表国民发公意以为公言者也"①。孙中山在梁启超新闻思想的基础上，进一步深化强调报纸的社会协调功能。在他看来，要革命就要有革命的舆论，即所谓"将图国民之事业，不可不造国民之舆论"。而制造舆论，必须靠报纸。② 在评价报纸作为"舆论之母"的重要地位时，孙中山指出："有良果也，并有良因，舆论者，造因之无上乘也，一切事业之母也。故将图国民之事，不可不造国民之舆论……盖舆论者，必具有转移社会、左右世界之力也。"③ 报纸不具备法律、法令的强制力，因此，对读者并没有太大的约束力。之所以能够影响、引导人民，关键在于舆论的力量。

新闻事业应当成为大众论坛，通过宣传技巧、策略能够从根本上起到鼓舞国民、激发革命斗志的作用。报刊作为一种大众传播平台，通过舆论宣传培养国民的政治认同感。激励人心、启蒙国民思想，实现对民众的舆论引导作用，成为国民思想行动上的指南。

第四，新闻事业是教育公益事业。孙中山的新闻思想中最主要的一点是对报刊宣传教育功能的重视。他认为："一切人类大事皆以报纸记述之；一切人类知识皆以报纸蓄积之，故此为文明之一大因子。"④ 在他看来，推行政治纲领、实现政治目标，主要应启发群众

---

① 李秀云：《梁启超的新闻舆论监督思想》，《南开学报》2003 年第 5 期。

② 陈烨：《试论孙中山如何利用近代新闻宣传方式开展革命实践》，《肇庆学院学报》2009 年第 4 期。

③ 徐向红：《现代舆论学》，中国国际广播出版社 1991 年版，第 4 页。

④ 中国社会科学院近代史研究所等合编：《孙中山全集》（第 2 卷），中华书局 1986 年版，第 330 页。

的觉悟，说服群众接受。宣传就是对人的感化和教育，而报纸恰好具有这种功能。他明确指出，报刊是开民智、阐新理、育人才的重要手段和工具，通过报刊宣传向国民阐释新知识、新理论，普及科学文化知识，能够提高国人的整体文化素养，培养科学技术人才。

为了进一步发展国民教育、培养革命人才，他积极倡导创立先进的革命教育制度和体系，把教育改革纳入为资产阶级民主革命服务的轨道。① 他公开宣称"教育就是宣传"的思想，强调教育在革命进程中的功能与作用。通过报刊宣传革命，传播资产阶级民主革命思想，从而达到教育教化的目的。他号召党员重视报刊宣传的教育功能，呼吁全党积极开展新闻宣传工作。正因如此，新闻事业成为大众教育的公益事业。

第五，新闻事业当由道德智慧人士主持。孙中山主张，报纸作为将民主革命思想转化为民众行动的枢纽，通过引导舆论、教育民众，从而发动更多的群众从事革命事业，"以先知觉后知，以先觉觉后觉，尽自己的能力为国民的向导"。

在孙中山看来，人类的智慧是不平等的，对社会的认识也是存在差异的。在对国民进行宣传教育时，孙中山把人分为"先知先觉、后知后觉和不知不觉"。"先知先觉"即通常所说的杰出人物，而"后知后觉"这一群体则代表当时先进的知识分子，也就是孙中山所说的宣传家。他提出，如果先知先觉者"非常革新之学说"，能够"灌输于人心而化为常识"，则中国富强可待。

孙中山强调报界为开通民智的先觉，报刊诸君应该承担起教育民众的责任，起到舆论的引导作用。在先知先觉者的领导下，坚持正确的舆论导向，从而带领后知后觉者走向民主共和的解放道路。强调报纸不仅反映人民的意愿，更代表广大人民的利益。

（4）三民主义报刊理论的威权特征

三民主义是孙中山以党建国、以党治国思想的总体概括，民族、民权、民生的完全实现是孙中山先生革命和建国的理想。为了实现三

---

① 王兆祥：《孙中山教育思想形成的三个阶段》，《天津大学学报》2006 年第 3 期。

民主义，孙中山设计"三序方略"。在《中华革命党总章》中，他将革命与建设程序确定为"军政时期""训政时期""宪政时期"三个阶段。在《建国方略》中，他把军政、训政时期设计为以党建国时期，宪政时期定为以党治国时期。这就使得三民主义报刊理论出现了内在的悖论，为了实现国家的独立自由，首先需要由国民党一党专政，以训练人民的民主政治素养。

　　孙中山明确提出以党治国的宣传思想是在1923年。他提出："所谓以党治国，并不是要党员都做官，然后中国才可以治；是要本党的主义实行，全国人都遵守本党的主义，中国然后才可以治。"①　孙中山之所以提出以党治国思想，主要是受俄国十月革命的胜利和中国共产党的影响。在认真分析俄国革命成功的原因后，孙中山曾感慨，俄国革命六年，便取得如此伟大的成绩；而中国革命十二年之久，革命主义却依然不能实现。所以他主张："此后欲以党治国，应效法俄人。"②

　　在俄国革命成功经验和中国共产党建议的基础上，孙中山"以党治国"思想逐渐成型，并深刻认识到宣传对于"以党治国"实现的重要性。他指出，辛亥革命之所以取得成功，关键在于各省人民受到本党主义的宣传，才会在短时间内取得巨大的成效。

　　因此，"以党治国"思想的实施，宣传是至关重要的。用本党的主义感化他人、取得民心，才能战胜一切。在宣传对象上，孙中山吸收俄国革命党取得成功的经验，提出党的宣传应该是面向全国民众，使全国人都明白党的主义、建设的主义，才能形成一个三民主义、五权宪法的国家。

　　实际考察该理论的哲学基础，特别是考察作为其制度安排的新闻政策的演变与运作过程，便不难发现，三民主义报刊理论更多带有威权的特征。因为三民主义报刊理论，乃是党治理论在报刊领域的运用，其目的是要确定三民主义对于社会意识形态的控制，三民主义的

①　王振民：《论孙中山以党治国思想》，《长安大学学报》2005年第1期。
②　中国社会科学院近代史研究所等合编：《孙中山全集》（第8卷），中华书局1981年版，第268页。

新闻政策的中心内容只有两个，即积极的党义宣传和消极的宣传审查。①

但是必须指出的是，孙中山在阐述三民主义报刊理论时，言论出版自由一直是他心中的理想。如 1924 年他指出："现在中国号称民国，要名副其实，必要这个国家真正是以人民为主，要人民都能够讲话，的确是有发言权。像这个情形，才是真民国，如果不然，就是假民国。"② 其在病重弥留之际，与汪精卫谈话中强调："死生常事，本无足虑，但数十年为国奔走，所抱主义终未完全实现，希望诸同志努力奋斗，使国民会议早日成立，达到三民、五权之主张，则本人死亦瞑目。"在国事遗嘱中，孙中山再次强调："余致力国民革命凡四十年，其目的在求中国之自由平等。"③ 可见，自由民主乃是其追求的目标，而威权统治的设计乃是其权宜之计而已。由此后的国民党新闻宣传政策而推三民主义报刊理论及孙中山新闻思想是威权新闻思想，有可能违背孙中山先生之本意。

笔者认为，南京国民政府对三民主义报刊理论和训政期间的新闻政策是对孙中山新闻思想的选择性继承，继承了其达目标所需之新闻手段，而剔除了孙中山赋予其中的三民使命与五权主张，特别是训政期间主权在民的主张，从而使得南京国民政府的新闻政策更呈现为威权色彩而已。

二　三民主义报刊理论与宣传政策

（一）以本党党义改造人心

三民主义报刊理论的形成，标志着孙中山新闻思想逐渐走向成熟阶段。此后，孙中山在强调新闻事业应当大力宣传党义的同时，对于报刊宣传内容也提出了新的具体要求。孙中山强调：此次本党改组，

---

① 曹立新：《在统制和自由之间——战时重庆新闻史研究》，广西师范大学出版社 2012 年版，第 24 页。

② 中国社会科学院近代史研究所等合编：《孙中山全集》（第 11 卷），中华书局 1986 年版，第 331 页。

③ 同上书，第 638 页。

想以后用党义、用党员奋斗。党员必须明白三民主义、五权宪法之内容如何，然后用之出而宣传，始生效力，始能感化他人。一旦人民接受党义改造，便会产生巨大的变革社会力量。因此，党义宣传对于国家建设、教化民众具有重要的指导作用。①

之所以重视党义宣传、党化教育，孙中山在 1923 年 10 月 15 日《在广州中国国民党恳亲大会的演说》中，给出四条重要理由。

第一，大多数人不了解国民党的主义，不明白民国的道理，所以建设民国不成功。

第二，大多数党员入党是为了做官，对本党主义不愿意为之奋斗，一旦做不成官，就不热心党务，立马动摇，反对国民党。

第三，党义宣传是立党治国的要求，立党治国就是按照党的主义管理国家，全国都要遵守党的主义。

第四，要巩固革命成果，使国民党不断成功，必须得民心，用党义争取民心。②

为了进一步巩固、贯彻执行"党化教育、党义宣传"，1924 年国民党一大通过了《出版及宣传问题决议案》，明确规定改组后的国民党应成立有系统的宣传组织，使教育与国民党的事业紧密结合，一方面建立以"党义宣传、党德养成"为中心的学校，培养国民党的干部；另一方面扩大国民党在其他学校的影响，使其他学校逐步变成国民党的学校。随后，"党义宣传、党化教育"越来越多地被纳入到国民党的党务活动中，并逐渐渗透到社会的各阶层，通过党义宣传，启发革命思想，争取更多的人民为党的主义奋斗。

宣传主要是启发人民觉悟，说服人民接受。孙中山指出："要政治上切实的道理实现出来，有两种方法。其一，用武力压逼群众，强迫去行——中国古时政治变更大多数用这种方法。其二，靠宣传，使人心悦诚服，情愿奉令去行……必要把我们的主义，潜移默化，深入

---

① 中国社会科学院近代史研究所等合编：《孙中山全集》（第 11 卷），中华书局 1986 年版，第 503 页。

② 刘建明：《中国媒介批评史》，福建人民出版社 2011 年版，第 75—76 页。

人心,那才算是有效果。"① 只有宣传才能够让人们心甘情愿接受党的主义,才能够造成群力。

党义宣传主题不断强化,使得三民主义报刊宣传政策也发生新的转变,不仅要求党员通过报纸鼓吹力量,宣传党的主义改造民心,更要求宣传者注重态度和宣传策略,使党义能够从根本上深入人心。革命报刊要向民众灌输党义知识,在激发民族感情的同时,更要注重宣传的理性。宣传工作应当有组织、有纪律地开展,革命事业的成功归根结底不是靠个人的力量。报社记者应当抱定真理,坚定不渝。在宣传的时候,对待人民的态度一定要诚恳。要真正从为人民谋利益的角度出发,取信于人,才能感化被宣传者。

以党治国思想不断深化,使得三民主义报刊宣传政策发生了新的转变。在党义宣传思想的指导下,以本党党义改造人心成为这一时期宣传工作的重点,继而引发了清除国民运动中的自由主义思潮。

(二)清除国民运动中的自由主义

在以党治国的理念下,党义宣传成为宣传政策的核心。而清除国民运动中的自由主义,成为保障党义宣传工作顺利开展的条件。尤其在民国前后,孙中山的态度是有所变化的,最初是正面宣传"自由",争取"自由",再到之后的"用不着自由"、"清除自由",其新闻思想发生了明显的转变。

在民国成立初期及以前的时间里,孙中山认为,人身自由和出版自由是不可剥夺的。如果人民的集会、结社、出版、思想皆被剥夺殆尽的话,那么人民便没有什么自由可言。而孙中山提倡的三民主义思想,正是把争取平等、自由作为主导思想。民权与自由是不可分割的。民权主义得以实现的前提便是人民享有言论、出版自由的权利,而孙中山领导的革命运动正是一场争取自由的运动。

1912 年 3 月 11 日,中华民国南京临时政府参议院通过的《中华民国临时约法》第六条规定:"人民得享有人身、家宅、财产、营业、言论、著作、刊行、集会、结社、书信秘密、居住迁徙、信教等

---

① 孙文:《孙中山选集》,人民出版社 1981 年版,第 558—559 页。

各项自由权利。"① 由此看出，孙中山在这一时期为了争取平等、自由做出了不懈努力。

对于工人罢工的问题，他同样抱有极其宽容的态度。中国社会生活尚处于不发达时期，人民在思想认识上确实存在一定的偏差。但是，人民有要求平等、自由的权利，真正的自由不应该有阶级、政党之分。人民通过罢工表达自己的意愿，同样也是追求平等、自由的一种途径，只要稍加引导便可以纠正这种不健全思想。

然而，在民国建立之后，孙中山对新闻出版自由的态度发生了一些变化。1912 年在广州对记者演讲时指出："近来上海各报，言论不能一致，今回粤省，见各报之言论，亦紊乱而不按公理，攻击政府。"② 针对这一现象，孙中山告诫记者坚守"舆论之母"的职责。宣传党的宗旨、政策时，必须统一宣传口径，强调舆论一致。

孙中山对"自由"态度的转变同样体现在《三民主义》一书中。他曾经明确宣布："我们革命党向来主张三民主义去革命，而不主张以革命去争自由。现在我们中国人还不懂自由是什么，由于自由太过，便发生许多流弊。中国人有充分的自由，所以一盘散沙，所以中国人现在的病不是欠缺自由，而是一盘散沙。"③ 面对国家建设中存在的自由主义，孙中山开始强调中国人民用不着自由。之所以说用不着自由，其原因在于中国人民享有的自由过于充分，对于现有的自由便不去珍惜。

1921—1924 年期间，在以党治国思想的框架下，孙中山强调国家建设中"服从"与"统一"思想的重要性。1924 年，在改组国民党时阐述了团结与自由的辩证关系。他指出："政党中最要紧的事是各位党员有一种精神结合。要各位党员能够精神上结合：第一要牺牲自由，第二要贡献能力。如果个人能够牺牲自由，然后全党方能得自由。如果个人能贡献能力，然后全党才能有能力。本党以前的失败，是各位党员有自由，全党无自由；各位党员有能力，全党无能力。中

---

① 史华慈：《近代中国思想人物论：自由主义》，时报出版公司 1980 年版，第 69 页。
② 李瞻：《新闻学原理》，三民书局 1990 年版，第 257 页。
③ 孙文：《孙中山选集》，人民出版社 1981 年版，第 717 页。

国国民党之所以失败，就是这个原因。"①

正是在这些思想的背景下，孙中山做出了在党内清除自由主义的决定。他在1924年对黄埔军校官兵的讲话中提到："我们的革命失败，是被什么东西打破的呢？依我看，就是被欧美的新思想打破的……自由、平等是欧美近一百多年来最大的两个革命思想……中国近来也感受了自由、平等的思想，所以也起了革命；革命成了事实之后，又被这种思想打破，故革命常常失败。我们革命之失败，并不是被官僚武人打破的，完全是被平等、自由这两个思想打破的。"②

由此可见，这一时期的孙中山明确表现出不赞成个人享有太多的自由，转而极力主张国家享有完全的自由。显然，这些言论背离了最初倡导言论自由、出版自由的思想。孙中山新闻思想的转变，决定了三民主义报刊宣传政策发生新的选择。在以党治国思想的指导下，清除国民运动中的自由主义不仅有助于国家管理新闻活动，更为党义宣传工作的开展扫除了思想上的障碍。

第二节　蒋介石新闻检查思想

孙中山逝世后，国民党的领导权逐渐被掌握到了蒋介石手中。南京国民政府新闻检查政策深受蒋介石新闻思想的影响，特别是在南京国民政府统治后期，基本上是在执行蒋介石个人独裁的新闻政策。与孙中山不同的是，蒋介石的思想非常复杂，其中儒家思想占据主导地位，而封建帮会思想、法西斯军事专制思想和西方现代思想对蒋均有影响。正是在这种思想复杂的状态下，蒋介石提出了以国家意志统制新闻宣传，新闻媒体是教育民众的工具等思想，这就导致了南京国民政府日益收紧检查的口径，同时也使得其新闻检查手段日益充满暴力。

---

① 荣孟源：《中国国民党历次代表大会及中央全会资料》（上），光明日报出版社1985年版，第6页。

② 张冰：《孙中山自由观的多变性与一贯性》，《广东社会科学》2010年第5期。

一　蒋介石新闻检查思想主要内容

（一）党化教育：蒋介石新闻思想的核心内容

自国民党二大召开之后，蒋介石充分认识到新闻宣传的重要性，希望通过宣传达到教育国民目的，实现控制民众思想、行动的意愿。在切实分析党内宣传存在的问题后，强调"宣传即教育"的党化宣传理念，并在随后的会议、讲话中指明今后宣传政策的侧重方向。

在《中国新闻学会成立大会训词》中，蒋介石明确提出了"新闻即教育"的思想。他指出："新闻记者非可媲于普通之职业，以其任务相当于教育，而影响每及于国运之消长……如以新闻事业比之于教育，则国境以内，皆为其教室，而全国读者，胥受其熏陶。"[1] 由于蒋介石认为党即国家，以党代政，其宣传教育国民的职责，就是教育国民接受国民党的治国地位和治国理念，因为"自国家有机体的生命上说，没有了三民主义，中国建国工作就失去了指导原理。所以三民主义是国家的灵魂。从国家有机体的活动上说，没有了中国国民党，中国的建国工作就失去了发动枢纽。所以中国国民党是国家的动脉"[2]。所以蒋介石的宣传教育即党化教育，即以新闻媒体向全国灌输国民党党义、封建道德和军事训练等手段，重建以"三民主义"为中心的意识形态。

针对党化教育在实际推行中存在的问题，蒋介石不仅亲自指导国民党党报的宣传工作，还两次亲临中央政治学校新闻专修班为毕业同学训词，教导新闻宣传方法。这一时期，蒋介石对新闻事业表现出高度重视，具体表现在他的几篇训词当中。

1940 年 3 月 23 日，蒋介石对中央政治学校新闻专修班一期毕业同学作了题为《今日新闻界之责任》的训词。同年 7 月 16 日，在中央政治学校新闻专修班二期学生毕业典礼上作《怎么作一个现代新闻记者》的讲话。1941 年 3 月 16 日，在中国新闻学成立大会上，蒋介

---

① 李瞻：《新闻学》，三民书局 1969 年版，第 260 页。
② 蒋介石：《总统蒋公思想论文总集》（卷 1），国民党党史会 1966 年版，第 166 页。

石同样作出具体训话。在这些讲话中，蒋介石对新闻事业的宣传作用给予高度评价。他强调，"宣传即教育"，新闻记者是"国家意志所由表现之士"①，"今当全国努力抗战之时，我新闻界为国奋斗责任之重大，实不亚于前线冲锋陷阵之战士。如何宣扬国策，统一国论，提振人心，一致迈进，达到驱逐敌寇，复兴民族之目的，而完成三民主义国家之建设，实唯新闻界积极奋斗是赖"②。

由于蒋介石是南京国民政府新闻政策的总指挥，蒋介石对新闻宣传的理解成为整个国民党新闻政策的灵魂。宣传国民党党义、对国民进行党化教育，成为当时国民党新闻政策的核心内容。

1931年，国民党中央提出了党报的宣传原则是：其一，以三民主义为最高指导原则，以党的政纲为宣传材料；其二，站在党的立场，以中央的态度为态度，严守党的秘密，绝对接受上级党部的指挥；其三，尽量避免为一党一派所利用，维持党德。③

对于其他非党刊物，国民党也力图实现党义渗透，1928年国民党中央常务委员会第144次会议通过了《指导普通刊物条例》，要求"各刊物方论取材，须绝对以不违反本党之主义政策为最高原则"，"必须绝对服从中央及所在地最高级党部宣传部的审查"④。总而言之，蒋介石和国民党把新闻宣传视为其个人独裁、一党专政、统制人民的工具。

（二）国家至上：蒋介石新闻思想的理论基础

与孙中山曾经创办过媒体、参加过报纸运作不同，蒋介石没有直接做过新闻宣传工作，也从未将新闻宣传工作本身视为目的。蒋介石的新闻思想，是在其管理国家、统率军队等思想框架下提出来的，完全以是否有利于其执政、是否有利于其军事活动的开展作为判断新闻

---

① 曹立新：《在统制和自由之间——战时重庆新闻史研究》，广西师范大学出版社2012年版，第20页。

② 蔡铭泽：《论抗日战争时期国民党人的新闻思想》，《新闻与传播研究》1998年第2期。

③ 徐培汀：《中国新闻传播学说史》，重庆出版社2006年版，第336页。

④ 曹立新：《在统制和自由之间——战时重庆新闻史研究》，广西师范大学出版社2012年版，第29页。

宣传工作优劣的标准。在这个过程中，蒋介石的新闻思想中最核心的东西，是国家至上论。

蒋介石认为，在集体利益面前，个人的权利和自由需主动让位，做到对国家管理的绝对服从，国家民族利益可以限制人民的权利。因此，在蒋介石的专制统治下，国家利益高于一切，国民只需按照党的要求接受训练即可，这是蒋介石领导的南京国民政府新闻检查制度得以形成的理论基础。

在《今日新闻界之责任》讲话中，蒋介石指出："新闻记者应为国家意志所由表现之喉舌，亦即社会民众赖以启迪之导师……如何宣扬国策，统一国论，提振人心，一致迈进，以达驱除敌寇，复兴民族之目的，而完成三民主义国家之建设，实唯新闻界之积极奋起是赖。"因此，新闻界应善尽普及宣传之责任、善尽宣扬国策之责任、善尽推进建设之责任、善尽发扬民气之责任。① 蒋介石的新闻思想中，始终透露出国家主义的色彩。

蒋介石的国家主义思想，还深受法西斯思想的影响。1931 年 5 月 5 日，在南京政府召开的"国民会议"上，蒋介石公开提出法西斯主义，指出："法西斯蒂之政治理论，本超象主义之精神，依国家体制学说为依据，以工团组织为运用，认定国家为至高无上之事体，国家得要求国民任何牺牲，为民族生命之绵延。"② 由于蒋介石本人即是国家元首，这种法西斯主义的国家观念，虽然强调国家至上、民族至上，但也包含着巩固其统治、强化其独裁的意义。

（三）意志集中：新闻检查的根本目标

训政时期，国民党确立的一党专制制度，逐步演化成蒋介石的个人独裁统治。围绕国民党"以党治国"方针的实行，在新闻宣传领域逐渐演变成"以党治报"、"党化新闻"的宣传格局。

为了把握新闻界的重要力量，加强自身统治，以及通过强化国民党的新闻事业，获取新闻界的实际领导权，造成全国一个声音的新闻

---

① 李瞻：《新闻学》，三民书局 1969 年版，第 262 页。
② 李体煜、王兆良：《蒋介石法西斯主义的政治纲领及其特征》，《聊城师范学院学报》1987 年第 4 期。

界党化局面，彻底完成新闻一元主义之任务，国民党开始颁布各种政策、法令，实施对新闻界的管控与检查。所谓的"新闻一元主义"，就是让经过改造的、具有法西斯主义性质的"新三民主义"成为唯一之社会思想，统驭民众意志。

这种思想倾向在战时得到了明目张胆的阐述。1939 年 2 月，蒋介石宣读《国民精神总动员纲领及实施办法》，开始在全国厉行精神动员。纲领中提出"国家至上，民族至上；军事第一，胜利第一；意志集中，力量集中"三大目标。要求全体国民言论一致，思想和行动上保持统一。蒋介石明确要求国民，"在国家民族之前，应牺牲一切私心、私见、私利、私益，乃至牺牲个人之自由与生命，亦非所恤"①，直接将"国家至上"作为了号召民众抗战的宣传口号。

《扫荡报》直接将此阐述为"一个政党、一个领袖、一个主义、一个军队"，将抗战的决策权力及意志完全归于蒋介石一人手中。

在蒋介石强力控制下，整个社会生活高度政治化。国民党政权通过意识形态、组织结构，公务员队伍及政治动员对社会生活各个领域进行全面渗透。蒋介石提出，党治下的舆论应当是不自由的，"在党治之下，只有拥护国民革命，和同情于国民党的舆论才有扶植的价值，保护的权利；其它的舆论，或是反对党，或是反革命，不但不必扶植，不但不必容忍，而且应当老实不客气地取缔，不如是国民革命的路程上便多障碍了"②。

（四）信仰领袖：新闻检查的检验标准

经过多年军阀战乱和国家处于分裂状态，特别是"九一八"事变之后，亡国之祸迫近，使得人们思考国家应当采用什么方式迅速壮大，以解决迫在眉睫的威胁。部分人开始公开鼓吹法西斯独裁统治。如钱端升认为："中国所需要者是一个有能力、有理想的独裁。中国

---

① 向芬：《国民党新闻传播制度研究》，中国社会科学院研究生院，博士学位论文，2009 年，第 96 页。

② 曹立新：《在统制和自由之间——战时重庆新闻史研究》，广西师范大学出版社2012 年版，第 29 页。

急需于最短时间内成一具有相当实力的国家。"①

蒋介石则公开推崇法西斯主义："只有法西斯蒂的政治理论，才能建立有效能的统治权，而训政时期挽救迫不及待之国家危难，非借经过较有效能的统治权之行施不可，这是举国所要求者。"忠于蒋介石的特务组织复兴社之《纲领》公然宣称："蒋介石是国家的唯一领袖，也是中国唯一的伟大领袖。唯此党员必须绝对支持他，只听从他的命令，以他的意志为自己的意志。"②

在新闻政策方面，蒋介石的法西斯主义思想要求新闻媒体听从于政党领袖，服从领袖的意志，其实就是唯蒋介石之命是从。蒋介石在《国民精神总动员纲领》中明确提出，要求全体国民言论，一律以领袖的意志为准绳，以领袖意志纠正"分析错杂之思想"。

正是在这种背景下，《"中央"日报》展开对蒋介石的极力鼓吹。称赞蒋介石本人"不但是中华民族的贤明导师"，而且其政治道德崇高伟大。对于蒋介石提出的计划政治，是最高领袖的伟大政治理想之一。③ 由于国民党抗战期间推行领袖独裁制，国家意志必然体现为蒋介石本人的意志。国民党战时新闻统制政策，也相应地由战前的单纯以"党义"统制为主，转向了以总裁的思想与意志作为统制准绳。

蒋介石推崇法西斯主义新闻统制政策，反映出他早年深受封建帮会思想的影响。早年在上海，蒋介石即受早期同盟会重要骨干陈其美的影响，参加了封建帮会，而且受陈其美之影响，刺杀了光复会负责人陶成章。封建帮会思想要求对于帮会首领的绝对忠诚，而且往往采用谋杀等手段对付对手。这些思想的影响，不仅使蒋介石的新闻检查独断专行，而且往往使用特务手段，特别是暴力手段，这些都成为蒋介石国民党集团的新闻检查难免遭遇比以往更大的对抗和反弹的原因。

---

① 向芬：《国民党新闻传播制度研究》，中国社会科学院研究生院，博士学位论文，2009 年，第 79 页。
② 同上。
③ 曹立新：《党权、业权与国权：从新闻统制制度到战时新闻统制》，广西师范大学出版社 2012 年版，第 226 页。

二　蒋介石新闻检查思想落实情况

（一）对《"中央"日报》改革的指导

成为全国执政党之前，国民党已经创办过许多党报，但这些报纸大多属于不同的派系。国共合作之后，国民党新闻事业大部分掌握在共产党人的手中。掌握国民党实权之后，蒋介石觉得有必要迅速建立起一个庞大的党营新闻事业网，从而扭转在舆论宣传方面的相对劣势。

争夺《"中央"日报》的领导权是蒋介石夺取新闻领导权的首要任务。《"中央"日报》于1927年3月22日创刊于武汉，在当时是武汉国民党中央机关报，社长由中央宣传部部长顾孟余兼任，每日中文版和英文版各一大张。在国民党右派的主持下，报纸坚持"指示国民革命之理论与实践，以领导全国民众实现国民革命"的宗旨，忠实地传达武汉国民政府的声音，并发表过大量反对蒋介石和南京国民政府的文章。武汉"分共"之后，该报立即转变态度，逐渐把批判的矛头转向共产党。

"宁汉合流"后，国民党中央决定停办武汉《"中央"日报》，另在上海出版《"中央"日报》。武汉《"中央"日报》遂于1927年9月15日停刊，并于1928年2月1在上海复刊，日出三大张12版，潘宜之任社长。该报发表了何应钦撰写的发刊词《本报的责任》，公开表示："本报为代表本党之言论机关，一切言论，以本党之主义政策为依归。"[①]该报发表了大量反对共产党及共产主义理论的文章，并不厌其烦地解说国民党的三民主义政策。

但是，随着国民党派系斗争不断，《"中央"日报》也明显表示出异于蒋介石及南京国民政府的倾向。蒋介石主张"以党治国"，《"中央"日报》则强调先把"党的条理弄清楚"，"必须党内有民主的精神"。蒋介石认为民族主义是根本，《"中央"日报》则强调要想

---

①　蔡铭泽：《中国国民党党报历史研究（1927—1949）》，团结出版社1998年版，第52页。

把国家治理好，"只有民权主义去做机器，去制造民族民生主义的产物"。蒋介石主张言论管制，《"中央"日报》则宣传"平民政治就是舆论政治"。①

为了控制新闻界言论不一的现象，完全掌握党报的人事权及言论宣传权利，蒋介石领导国民党中常委通过了管制党报的"三个条例"，规定国民党中央及宣传部掌握各级党报的人事与言论权。随后，蒋介石借"首都设立中央日报"为由，决定将汪系控制的《"中央"日报》迁往南京。1928年10月，上海《"中央"日报》停刊。1929年2月，《"中央"日报》在南京正式出版，由国民党中央宣传部党报委员会直接管辖，国民党中央宣传部部长叶楚伧任社长。1932年，《"中央"日报》进行改组整顿，开始实行社长负责制，由程沧波出任社长。

改组后的《"中央"日报》作为国民党机关报，在言论、主张上须站在本党的立场上，不得有违本党主义、政策、宣言等。因此，报道方向只能紧随领袖和政府的意图而动，其言论重心和自由尺度也完全遵照国民党方针政策而定。②"九一八"事变后，《"中央"日报》反复劝导国民相信并拥护政府和领袖，极力为蒋介石进行辩护。淞沪会战结束后，南京失陷，蒋介石被迫迁往重庆。1938年9月《"中央"日报》在重庆复刊，而此时的《"中央"日报》已经完全成为蒋介石集权的宣传工具。

抗战期间，国民政府颁发《国民精神总动员纲领》，《"中央"日报》随之将言论重心转向对精神动员的宣传，并积极动员全体新闻界投入到精神动员当中。在这场动员中，《"中央"日报》躬行实践、极力宣传，跟随蒋介石的步伐充当舆论造势的鼓吹者。《"中央"日报》发表社论的重要内容之一，便是宣扬如何拥护总裁领导。在《拥护总裁领导》这篇社论中，通过强调蒋介石领导的正确性，鼓吹总裁决策是中国取得胜利的关键因素，同时也是抗战取得胜利的根本

---

① 蔡铭泽：《中国国民党党报历史研究（1927—1949）》，团结出版社1998年版，第53页。

② 曹立新：《在统制和自由之间——战时重庆新闻史研究》，广西师范大学出版社2012年版，第222页。

保障。因此，国民必须坚定不疑地拥护总裁的领导。由此可见，《"中央"日报》对蒋介石的歌功颂德达到了登峰造极的地步。

除了对蒋介石个人极度崇拜，《"中央"日报》的社论大多以蒋介石的言论为立言之本。报道中涉及的各种政务都以蒋介石思想为宣传准则，这在报道上与《新华日报》的观点大相径庭。

总而言之，抗战时期的《"中央"日报》名义上是国民党的机关报，实则为蒋介石的御用报纸。在蒋介石的遥控和直接管制下，凡是重大社论均须报送蒋介石审查，稍有差池便会招来责骂或处分。因此，《"中央"日报》社长数次易主，新闻宣传严重受到局限，最终在新闻管制与言论自由的夹缝中艰难前行。

（二）对共产党报纸检查的指导

为了有效统制舆论宣传和新闻出版活动，国民党逐步建立起比较完善的新闻检查机构。除之前提到的对本党报纸的严格控制外，对其他党派的报纸也采取不同程度的新闻检查。尤其对共产党所创办的报刊，国民党更是进行严格审查。

长期以来，蒋介石对共产党报纸的态度一直是坚持抵制和查禁。其目的是排除异己，维护自身专制统治。为了达到其政治目的，有效实施新闻统制，蒋介石开始采取不同手段查禁共产党报纸。

1929年1月10日，国民党第二届中央执委会第190次常务会议通过《宣传品审查条例》，第五条明确指出宣传共产主义及阶级斗争者为反动宣传品。在这种形势下，共产党通过整理、加强党的宣传工作，积极筹备办报活动。迫于国民党的新闻检查，共产党重建的报刊一般不采用大革命时期的报刊名称。如1930年8月，《红旗》和《上海报》合并，更名为《红旗日报》继续出版；《中国青年》先后更名为《无产青年》《列宁青年》在上海恢复出版。此外，共产党报刊一般通过伪装封面、效仿休闲小报等，躲避国民党新闻检查机关的审查。

然而，针对共产党办报形式的转变，国民党同样采取相应的措施进行查处。1928年12月的《取缔各种匿名出版物令》和1929年4月的《查禁伪装封面的书刊令》等法令颁布，对共产党刊物通过匿名、伪装封面等方法出版的刊物，予以查封。

　　由于国民党实行严厉的新闻检查制度，特别是对共产党报刊有查必禁的态度，使共产党报刊一直处于地下"非法"状态，报刊经常遭到搜抄甚至查禁，新闻工作者更是被无端逮捕或者杀害。

　　抗日战争时期，国民党为了达到排共、反共的目的，加强对共产党新闻宣传的审查。对于共产党创办的报纸、杂志、书店等，均应依法办理登记手续，如有违禁现象立即封闭。同时宣布出版业一律归国有国营，这些举措无疑是想彻底封锁共产党的新闻宣传。

　　值得一提的是对《新华日报》的审查。一方面，《新华日报》是国共合作的产物；另一方面，《新华日报》肩负着抗日宣传的使命，必然会引起蒋介石的警惕。因此，《新华日报》成为抗日战争时期国民党新闻检查的重点对象。

　　实际上，最早在武汉新闻检查所拟定的《非常时期新闻检查规程及违检惩罚暂行办法》，其直接起因就是为了对付《新华日报》。①1939 年 5 月实施的抗战时期宣传名词正误表，针对《新华日报》言论宣传的措辞，逐一进行纠正，从而在宣传上压制共产党思想的传播。

　　与对国民党新闻宣传事业直接作出宣传指令，从而控制党营的新闻媒体严格遵守国民党的政治主张，特别是蒋介石的个人意志不同，对于非党营媒体，特别是中国共产党的新闻媒体，蒋介石采取法西斯式的镇压和抑制，其目标则是排斥异己，以实现对其他声音和党义的消灭。

　　（三）对民营报纸的笼络与迫害

　　这一时期，国民党的新闻检查重点主要集中在对国民党报刊的控制及对共产党报纸的查禁。由于民族资本主义的短暂发展，为私营新闻事业发展提供了经济基础。面对民营报业迅速发展及产生的重要舆论作用，蒋介石开始转移部分注意力，对民营报刊实施新闻检查。

---

　　①　曹立新：《在统制和自由之间——战时重庆新闻史研究》，广西师范大学出版社2012 年版，第 222 页。

"九一八"事变后，中日矛盾迅速升级及全国抗日救亡运动的兴起，极大地推动了民营新闻事业的发展。风起云涌的抗日救亡运动，使得大量民营报纸如雨后春笋般迅速问世，用来反映广大人民群众的抗日愿望及决心。一些以抗日救亡为宗旨的报刊，也在这一时期不断涌现。据南京国民政府内政部统计，1927 年全国报纸总数为 628 家，到 1937 年增加到 1031 家，其中大部分属于民营报纸。①

国民党对民营报业所采取的政策，与对待共产党报刊的政策截然不同。在国民党执政期间，多数民营报纸对于国民党的统制总体持曲意逢迎的态度。但是，由于民营报业政治倾向的不同，部分报纸选择以抗日宣传为主体。针对民营报刊宣传方针不一致的现象，国民党采取"恩威并施"的检查政策。

一方面，为了笼络民营报业，蒋介石采取在有关法律法规中保证其合法存在的手段，并利用这些报纸推行自己的宣传政策，为巩固专制统治服务；另一方面，对于不予合作的报刊采取严厉制裁直至查封。笼络与迫害并存成为当时民营新闻检查的一大特点。

1929 年 9 月，南京《新民报》创刊时，国民党四川势力派刘湘出资两千元作开办费，并每月津贴七百元。因此，《新民报》对于国民党中宣部的要求也是有求必应。20 世纪 30 年代收购"四社"的事件，同样表明了国民党对民营报刊的笼络政策。《时事新报》《大陆报》《大晚报》和申时电讯社等新闻机构合并后，蒋介石集团通过各种手段打击迫害，最终迫使张竹平以二十万元低价将"四社"出售给孔祥熙。

在对民营报业的笼络中，最能反映蒋介石两面政策的当数天津《大公报》和上海《申报》。1926 年 9 月《大公报》成立后，便提出"不党、不卖、不私、不盲"的办报方针。起初发表过几篇批评蒋介石的文章，但这种批评对蒋介石的统治并没有太大损害。北伐成功后，《大公报》发表社论称蒋介石确为革命武力领袖之所为。在此之后，《大公报》与蒋介石的关系发生了微妙的变化，逐渐转变态度开

---

① 蔡铭泽：《三十年代国民党新闻政策的演变》，《新闻与传播研究》1996 年第 2 期。

始一味向蒋介石靠拢。而蒋介石对张季鸾也是极力拉拢，一时间，《大公报》将"拥蒋"的论调提到空前的高度。

相比之下，《申报》则代表了蒋介石对民营报刊的另一种态度。随着抗日救亡运动的到来，《申报》表现出积极抗日的主张和要求民主的倾向。由于该报的大胆言论和国民党的主张背道而驰，这就招来了蒋介石的极大不满。因此，国民党采取软硬兼施的态度对《申报》施加压力。由于史量才的不合作态度，最终导致蒋介石采取残酷镇压手段打压报纸并暗杀史量才。

在国民党严酷的新闻统治下，各个地方的报纸在不同程度上都遭到压制，导致报纸的质量严重下降。由于国民党党报"先党后报"的宣传模式、共产党报刊的"东躲西藏"及民营报刊的夹缝生存，最终导致这一时期的报界几近处于一种畸形状态，极大影响了新闻事业的发展。而这些鲜明地体现了蒋介石封建专制加法西斯主义和帮会思想的特质。这些特质使他对党报系统采取了直接的控制，法西斯独裁思想使他对共产党的报刊进行严酷迫害，对民营报刊采取了笼络加迫害的权术手段。

第三节　张道藩、马星野新闻检查思想

对南京新闻检查制度有影响的，还有张道藩、马星野等国民党新闻宣传高级官员。他们作为南京国民政府新闻检查政策的诠释者和执行者，具体确定了新闻检查政策标准，以及新闻检查执行的模式。

一　张道藩新闻检查思想

（一）张道藩履历及对新闻检查制度的影响

张道藩，1897 年 7 月 12 日生于贵州省盘县，原名道隆，字卫之，祖籍江苏南京，后祖上游宦贵州，落户盘县。7 岁时，张道藩在其父张家凤所办的崇山私塾读书。9 岁入荷姑（名待阊，字介石）开办的女子小学，开始接触绘画，并产生浓厚的兴趣。15 岁考入盘县高等小学，开始接受新式教育。17 岁接触堂叔张家瑞从日本寄回的《新

民丛报》等刊物，开始阅读报纸杂志。1914 年以第一名的优异成绩毕业，改名道藩；由于家境贫寒未能继续升学，继而在普安县罐子窑县里高初两级小学任教兼初等管理。

1916 年，张道藩由时任国会参议员的五叔张少炜资助，前往北京继续攻读。同年 9 月考入天津南开中学，开始认真学习英文并在绘画方面表现出天赋。1919 年，国民党要员吴稚晖前往南开演讲，鼓励年轻学生到法国勤工俭学，张道藩听完演讲后，决意前往法国留学。在此期间，孙中山接见了这批赴法青年，张道藩完整记录了孙中山半个小时的讲话，成为三民主义的忠实信徒。1920 年 1 月 8 日抵达伦敦后，得知法国士兵大批复员不易寻求工作，便决定留在英国求学。在曼彻斯特维多利亚公园学校补习半年英文后，顺利考入伦敦大学美术部思乃德学院专攻美术，三年后获得该学院美术部的毕业文凭。

在此期间，张道藩结识了伦敦文学院读哲学的傅斯年，结下深厚友谊。后又结识刘纪文，继而参加国民党，为今后走向政治埋下伏笔。1926 年 6 月，刘纪文应蒋介石的电邀回国担任广东省政府农工厅厅长，其遂邀张道藩前往相助。11 月，国民党中央组织部代理部长陈果夫指定张道藩、黄宇人等四人赴贵州，发动群众、推进党务。后因贵州省长周西成的迫害，张道藩饱受毒刑，辗转来到香港。正是由于这段经历，张道藩得到陈果夫、刘纪文的信任。1928 年 3 月初，张道藩担任国民党中央组织部秘书，并逐渐得到蒋介石的赏识，迅速进入国民党权力核心。

1929 年 3 月，张道藩以南京市代表资格出席国民党第三次全国代表大会，当选为候补中央执行委员，先后任国民党中组部副部长、教育部次长等重要职务。与此同时，在繁重的党务工作外，张道藩致力于发展文艺事业，成为国民党思想文化领域的领导者。1931 年后，张道藩开始领导国民党内部的文艺工作。他不但参与制定国民党的历次文艺决议、政策等，还亲力推广文艺事业。1938 年国民党临时全国代表大会召开，张道藩作为起草人之一参与了《确定文化政策案》的提出。决议"创制发扬民族精神与国家社会公共生活相应，取缔违反国家民族利益或妨害民族意识之言论文字"①，希望通过文艺政策的广泛开展达到宣传活动思想上的统一。

此后，张道藩先后出任中央文化运动委员会会长和中宣部部长，成为中国国民党文艺政策方面的最高负责人。这一时期，张道藩创立文艺机构、组织文艺活动、制定文艺创作奖励办法等，这些举措无疑是政府对于文艺活动的规范和限制，同时也是明确思想文化的发展方向。

张道藩深刻体会到文艺创作是从人心、人性出发，需要倾注大量的心血和感情。海外留学背景，使得张道藩更加珍视文艺创作者，并试图通过各种途径对文艺创作工作予以支持，不仅亲自参与戏剧演出，还积极创办文艺刊物，并通过政府财政给予一定资助。作为国民党文艺政策的制定者，张道藩则必须以服务国家为最高准则，他希望执行国家文艺政策，将三民主义与文艺宣传相结合，通过制定三民主义文艺政策，规范当时的宣传活动，从而引导舆论，实现对新闻活动的管控。

为了提倡三民主义文艺，张道藩发表了《我们所需要的文艺政策》一文。他强调："文艺作品的效果在于美感，政治理论的效用则在于行动，两者要想结合起来唯一的途径便是三民主义。"② 明确指出文艺无时无刻不反映政治和受到政治束缚的思想主张。以政治为本位的宣传思想，文艺无疑已沦为服务政治的工具。正是在这种背景下，文艺政策制定只是为了更好地规范文艺创作。通过文艺作品的舆论影响，从而实现统一国民思想和行动的目的。

在三民主义这面大旗下，凡是违反三民主义的一切文艺作品都应当取缔。因此，三民主义文艺政策成为当时文艺宣传的唯一标准。张道藩本着文艺救国的思想，试图通过文艺作品感染更多的民众，参与到这场反共浪潮中。而文艺政策的执行不仅在宣传领域中屏蔽社会中的阴暗现象，更为重要的是，为国民党新闻检查活动展开提供行动上

---

① 姜飞：《从"写实"到"主义"——论张道藩的国家文艺思想》，《四川大学学报》2011 年第 2 期。

② 张道藩：《我们所需要的文艺政策》，《文化先锋》1942 年第 9 期。

的支持。

（二）张道藩的新闻检查思想

（1）三民主义文艺宣传政策的阐释

1929 年 6 月，国民党政府召开全国宣传会议，正式提出"三民主义文学"的口号，宣布制定三民主义文艺政策。这项政策提出不仅与国民党训政时期的政治背景有关，与左翼文化的蓬勃兴起也有直接关系。国民党试图把"三民主义"构建成为国民党意识形态和思想行动的最高准则。

在这次全国宣传会议上，《确立本党文艺政策》规定："一是创造三民主义文艺之文字（如发扬民族精神、开发民治思想、促进民生建设之文艺作品）。二是取缔违反三民主义之一切文艺作品（如斫丧民族生命、反映封建思想、鼓吹阶级斗争等之文艺作品）。"① 明确提出，要扶植三民主义文艺为国民党的文艺政策。

在国民党文艺政策确定之后的 1942 年 9 月，时任国民党中央宣传部副部长的张道藩在《文艺先锋》创刊号上，发表了《我们所需要的文艺政策》一文，以国家文艺思想为基础，阐释三民主义文艺宣传政策。

文章开宗明义提出："要解释我们的文艺政策，首先必须解决文艺与政治怎样发生关系的问题。"举出三民主义与文艺有关的四条基本原则，作为文艺政策的根据。其一，三民主义是图全国人民生存，所有我们的文艺要以全民为对象。其二，事实定解决问题的方法。其三，仁爱为民生的重心。其四，国族至上。② 张道藩巧妙地在"文艺"和"三民主义"之间构建桥梁，而这四条原则即为文章的理论基础。针对文艺政策的具体内容，张道藩则从"六不"、"五要"两个方面进行阐释。

"六不"具体表现在："不专写社会黑暗，不挑拨阶级仇恨，不带悲观色彩，不表现浪漫的情调，不写无意义的作品，不表现不正确

---

① 张大明：《国民党文艺思潮——三民主义文艺与民族文艺》，秀威出版社 2009 年版，第 18 页。

② 同上书，第 27—28 页。

的意识。"而"五要"则表现在:"要创造我们的民族文艺,要为最受苦痛的平民而写作,要以民族的立场来写作,要从理智里产生作品,要用现实的形式。"①

对三民主义意识形态话语的建构,其目的是统一国民在思想和行动上的一致性。张道藩之所以强调三民主义文艺要以"全民为对象、国族至上",这些论调无疑也是服务于抗战建国,维护国民党统治的稳定。

三民主义文艺政策并没有从根本上推进文艺事业的发展,实质上沦为国民党在文化领域实施宣传管控的工具。这一时期,文艺的最高使命是抒发它所属的民族精神和意识,发挥其最大的宣传效用。正是在这种背景下,迫于国民党利益和反共的需要,文艺被迫隐退其固有属性,成为与共产党斗争的武器。

(2)文艺作战与反攻的思想

20世纪20年代末,自由主义文学的发展壮大和左翼文化的蓬勃发展,使得国民党政府不得不重新审视文艺宣传的影响。面对国内外紧张的政治局势,张道藩试图通过确立三民主义文艺宣传政策,在文艺领域形成一条对日、对共作战的战线,夺取在文化战线的领导地位。

因此,作为主管国民党新闻宣传和文艺工作的张道藩强调,文艺是开扬主义、推行国策、实现总动员,以及抵制敌人思想侵略的最高精神武器。目前,我们正为抗战建国而艰苦奋斗,抗战固然需要文艺的宣传,建国尤其需要文艺的鼓励。因此,文艺必须具有建设性和创造性,才能扫除抗战过程中的一切障碍。

在以抗日为主导的文艺政策上,为了适应新的形势,国民党中央宣传部和上海特别市党部在上海召开文化界知名人士座谈会。会议通过的《统一救国运动宣言》指出:"文艺作品实在逃不了时间与空间的限制,……今日中国必须以全民族的集体力量,克服一切民族解放

---

① 张大明:《国民党文艺思潮——三民主义文艺与民族文艺》,秀威出版社2009年版,第28—29页。

的障碍。"①

1938 年 10 月，张道藩主持颁布的《国民党中央社会部关于中华全国文艺界抗敌协会今后工作要点指令》提出：从速发动各省分会组织，使各地文艺界人士均能有组织、有计划地参加抗敌文化工作；发动并鼓励文艺界人士往战区及敌人后方工作，扩大抗敌宣传，建立文化通讯网。在抗战文艺政策的推动下，文艺作战的思想贯彻整个文化宣传当中。但是，由于对共产党的顾及，国民党的文艺政策呈现时紧时松的态势。当共产党的文艺宣传呈现迅猛发展的时候，国民党便开始把部分注意力转向防共、排共上。

总之，在抗日建国的口号下，张道藩以国家文艺思想为基础，明确指出国共两党在宣传政策上的严重分歧。试图在三民主义的背景下，强调国民党文艺政策的先进性。从而彻底否认共产党提出的阶级斗争、文艺的阶级性等宣传口号。

正是在这种文艺思想下，针对毛泽东在延安文艺座谈会上的讲话，张道藩发表《我们所需要的文艺政策》一文进行辩论。随后，又发表长篇论文《三民主义文艺论》，系统阐述了国家的文艺思想。除此之外，《论当前自由中国文艺发展的方向》《论文艺作战与反攻》等，这些论著无一不体现国民党在文艺政策上的反共倾向。在文艺宣传这条战线上，张道藩更多地把三民主义文艺政策当作一种工具。随时根据国民党的需要调整文艺作战的方向，文艺成为政治的附属品。

（3）国族至上的新闻宣传思想

张道藩之所以要将"三民主义"与"文艺"联系起来，归根结底是为国民党内外两线作战提供理论上的支持。而在三民主义文艺政策的四项原则中，由于"抗战建国"的时代需要，"国族至上"成为这一时期的核心理论。

他的阐述虽是站在抗日救国的立场上，但其论述却把矛头指向共

---

① 蔡铭泽：《中国国民党党报历史研究（1927—1949）》，团结出版社 1998 年版，第 184—185 页。

产党的文艺理论。其目标是，在国共合作一致抗日的大背景下，通过向国民灌输国族至上的抗战宣传理念，从而获得民众在思想和行动上的支持。

在张道藩的新闻思想当中，更多地体现为狭义的国族思想。他认为国家是一个有机体，个人只有作为国家的一个成员时，才是真实的存在。因此他主张个人必须服从国家整体，个人意志必须服从国家意志。①

正是在此理论指导下，1936 年 4 月，国民党第五届中央常务委员会第九次会议通过了《国民党中央文化事业计划纲要》，其目的在于："恢复民族之自信力，使全国民众在同一目标下，一致努力于救亡图存，以抵御外来文化侵略，而建立精神上之国防。"② 1937 年 2 月，国民党五届三中全会通过了为应对抗战的《本党新闻政策》。在强调以三民主义为全国报业精神准绳的基础上，根据战时新形势，提出了"树立新闻上之国防"、"国族利益高于一切"的言论方针，以及对全国报业施行有效统治的目标。绝对不能出现妨碍国族利益的宣传活动。

此后，国民党先后颁布了《确定文化政策案》，决定取缔违反国家民族利益或妨害民族意识之言论文字，鼓励发扬民族意识的言论。紧接着，国民参政会一届二次大会通过了《拥护抗战建国纲领确立战事新闻政策促进新闻事业发展决议案》，进一步规定战事新闻宣传的具体要求。

二 马星野新闻检查思想

（一）马星野其人及其对国民党宣传工作的影响

马星野（1909—1991），浙江省平阳县人，新闻教育家、新闻学者、国民党报人，原名允伟，入学后改为名伟，大学时取杜甫《旅夜

---

① 钱振刚：《论民族主义文艺派所主张的民族主义的二重性格》，《中国现代文学研究丛刊》2001 年第 2 期。

② 王静：《国民党统治前期（1927—1938）新闻政策研究》，山东大学，硕士学位论文，2007 年，第 16 页。

书怀》当中"星垂平野阔，月涌大江流"的"星野"二字为名，后以马星野一名行世。

马星野之父马敏中秀才出身，以教书为业，属书香门第。马星野5岁起便熟读经史唐诗，14岁考入浙江省立第十中学（今温州中学）。当时担任马星野所在班级国文导师的正是著名的学者朱自清先生。由于先生十分欣赏马星野的文章，除平时在文卷上细心评点外，更是悉心亲自指导，这在一定程度上奠定了马星野的文学功底。在此期间，马星野担任学校壁报和校刊的编辑工作，开始对新闻事业萌生兴趣。1926年夏，马星野考入厦门大学，顺利进入文学院。由于学校发生停课风潮，被迫暂停学业，于1927年春考入国民党中央党务学校（后改名为中央政治学校）继续深造。

中央党务学校本着孙中山先生所倡导的三民主义为指导思想，全力培养学生成为国民党干部，并要求学生在入学当天必须集体办理加入国民党的手续。因此，马星野顺理成章地成为一名国民党党员。由于入学后成绩优异，深得校长罗家伦的赏识，并在蒋介石来校为学生进行演讲时，安排马星野做记录工作。他的出色表现得到了蒋介石肯定的同时，也为今后其从政道路埋下了伏笔。

基于文学功底深厚，他开始在《东方杂志》上发表文章，并兼任《黄埔军报》编辑。不久，罗家伦调任清华大学校长，携马星野一同前往任校长秘书。在此期间，他一边选读大学课程，同时担任《清华校刊》的主编工作。1930年，他以官费资格考取美国密苏里新闻学院，在获得学士学位后，于1934年5月回母校任教。蒋介石在官邸接见了马星野，谈话当中，马星野表示了希望创办报纸的意愿。在得到蒋介石的肯定和指示后，马星野在中央政治学校首开新闻学概论课程。由于教学成绩显著，加之学生反应热烈，因此国民党创办的第一个新闻系应运而生。马星野一直负责主持新闻系的工作，讲授新闻学、新闻史课程，并担任《中外月刊》发行人兼总编辑，组织新闻学会。1941年3月，中国新闻学会在重庆成立。马星野负责起草该会章程，拟定《中国新闻记者信条》，这则信条被誉为中国当代第一个记者守则。

1942 年，马星野辞去中央政治学校新闻系主任职务，出任国民党中央宣传部新闻事业处处长，直至 1945 年 11 月，马星野出任国民党中央机关报《"中央"日报》社长一职，并在该报迁往台湾后仍继续担任社长职务。

早期的新闻实践活动及国外求学经历，使得马星野对新闻事业有着系统、全面的认识，原本深受美国新闻传播理念影响，但他的政治身份又赋予他特定的历史使命。基于对蒋介石的知遇之恩及对其个人的崇拜，马星野的新闻检查思想始终围绕着蒋介石的宣传政策。

蒋介石认为，报纸的唯一功能体现在政治宣传而不是盈利。作为蒋介石新闻思想的继承者，马星野开始对英、美新闻事业的商业模式给予否定，并在多种公开场合推翻之前的论调，迎合蒋介石的宣传思想。针对"鼓吹言论出版自由"的论调，他仍旧从英、美等国家的新闻事业入手，指出英、美的言论出版自由是建立在金钱基础上的，只有资产阶级、特权阶级才能够享受到这种自由。而中国的新闻自由是完全区别于其他国家的新闻自由的，是在"国家至上"思想指导下的新闻自由。任何危害党和国家的言论都不享有这种自由。在一定程度上，马星野所倡导的新闻自由是建立在蒋介石新闻统制政策下的自由。

1939 年 5 月 8 日，蒋介石在国民党中央党部针对"三民主义之体系"进行演讲，在致力于探讨三民主义理论的同时，指导国民党党报的宣传工作。为配合蒋介石的讲话，马星野发表《三民主义新闻事业建设》，指出："民族至上、国家至上，这是中国新闻界的第一指南针。"而中国新闻事业的发展必须遵守这一准则。[①]

在马星野看来，中国的报纸经历了漫长的发展时期。从最初的服务于统治阶级，再到成为外国传教士传教的工具。直到辛亥革命以后，中国的报纸才逐渐发挥其新闻纸的作用。他在最后指出，只有三

---

① 蔡铭泽：《论抗日战争时期国民党人的新闻思想》，《新闻与传播研究》1998 年第 6 期。

民主义的新闻事业才是理想的新闻事业，英、美的新闻事业并不适用三民主义社会环境。

总体来说，马星野的新闻思想更多地让位于国民党的政治需要。通过三民主义新闻思想的构建，维持政府和报纸、人民与报纸之间的关系，从而实现国民党在思想、文化领域的绝对控制。与此同时，他的论述为蒋介石的新闻宣传提供了理论依据，成为国民党推行宣传政策的有效助推器。

（二）马星野的新闻检查思想

（1）三民主义新闻思想的提出与阐释

1939年9月30日，马星野在《青年中国》创刊号上发表长篇论文《三民主义新闻事业建设》，对三民主义社会中的新闻事业进行初步研究，这是首次明确提出三民主义新闻事业的概念。文章分别从新闻事业在民族国家中的地位和作用、新闻事业和民权主义的关系、民生主义与新闻事业的关系三个方面展开详细论述，并针对中国新闻宣传中的民生问题提出改进方案，这在中国新闻史上具有一定的进步意义。

文章首先从民族主义立场将三民主义与其他国家类型的新闻事业区分开来。他认为："三民主义社会的新闻事业之目标，不是为资本家赚钱，不是为统治阶级说谎，而是为着全社会中每个分子（国民），同全社会的整个生命（民族）服务。领导舆论只是一个手段，解放民族，建设文化才是目标。"①

他强调，三民主义的新闻事业是秉承孙中山对文化事业的理想，是汲取思想精髓后的延伸。在三民主义的指导下，中国新闻事业不会沦为个人赚钱的工具，也不会从宣传少数资产阶级利益的角度出发。而是本着以"国家至上"为指导思想，从事的三民主义新闻事业。

关于新闻事业和民权主义的关系。马星野认为，报纸怎样实现自己的目标，怎样为国家和民族服务的问题，是民权主义对新闻事业的必然要求。孙中山先生的民权主义理想既不是英、美国家倡导的民主

---

① 马星野：《三民主义新闻事业建设》，重庆青年书店1939年版，第159页。

政治，同样也不是德国、苏联实行的独裁专制。中国的新闻事业应该具有贯彻实施三民主义的使命。

民权主义提倡的言论自由与出版自由也并不是完全没有限制。任何人在出版报纸前，都必须经国家审查。当报纸出现与国家、民族利益冲突时，就必须放弃言论自由的权利。因此，民权主义特色决定了中国新闻事业必须从国家、民族的立场出发。

马星野强调，报纸问题关系到人民精神食粮的供给，而满足人民的精神需求属于民生的范畴。因此，报纸的问题就等同于民生问题。当前，中国报纸的发行量和人均拥有量都相对较低，报刊地区发展存在严重的不平衡现象。

针对中国新闻事业存在的问题，马星野给出了具体的改进措施。在大力发展国营新闻事业的同时，节制资本，谋求民族资本的发展。对于"良善的新闻媒体"，政府予以大力支持，而对于那些不符合国民党要求的"不良"私营报刊，政府则需要加以取缔，以实现报刊最终走向国营化的道路。

（2）扶植"良善的新闻媒体"

为了保障三民主义新闻事业的顺利发展，马星野从民权主义的角度出发，强调报刊享有的新闻自由是有一定限制的。同时，针对当前报纸宣传中存在的一些问题，提出相应的解决办法。

为了配合国民党的宣传政策，巩固蒋介石的新闻统制。马星野对民权主义的四个特点做出总结，并针对宣传工作中出现的不同声音，试图通过民权新闻思想给予一一否定。

他指出："第一，凡是鼓吹阶级利益、少数人利益，以及派别利益的报纸，都要予以限制或不许其存在。第二，凡是反革命的人，显然不许其享有言论自由与出版自由之权利。换言之，创办报纸，记载时事与批评时事，有服务革命的人才享有此特权。……第四，主张报纸在涉及国家、社会、团体利益的冲突中，应当做出让步，牺牲自己的自由。尤其在战时，报纸利益应为国家需要而牺牲。"①

① 刘建明：《中国媒介批评史》，福建人民出版社2011年版，第282页。

从以上论述可以看出，马星野提倡的三民主义新闻思想并不是从促进新闻事业发展的目的出发，而是带有更多的维护国民党利益的倾向。报纸的创办、发行，都必须框定在党国允许的范围内，任何违反国民党新闻政策的个人及组织，都无法享有新闻自由的权利。

此外，在改进中国新闻事业的民生问题方案中，马星野明确指出，扶植良善的新闻媒体，对于"不良"的私营报纸应当加以取缔及查封。这里的"不良"是一个含混的词，如何界定又完全依据国民党的宣传政策。简单地说，凡是政见不合、不服从国家管理的报纸；价格低下、诲淫诲盗的报纸或是通敌卖国、出卖民族利益的报纸都在此列。对于那些愿意服从国民党领导的私营报纸，则需要加大扶植力度，使之成为除党报外的辅助报业力量，壮大国民党的新闻宣传力量。

（3）做好战时的意见总动员

马星野在《战时民意和新闻纸》中指出："在这个关头，准备应对战争，全国一致地准备应付战争，乃是上下应有的决心，应有的共同努力之工作。我们要准备三件事：一是军事总动员，二是经济总动员，三是意见总动员。"① 面对当前国内外的紧张局势，马星野认为做好战时的意见动员是至关重要的。因此，战时的宣传工作应从新闻宣传、人才培养方面进行。

新闻宣传方面，当前国内报刊数量、发行量及拥有的广播电台数量都尚处于不足阶段。据统计，当时中国报纸每天出版总量不到五十万份，平均八百人拥有一份报纸。面对这样的情形，马星野认为："你要人民知道战争之目的，战争进行之状况，你要人民一致起来，拥护战时政府，齐向敌人进攻，而你只有这一点宣传工具，这是谈何容易的事。"② 提升报纸、广播等新闻媒体的传播力度与广度，对当前战事宣传是十分必要的。同时，对报纸宣传存在的问题，马星野也给出了相应的解决措施。

① 金寅：《马星野大陆时期新闻思想研究》，湘潭大学，硕士学位论文，2012年，第21页。

② 同上。

首先，针对国内报纸报道内容单一的现象，马星野指出抗战时期的报纸应该更全面、更具体地提供前后方的情况，把前线英勇作战的场面通过新闻报道展现在读者面前，有助于国民迅速了解战情、掌握局势。

其次，报纸社论主题单一，论述简单。刊发的社论大多集中在宣扬"抗战必胜"的主题思想，对于前方的战事报道缺乏具体的实例，难以调动广大人民群众的抗战热情。社论是最为重要的评论、舆论工具，只有充分发挥其权威影响力，才能从根本上增强人民的抗战决心，掌握舆论宣传的主导优势。

在培养新闻人才方面，马星野同英、美国家的新闻事业比较，当时两国在第一次世界大战期间均积累了丰富的战事宣传经验。而中国拥有战事宣传工作经验的人少之又少。他认为，经验丰富的中国人应该迅速团结起来，发挥宣传的教育作用，从而赢得抗战的胜利。

（4）避免新闻审查出现过度

随着抗日战争的全面爆发，国民党的新闻政策发生了相应的变化。从1931年"九一八"事变到1938年3月国民党全国临时代表大会的召开，国民党的新闻政策经历了从严密控制到短暂放宽的变化。

1931年，国民党以"攘外必先安内"为指导方针，坚持对日妥协，加强对新闻界的控制，颁布了一系列新闻法规，并在各地实施新闻检查。面对严酷的新闻审查制度，民营报刊和共产党的报刊生存艰难，而国民党党报在报道上也处于尴尬境地。

西安事变后，国民党被迫接受联合抗日的主张，重新调整这一时期的新闻政策。1937年国民党五届二中全会通过了《中国国民党新闻政策》，蒋介石宣布："今后本党本此主旨，改善管理新闻出版之办法，且当进一步扶助言论出版事业之发展，使言论界在不背离国家利益下，得到充分贡献之机会。"[1]

蒋介石关于放开言论自由的讲话，对全国抗日战争提供了较为宽松的舆论环境。由于蒋介石新闻思想的转变，马星野对新闻工作的要

① 蔡铭泽：《兴稼传播史论集》，暨南大学出版社2012年版，第123页。

求也发生了新变化。他要求对战时新闻报道和出版检查工作进行改进，避免新闻审查出现过度的情况。

1938 年 10 月，国民参政会第二次大会通过了《国民参政会战时新闻政策》，在对新闻机构的调整中规定："改善新闻检查制度，使不仅实施消极的新闻检查工作，更应该推行积极的指导任务"；"统一全国新闻检查机关，新闻检查所应由全国新闻管理机关统筹支配，务使政府之确立方针，不受任何地方关系之限制"。①

马星野认为，战时新闻检查的出发点是好的，凡是涉及军事、国家机密的信息都不允许公开。但是，如果新闻审查涉及新闻事业的方方面面，就会造成信息传播不畅，报纸不能发挥传递信息的作用。新闻纸的任务，一方面是把大众之事，真切地报告给众人、解释给众人；另一方面是把管理众人之事的方针，明明白白地指示给众人。

针对当前形势，放松对新闻的审查有助于民众及时、准确地了解战情，对当前局势具有正确的认识。因此，新闻事业的发展不可以作不必要的束缚。抗日战争是全民族的战争，只有让民众更广泛地接触到报纸，才能动员社会各个阶级共同投入到这场抗战当中。

由此可见，美国的新闻教育对马星野还是产生了影响，但是国民党主管新闻宣传工作要员的身份，使得他对蒋介石的新闻宣传理念只能亦步亦趋。

第四节　受欧美新闻检查制度的影响

南京国民政府新闻检查制度的发展与完善，除了受封建专制思想的影响、国家治理的需要之外，也受到了国外新闻传播检查制度的影响。在此，仅对英美和德国新闻检查制度进行概述，以呈现三国新闻检查思想给国民党新闻检查制度带来的影响。

---

① 蔡铭泽：《兴稼传播史论集》，暨南大学出版社 2012 年版，第 124 页。

一　英美新闻检查思想及新闻检查制度

（一）英美常态下的新闻检查制度

（1）英美新闻检查方面的法规制度

研究英美新闻检查法规制度，首先需要了解的便是《诽谤法》。换言之，诽谤是新闻法或其他大众传媒法中最受人关注的一个问题，也是最为重要的问题。美国的《诽谤法》来源于几个世纪前的英国普通法。16 世纪前，英国只有基督教会法庭对诽谤进行制裁。直到 16 世纪初期，普通法庭才开始受理诽谤事件的起诉。

此后，普通法庭对原有的诉讼模式进行改革，并给诽谤提供了补救式裁决，强调民事制裁弥补和赔偿损失。这一时期，星座法院也开始对新闻纠纷行使司法权，对文字诽谤以刑事罪论处。随着《诽谤法》从英国传至美国，成为各州普通法的重要组成部分。美国自新闻业诞生之日起，便经常面对各种诽谤指控。

诽谤就是传播媒介发表或播出了损害别人威信，降低别人尊严的内容或言辞。在美国，诽谤分为口头诽谤和书面诽谤，而新闻传播所涉及的诽谤主要集中在书面诽谤。新闻业每天发布大量的新闻信息，在这当中不可避免地要涉及一些新闻人物。因此，对新闻人物的评论、批评、指责等就造成了对他人的诽谤。

《诽谤法》是社会正常状态下对新闻媒体控制的基本准则，其目标是调解国民之间的权利边界，使之维护社会的稳定和有序发展。这种新闻内容控制的基本模式是事后追诉，调节的基本模式是法制调节。但是在战时，英美国家会运用更多的手段对新闻媒体进行控制，一是借用《间谍法》和《叛乱法》对媒体内容进行追诉，二是运用事先协商手段对媒体设置限度。

《间谍法》和《叛乱法》既是英美国家常态下控制新闻内容的基本法规，更是战时和战后压制异端思想的基本政策。1914 年 6 月 15 日，美国总统威尔逊便签署了《间谍法》，提出要实施强制性新闻检查。该法案规定，凡故意制造企图干扰陆、海军的军事行动的虚假报道或错误言论，以及企图在武装部队内部挑动不忠诚或妨碍征兵的，均处以高额罚款或监禁。该法案关于使用邮件的部分授权规定，凡是违反该法案规定的信件、传单、报纸、小册子、书籍和其他材料一律不得邮寄。

《间谍法》颁布后，受到严重打击的是社会党的报纸和德文报纸，而其他几个反协约国的出版物也丧失了邮寄权。《美国社会党人》最先被取消了邮寄权，紧接着是《团结》杂志。在《间谍法》实施的一年时间里，总共有44家报纸丧失了邮寄权，另外还有30家报纸因为统一不再刊登有关战争的文章才保住了邮寄权。其中，最为著名的是两家社会党日报《纽约呼声报》和《密尔沃基导报》。[①]

新闻检查的目的在于国家通过行政手段钳制舆论、管控媒体，确保新闻媒体在宣传言论上不损害国家利益，实现宣传口径的一致性。《叛乱法》的颁布，便是国家通过行政手段清除一切不利于国家言行的舆论。

1798年6月23日，参议院议员詹姆斯·劳埃德向参议院提交为叛国和煽动行为定罪的议案。这份议案的主要内容是："任何人撰写、印行、口头表示或出版……反对美国政府或国会任何议院，或总统的任何不真实的、丑闻的和恶意的文章或言论，以图损毁他们的名声，或煽动美国善良人民对他们的仇恨……将受到两千美元以下罚款和两年以下的徒刑惩罚。"[②]

经过联邦党人的不懈努力，众议院取得最后的胜利。1798年7月14日，约翰·亚当斯总统正式批准《惩治叛乱法》成为正式法律。然而，由于联邦党人在大选前夕内部发生混乱，加之《惩治叛乱法》的审判严重损害到联邦党的声誉，造成1800年联邦党人在大选中全面失利。正是在这种背景下，没有联邦党人支持的《惩治叛乱法》在有效期满后，便自行失效。

（2）英美新闻界的新闻自律规范

在研究英美新闻检查法规制度的同时，新闻界自身的自律同样值

---

①　［美］迈克尔·埃默里、埃德温·埃默里：《美国新闻史》，展江译，新华出版社2001年版，第296—297页。

②　李道揆：《美国政府和美国政治》（上册），商务印书馆1999年版，第134页。

得重视。法律的颁布是国家通过行政手段确保新闻事业的发展，而新闻自律则是新闻界自发进行自我管理、自我约束的准则。

作为世界上报业最发达的国家，美国新闻行业自律起步较早。1912 年 9 月，《圣路易斯环球民主党人报》编辑部主任在和一群编辑聚会时，首次提出建立一个全国性的新闻伦理组织。为了获得报界更多编辑的支持，他们前往纽约继续商议，最终在 1922 年 10 月签名成立了美国报纸主编协会。大会成立后的一项重要成果，便是根据协会的宗旨制定了《新闻规则》。它号召报纸要对公众的福利、真诚、真实、公正、节制、尊重个人私生活负责。这是美国新闻业在编辑人协会的推动下第一次自律运动。①

《新闻规则》一经制定，便引起主编们的积极讨论。针对当时报纸中存在的不自律行为，编辑主编协会便依据《新闻规则》对其进行处罚。该规定一直沿用至 1975 年，才被改名为《业务准则》。该准则明确声明，保护言论自由，使报业人员享有宪法赋予的崇高权利的同时，也必须担负特殊职责。要求新闻从业人员在确保信息传播真实性和获取利润的同时，更应该符合与其责任相符合的道德标准，做到严格自律。

除此之外，1909 年创办的"西格玛三角洲兄弟会"在逐渐扩大，发展到 1961 年，该协会扩展成为全国性协会组织，并在 1988 年被正式命名为美国职业新闻工作者协会。其创建宗旨是"构建新闻道德"、"保护新闻自由"两大使命，该协会制定的《道德守则》成为新闻界自律的准则。

到了 20 世纪 40 年代后期，新闻传媒伦理准则成为英美新闻业管理的主题，对西方新闻自律产生了重要影响。与美国相比，英国报业新闻自律开始于"二战"之后，刚从战时新闻管制中解脱出来的报业进入无序状态。迫于各方面的压力，1949 年政府决定成立了皇家报业委员会，负责报业管理，维持新闻业的新闻自由。

① 王怡红：《越过迷误：追寻新闻自律的价值意义——兼论美国新闻自律领域》，《新闻与传播研究》1994 年第 4 期。

为了防止政府以法规形式对报业实行干预，皇家报业委员会于1953年7月成立报刊总评议会。在此之后，英国报业的激烈竞争，造成小报长期处于混乱、无序状态。为了解决当前报业存在的严重问题，1989年政府指派戴维·考尔卡特领导委员会对新闻侵害隐私问题进行调查。1990年6月，考尔卡特提交报告指出，报刊评议会在报业管理中存在严重的失职行为，建议建立全新的报刊投诉委员会（简称PCC），专门负责受理公众对报纸及杂志报道内容的投诉，而英国的报业自律体制主要通过报刊投诉委员会实现。[①] PCC成立后，开始着手起草《业务准则》，从而能够及时处理投诉者和报社之间的纠纷。实现约束新闻行业行为及规范从业人员的道德准则，在维护公众利益的同时保障新闻自由。

值得一提的是，英美新闻界的新闻自律除了提升新闻从业者自身的水平外，更为重要的是防止政府干预新闻事业。在极力宣传新闻业恪守职业准则和道德规范的同时，表明新闻业可以通过自我约束实现自律，以自律来防止他律。

（二）英美战时宣传战体系与新闻检查

（1）英美战时新闻检查法规制度

相较于常态下的英美新闻检查制度，战时新闻检查则更加严格。第一次世界大战爆发，使参战国家均迅速建立起严密的新闻检查机制。美国虽然参战较晚，但刚刚宣战，便组织公共新闻委员会制定一套新闻检查制度。该制度规定报社主编必须严格遵守条例规定，不得擅自刊登有利于敌对方的消息。

前面提到的美国《间谍法》，是为了镇压对美国和协约国不忠者，而实施强制性的新闻检查。随后，美国战时政府为了强化社会控制权力，全力取得战争胜利，于1917年10月颁布《与敌贸易法》，对所有的海外通讯进行检查，并规定邮局有权向外文出版的报纸、杂志索要译文。1918年5月《煽动法》颁布，这部法律实则为《间谍法》的修改与扩充。根据规定："任何对美国的宪法、陆海军、国旗或军

---

① 唐亚明：《英国传媒体制》，南方日报出版社2006年版，第48页。

队制服使用不忠诚的、亵渎的、谩骂的，或侮辱性的语言"进行写作或出版，或使用旨在对这些观念和制度进行"侮辱、藐视、谩骂或破坏名誉"的言论，均以犯罪论处。① 这些控制措施，被认为是美国建国以来对新闻媒介最严厉的检查。

随着国家实行战时体制，"二战"期间的新闻检查更加趋于完善。1941 年 12 月 19 日，罗斯福总统根据《第一战争权力法》设立了新闻检查局，美联社执行新闻主编拜伦·普赖斯被任命为新闻检查局局长，指导这一自愿性的报界新闻检查。新闻检查机构的建立，使新闻检查制度逐渐步入法制化进程。

战时新闻检查的具体情形是：随军记者向军事当局出示报道文稿。各报纸向新闻检查局呈送一份校样，新闻检查机关根据通常的禁令及每日得到的特别指令，在校样上标明禁止刊登的文章。② 查禁的文字会从排字版上删除，出现印刷成品留白的现象。此外，报馆若不遵从检察机关的指示，报纸则会勒令停刊，严重者将会遭到起诉，甚至查封。

为了进一步规范战时报刊的检查制度，1942 年 1 月 15 日颁布《美国报刊战时行为准则》。该准则规定："所有印刷品不得刊登有关军队、飞机、舰船、战时生产、武器、军事设备和天气的不适当的消息。"③ 该准则成为美国新闻记者必须遵守的信条，任何报人不得刊登涉及违反准则规定的内容。此外，"二战"期间美国恢复了对军方的新闻检查制度，并加上控制无线电广播的问题。

英国方面，第一次世界大战期间相较于其他参战国，英国的新闻检查最初只是建立在仲裁的基础上。对报刊的检查态度含混不清，直到后来，新闻检查的内容与规定才逐渐清晰。第二次世界大战爆发后，英国政府开始对报纸实行管理制度。为了统一管理战事新闻宣传

---

① ［美］迈克尔·埃默里、埃德温·埃默里：《美国新闻史》，展江译，新华出版社 2001 年版，第 298 页。

② 张昆：《中外新闻传播史》，高等教育出版社 2008 年版，第 209 页。

③ ［美］迈克尔·埃默里、埃德温·埃默里：《美国新闻史》，展江译，新华出版社 2001 年版，第 399 页。

体系，确保国家机密并鼓舞士气，政府决定恢复宣传部发表官方新闻的权利。与此同时，政府开始加强对邮电通信和新闻传播方面的检查。

严厉的新闻检查制度，遭到报业的强烈抗议。迫于压力，政府决定各报社记者可直接向政府当局进行采访，但采访的消息仍必须接受政府当局的检查。此外，英国政府在"二战"期间还颁布了其他关于报刊审查的规定。1940年夏，英国政府签署特别许可令，授予内政大臣对报业实行全面控制的权利。其中最重要的是"2D"法令，依照法令，内政大臣有权禁止任何"故意煽动反对女王领导的战争"的报刊出版，同时剥夺了遭禁报刊向法院投诉或申诉的权利。①

丘吉尔认为，战时的新闻传播实质是敌我双方宣传策略的一个较量。作为获取胜利的重要战场，是不能容许新闻界擅自行事的。由此看来，英美两国在战时制定严格的新闻检查法规，除了维护正常的新闻秩序外，更为重要的是新闻检查能够有效控制战争宣传走向，服务战时的政治、经济需要。

（2）英美战时的新闻宣传管制

英美两国战时制定的新闻检查法规，更多是通过国家权力机构对新闻界实施管控。而战时新闻宣传管制则是政府希望通过报纸宣传，达到争取民众支持、占领舆论高地的作用。

第一次世界大战期间，美国新闻业已经有着近两百年的发展历史，拥有美联社、合众社、国际新闻社等几家大型新闻机构。新闻业的不断壮大为美国提供了更加广阔的舆论宣传平台，同时也为政府和军队提供了充足的新闻宣传思想和宣传经验。

"一战"期间，美国政府首次在战争中大规模主动参与和策划战事舆论宣传，宣战后一星期就成立专司新闻发布会和舆论宣传机构——公共资讯委员会。该委员会由记者乔治·克里尔负责，当时曾几乎"动员了全世界的舆论"②。在他的带领下，美国的广告公司迅

---

① 唐亚明：《英国传媒体制》，南方日报出版社2006年版，第36页。

② 孙文广：《美国战时舆论宣传论析》，《南京政治学院学报》2007年第5期。

速发展起来。值得一提的是，美国广告业在战时宣传中同样起到强有力的舆论宣传作用。

多数学者认为，美国新闻界对第二次世界大战的报道达到了有史以来最出色、最充分的程度。在这场战争的报道中，最有成效的主要有《纽约时报》、《时代》周刊、《巴尔的摩太阳报》等，这些报刊刊发的军事评论及对战事的分析在当时社会产生了很大的反响。

和报纸相比，"二战"期间美国的广播电台对战争的宣传，同样有出色表现。1939—1945 年间，除了遍布整个欧洲和亚洲的陆、海、空大战外，各国都不忘利用国际传播系统开展攻心战。通过新闻宣传的舆论效果，实现战争报道的绝对优势。

相较于美国"一战"时的新闻宣传，英国在"一战"宣传战线上表现尤为突出。鉴于对宣传对象德国的深入了解，温斯顿中校采用传单宣传品的形式，广泛向德国阵地投放。开战不久，温斯顿中校利用飞机把印刷好的德文版 4 开报纸《公告》散发在德军阵地上。使处于兴奋状态的敌军首先安静下来，并通过散发宣传单让官兵了解自己的宣传策略。然而，这一举措被看成一种卑鄙行为，最终英国决定停止传单发放。

为了加强对敌宣传，1918 年 2 月英国政府成立对敌宣传部，任命著名报人北岩勋爵为总监；同时将外交部新闻局升格为新闻部，由另一位报人比弗布鲁克勋爵任大臣。北岩勋爵认为，战争宣传应以敌对国人民为主、当权者为辅。在宣传手段上应采取攻心策略，使用轰炸式的集中宣传，才能产生有效的宣传效果。在他的多次努力下，英国决定发起传单总决战。此外，英国宣传家更是在多种公开场合破坏德国形象，这些举措无疑加速了德国在这场战争中的失败。

英国是在极不情愿的状况下卷入第二次世界大战的，战争刚刚开始，新闻界便极力配合政府的外交政策，对德国实施劝说策略。然而，这样的举措并没有使德国产生丝毫退让之意。迫于无奈，英国首相丘吉尔开始发动宣传反击。

丘吉尔深知广播电台的强大影响力，经常通过广播发表讲话、演说，而这些言论深深坚定了人民的抗战决心。为了实现战争的胜利，政府更加重视新闻宣传，并尽可能地利用新闻界展开对战事的报道。面对国家和人民的利益，新闻界主动承担起配合政府的内政、外交政策，实现宣传言论的一致性。

与此同时，为了彻底击垮德军斗志，英国政府建立起了除 BBC 以外的四个专门攻击德国军心的电台。这些电台大多抓住德国听众的心理弱点，伪装成德国自己的电台，冒充权威人士报道解释战局，并在德军电台因空袭无法正常运转时，插播英方节目。种种举措使得德国在英国强大的新闻宣传面前，舆论防线不断被击破，最终在这场宣传战中处于被动地位，无法反击。

二　德国新闻检查思想与新闻检查制度

（一）德国历史上的新闻检查思想与新闻检查制度

在世界新闻事业的发展史中，德国曾占有重要位置。作为发明金属活版印刷术的国家，世界上最早的印刷新闻和定期出版物便产生于此。因此，研究德国历史上的新闻检查思想、检查制度，首先要对其新闻检查历史进行考究。

自 1524 年起，德国各邦政权逐渐建立起书报检查制度，开始对出版自由进行限制。1608 年，罗马帝国皇帝鲁道夫二世发布命令：规定报纸出版前必须接受教会或地方官的检查。直到斐迪南二世时期，才实行出版特许制度，而获得特许的大多是邮政局长和较大的印刷商。

1721 年，普鲁士国王腓特烈·威廉一世下令禁止出版报纸，并宣布《柏林特权报》作为全国唯一出版的官方报纸。次年，为了满足国家的经济利益需求，广告报《知识界》在法兰克福出版。该报拥有刊登广告的特权，可以说这份报纸是一份纯粹的商业广告报。在随后的时间里，普鲁士政府允许各大城市创办自己的官方报纸。但是，报纸的正刊只能刊载广告，而副刊则可以刊登一些新闻，对于其他的报纸则不得刊登广告。直到普鲁士第三任国王腓特烈大帝即位后，才宣布国家允许报纸的"无限制自由"，而这一举措无疑调动起报人的办报热情。

　　此后，为了防止法国革命思潮涌入，罗马帝国皇帝弗朗西斯二世加强对进口出版物和翻印外国书刊的限制。随着办报活动的不断开展，德国封建统治阶级认为有必要重新加强对报刊的管制，防止民主、自由思想的不断传播。1819 年德意志联邦议会制定书报检查令，在 1822 年开始征收印花税。此后又多次下令禁止刊登政治新闻，不准批评君主和议会。马克思因此称这一时期为德国报业的"晚刊时期"，是"精神上的大斋期"。

　　随着德国领导权力的交接，书报检查制度也呈现时紧时松的状态。1863 年，普鲁士政府发布出版令。规定政府在两次预先警告后，报纸仍坚持其"危害社会治安"的立场时，主管机关有权令其暂时或长期停刊。①

　　1874 年俾斯麦颁布了《帝国新闻法》，取消了之前的新闻审查制度，使全国性的报纸出版成为可能。这一解禁无疑促进了新闻事业的快速发展，德国开始出现廉价报纸和一些代表自由主义思潮的新闻纸。然而，报刊出版自由仅仅持续了几年，便在 1878 年通过的"反社会党人法"后宣告结束。这一年，社会主义工人党的 47 家报纸中，有 45 家被封。截止到 1890 年共有 1300 多家报纸宣布查禁。②

　　第一次世界大战后，德国于 1918 年 11 月 9 日在柏林宣布起义。并在 1919 年通过宪法，宣布"'不再实行书报检查'，每个德国人在一般法律范围内，都有通过言论、印刷品、图画以及其他方式自由发表自己意见的权利"③。随后，德国新闻业出现了短暂繁荣与自由，报纸销量在这一时期迅速上升。

　　但是，所有的这些自由均随着希特勒和纳粹党的上台而宣告结束。1933 年希特勒发布"维护共和令"，宣称"为了保障国家与人民的安全，宪法规定的新闻自由暂时中止"。直到纳粹政权被推翻后，德国政府通过了《基本法》。这项宪法对新闻自由又做了重新规定，成为德国新闻媒体发展的根本保障。

---

① 　郭亚夫、殷俊：《外国新闻传播史纲》，四川大学出版社 2004 年版，第 22 页。
② 　同上。
③ 　李良荣：《西方新闻事业史》（第三版），复旦大学出版社 1990 年版，第 43 页。

由此看来，德国早期的新闻事业虽然起步较早，但是长期的封建专制和法西斯统治，出台了大量新闻检查法规，形成了对新闻媒体严厉的检查监控体系。这些困扰，使德国的新闻事业发展道路坎坷。

（二）法西斯德国新闻检查思想与新闻检查制度

探究德国的新闻检查制度不得不涉及德国法西斯时期。1933 年 1 月，希特勒成为德国总理，德国由此开始进入纳粹时期。希特勒上台后，受到全国崇拜，这与新闻媒体的宣传报道关系密切。因此，希特勒非常重视传媒，一方面他利用新闻宣传塑造领袖形象，控制全国舆论导向；另一方面他对新闻媒体严厉控制，以防止不利于自己的舆论发生。

1933 年 2 月，德国国会发生失火案，希特勒有效利用这次机会，颁布了《总统关于保护人民和国家的紧急法令》，并以"防止共产党危害国家的暴力行为的预防措施"为名，暂停宪法中保障个人和公民自由的 7 项条款。其中包括对言论、出版自由的限制，以及对邮件、电报、电话等进行检查。①

1933 年 3 月 23 日，希特勒通过"授权法"把立法权从国会转入内阁，将三权分立体制转化为以"内阁立法"为表现形式的内阁独裁。两项法律的颁布，为希特勒肆意取缔共产党报纸及政治集会提供有利条件，而不少社会民主派报刊、集会活动也均被叫停。

希特勒上任不满一年，德国新闻界发生了根本性变化。接二连三的法律条令，使得原有的新闻事业生存艰难。随着新闻检查制度的不断推行与强化，希特勒下令建立全国最大的报业集团，并使用手段将其他通讯社合并归为国有。这一举措，无疑从新闻源头实现对报刊内容的控制。1933 年 9 月，德国依据《国家文化学院法》创设"国家新闻学院"，负责严格控制全国的新闻教育事业。

新闻一体化的实现，使德国上下一个声音。然而，希特勒却不满足于此。1933 年 10 月 4 日颁布《编辑人法》，进而建立更加严苛的

———————

① 陈明慧：《纳粹德国的新闻与宣传》，四川大学，硕士学位论文，2005 年，第 17 页。

新闻检查制度，并对记者、编辑有了进一步要求。新闻记者方面规定：在德国从事新闻事业的记者必须受过专业教育，具有德国公民资格，属于雅利安血统，配偶不是犹太人。

《编辑人法》第十四条规定，宣传部有权决定新闻媒体的管理者，编辑、记者们"要使报纸上不得有任何误导群众、假公济私、可能削弱德国的外在或内在力量、德国人民的共同意志、德国的国防及其文化和经济……或者有损德国的荣誉和尊严的东西"①。

编辑方面同样有着严苛的规定，除种族限制外，要求新闻从业者加入"帝国报业协会"。同时，把编辑列入国家公务员行列，严格限定其义务，大大缩减报刊的管理权限，保证编辑对国家负责的同时，不允许对政府产生批评性的声音。

此后，法西斯德国变本加厉，于1935年4月发布以控制私有报业为目的的"阿曼法令"。法律明确规定帝国新闻处对新闻业管理方面的巨大权力，即个人从事新闻业，必须通过帝国新闻处审批；如果不予准许，则不能从事这一行业。这则法令的颁布从根本上剥夺了公民办报的权利，新闻事业完全沦入国家掌控。

"二战"爆发后，纳粹政府进一步加紧了对报业的控制。斯大林格勒战役结束不久，戈培尔实行了战时总动员，规定10万人口以下的城市实行一城一报制，其他大城市的报纸亦采取合并措施。通过这些举措，民营及地方报纸锐减，而纳粹垄断的报业集团却在这一时期急剧膨胀。

不难看出，法西斯德国的宣传理论基础在于"新闻即政治性本身"。其主要论点包括：报纸是国家事务的一部分，应该严格由政府控制；报纸应绝对服从政府指挥，凡对纳粹主义不忠者，不得从事新闻工作；报纸言论应趋于一致，新闻工作者不应被出版自由的谬论所迷惑，报纸是对群众进行通俗政治教育和思想宣传的重要工具，应尽力向群众提供保持民族健康的内容。②

---

① 威廉·夏伊勒：《第三帝国的兴亡》，董乐山译，世界知识出版社1979年版，第348页。

② 陈明慧：《纳粹德国的新闻与宣传》，四川大学，硕士学位论文，2005年，第19页。

深知新闻宣传对纳粹运动的重大意义，纳粹党在短短几年内迅速建立起一系列控制新闻传播的具体措施。法西斯德国的新闻检查思想，其根本在于舆论宣传必须始终以国家意志为中心，实现对新闻事业的绝对控制。而新闻检查制度的颁布，更多的是以法律形式限定新闻传播的活动范围，同时也为其专制独裁统治披上合法的外衣。

三　欧美新闻检查制度对国民党新闻检查制度的影响

我们在第二章曾就南京国民政府不同时期的新闻检查制度展开过论述。笔者认为，国外新闻检查制度对国民党新闻检查制度的发展具有一定影响，而这种影响主要体现在国民政府初创时期和抗战时期。因此，探究国民党新闻检查制度可以发现英、美、德等几个国家的新闻检查制度的影子。

在夺取国家政权后，国民党除积极发展自身的新闻事业外，对全国新闻界施行严厉的专制统治。特别是在"九一八"事变后，蒋介石意识到国内外局势的严峻性，毅然决定实施严密的新闻检查，限制新闻宣传活动。为此，国民党大量吸取德国、意大利等国的法西斯新闻思想与经验，效仿法西斯主义的新闻宣传思想，强调凡是反对国民党新闻宣传的言论、活动，一律以"危害国家、民族利益"予以取缔。

国民党这一时期的新闻政策带有强烈的法西斯主义色彩。其中，对其影响最深的当数德国的新闻检查思想。在前面，笔者已经对德国《编辑人法》进行过介绍，而国民党在这之后也颁布了类似限制新闻从业人员的政策，着重将政治统治渗透到新闻活动本身的范围之内，从新闻界的人员管理、行政管理和新闻、言论统治等方面，多角度实行法西斯专制统治。在报刊经营方面，学习德国控制私有报业，实现报刊公营化的蓝图。同时，对报刊私营走向公营制定了"两步走"的战略方案，其中最具代表性的"新闻一元主义"，便是汲取法西斯主义新闻政策的结果。

除此之外，国民党还学习了日本新闻检查制度。抗日战争爆发初期，日本政府便决定实施国民精神总动员。为了强化战时体制，政府军部打算进一步加强对新闻传播的一元化控制。而国民党通过了加强党的建设和巩固基础议案，公开提出"全国党化"和"全党特务化"的目标。为了推动这一目标达成，国民党随之发起"国民精神总动员运动"。

总之，国民党在十年内战时期形成的新闻检查思想，以"党化新闻界"、"以党治报"为起点，后又掺入了大量德、意、日法西斯的新闻思想与经验，是一套集中外反对新闻统治之大成的、熔中国封建专制主义与外国法西斯主义于一炉的封建法西斯新闻检查思想与政策。[①]

英美两国战时出色的新闻宣传，促使南京国民政府深刻认识到宣传对于战争取得胜利具有重要作用。于是，国民党加紧了制定新闻检查政策的脚步，颁布了一系列党报审查条例。这些条例从报刊出版、登记手续、宣传品审查等众多方面框定新闻传播事业的活动范围。这些法规是对英美新闻检查政策的借鉴，同时更加变本加厉。

然而，原先实施的新闻审查追惩制已经不能满足国民党对新闻事业的控制。1933 年以后，国民党的新闻统制发生转变，由事后惩治改为事前检查，开始直接干预新闻业务工作。

此后，国民党又成立了独立于中央宣传委员会以外的中央新闻检查处，负责管辖全国各地的新闻检查机构。除报刊检查条例外，国民党还把新闻统制政策引入电台、广播，试图全面控制国家的新闻宣传活动。

英美两国战时建立起来的新闻检查制度，为国民党新闻检查事业的不断完善提供了借鉴。为了全面加强新闻传播制度，实施严格的新闻检查，1940 年，南京国民政府公布了《战时图书杂志原稿审查办法》，规定在有报刊出版的城市设立图书杂志审查委员会或审查处，实行原稿审查制度。随后，国民政府又陆续颁布 7 个有关新闻的法令，从而全面、系统地推行新闻检查制度。

---

① 方汉奇：《中国新闻事业通史》（第二卷），中国人民大学出版社 1996 年版，第396—397 页。

　　综上所述，南京国民政府新闻检查制度的建立，大致是由内外两方面因素促成的。一方面，迫于共产党舆论宣传的压力，以及党内派系之间的权力争夺，国民政府深知新闻宣传的巨大影响力，试图通过建立自己的传播体系，实现新闻事业服务于其专制统治的目的。

　　另一方面，国外新闻检查制度的不断完善，以及在战时舆论宣传取得的成效，让蒋介石意识到新闻检查制度的推行，对巩固国家政权稳定的重要性。借此契机，国民党在效仿国外新闻检查制度的基础上，建立起一套完备的新闻检查体系。

结　语

　　国民党的新闻检查制度，是由孙中山的三民主义报刊思想为源头。孙中山的新闻三民主义报刊思想，是西方和苏俄新闻思想的结合，既倡导和维护了新闻自由，确立了有责任的报界思想，又学习了苏俄的党报思想，要求以国民党党义改造人心，强调国家在新闻活动中扮演积极角色。

　　此后，国民党负责人以训政理论指导新闻管理，以蒋介石为代表，主张在新闻媒体上开展党化教育，宣扬国家至上以集中国民意志。在抗战前后则公开鼓吹领袖至上，宣扬法西斯主义。

　　在国民党宣传系统中，思想颇为驳杂，既有张道藩等接近于蒋介石的新闻统制思想的宣传官，又有马星野等来自西方主张有限度的自由的新闻官。这些思想，使国民党的新闻检查经常出现程度不同的摇摆。但是，总体而言，国民党宣传系统执行了蒋介石的严厉统制理念，钳制的意味更浓。

第四章

南京国民政府新闻检查制度的执行

第一节 新闻检查领导机构演变

在国民党领导人新闻检查思想和国民党中央及国民政府通过的新闻检查法规指引下，南京国民政府成立了自己的新闻检查机构，制定了严格的新闻检查程序。其中，在新闻检查领导机构层面，国民党中常会是新闻检查法规的主要制定者和核心领导机构，国民政府是后期国民党新闻检查政策的具体发布者和部署者。战争期间，军方对新闻检查的话语权越来越大。总而言之，国民党新闻检查权力越来越集中化，体现出国民党一党专政的典型特征，映衬出蒋介石个人独裁特色。

一 从中常会到国民政府：新闻检查法规制定者

（一）中常会：国民党新闻检查政策的核心领导机构

中常会，全称国民党中央执行委员会常务委员会，它是训政时期国民党中央的最高决策机构。1924 年 1 月，中国国民党改组，采用了代表大会制和委员制，国民党全国代表大会为国民党最高权力机关，闭会期间由国民党中央执行委员会代行职权。[①] 1926 年 1 月，国民党第二次全国代表大会召开，选举了蒋介石等 9 人为中央执行委员

---

① 荣孟源：《中国国民党历次代表大会及中央全会资料》（上），光明日报出版社 1985 年版，第 158 页。

会常务委员，中央常务委员会正式成立。直到 1949 年国民党迁台，中常会在大陆共存在了 24 年，其地位和职权各不相同。

中常会的组成，起初只有 9 名委员，其中有 3 人经过推荐担任秘书，组织秘书处执行日常事务，其职责主要是召开常务委员谈话会。1926 年 5 月蒋介石在国民党二届二中全会上提出增设常务委员会主席，1927 年该职废除。1938 年 3 月，国民党在武汉召开临时全国代表大会，通过了中国国民党新的党章，设立总裁一职，要求 "中央党部应在制度上明确规定全党之领袖，俾此革命集团有一稳固之重心" ①。国民党中常会增设委员为 15 人，最多时达到 55 人，但对总裁负其责任。自此，国民党中常会职权虚化，重要问题需呈总裁核定，或对总裁交议案件讨论决议，成为蒋介石独裁的表决工具。但从形式上看，中常会代行国民党党务的最高决策机关，对外代表国民党行使最高权力，指导国民政府施政。

国民党深知宣传工作的重要性，中常会的主要职责即是出台相应的宣传法规方案，作为宣传工作的准则，指导和管理宣传媒介。宣传的目标是坚持对思想领域特别是作为上层建筑的国家意识形态的绝对控制，坚持对三民主义意识形态的绝对控制，"党的全部宣传，必须具备纯粹的独具的三民主义之特性" ②。最初，这个权力主要是由国民党全国代表大会和中央全会执行，但是，后来中常会及其中央宣传部完全掌握了该权力。

早期的主要宣传决议案多是由国民党全国代表大会或者中央全会作出的。如 1926 年 1 月，国民党第二次全国代表大会通过了《宣传报告决议案》《关于宣传决议案》和《关于党报决议案》，将宣传工作 "视为现在最切要的企图"，要求 "统一中央及各省执行委员会的实际的宣传工作"，"欲实现宣传的统一，中央及各省的宣传部须致力于宣传目前政策的解释"，将统一全国思想作为国民党宣传政策的中心任务。规定党报任务 "最重要之点，就是宣传本党的革命原理——整个

①　荣孟源：《中国国民党历次代表大会及中央全会资料》（上），光明日报出版社 1985 年版，第 158 页。

②　蔡洪源：《民国法规集成》，黄山书社 1999 年版，第 394 页。

三民主义，以期三民主义随国民革命的成功，完全实现"①。

1931 年 11 月，国民党第三届中央执行委员会第二次临时全体会议，通过了《改进宣传方案》。其中，"对于言论出版事业之方针"规定：其一，充分尊重在法律范围内之言论自由。其二，尽量扶植文化出版事业及新闻事业的发展。以登记、表彰、奖励、取缔等方法，达到去莠存良之目的，而促其进步。其三，征求人们对于本党工作之意见并解答其疑问。其四，对于危害国家破坏民族利益之反动文字或刊物，应禁止传播外，并积极地予以驳斥或纠正。② 由此可见，管制新闻出版事业的方法是登记、表彰、奖励、取缔等办法，相对是一种较宽松的管理，但是"几乎囊括了日后管理新闻事业的重要手段"。③

但是，随着国民党中常会权力的扩大，国民党新闻宣传政策的制定逐步由中常会代行。为了积极推进各级宣传工作，中常会出台了一系列决议，以期对国民党宣传工作进行管理。如 1929 年 1 月，中常会第 192 次会议通过了《省及特别市党部宣传工作实施方案》《军队特别党部宣传工作实施方案》《海员铁路特别党部宣传工作实施方案》《县市党部宣传工作实施方案》等，要求上级党部加强对所属党部宣传工作的领导，而下级党部的主要职责是秉承上级党部意旨从事实际的宣传。

鉴于国民党党员于辛亥革命之后，失去以前党员"以党谊党德互相砥砺"之美德，致精神上党之团结基础日趋颓丧，国民党三大确定其宣传方针是"对于党内同志，予以党谊党德之宣传与训练，务以祛除一切政治的恶思想恶习惯"④。1929 年 7 月，三届中常会第 26 次会议制定了《党谊党德之标准案》，要求党员以党谊党德统一思想行动，并要求宣传部门加大宣传力度。1930 年 9 月，中常会通过了

① 荣孟源：《中国国民党历次代表大会及中央全会资料》（下），光明日报出版社 1985 年版，第 142 页。

② 同上书，第 5—7 页。

③ 王凌霄：《中国国民党新闻政策之研究》，中国国民党中央委员会党史委员会 1996 年版，第 7 页。

④ 荣孟源：《中国国民党历次代表大会及中央全会资料》（上），光明日报出版社 1985 年版，第 633 页。

《各倒清匪共宣传办法》和《"肃清共产党"宣传办法》，将剿共宣传交由总司令指挥。

1930 年之后，国民党对新闻、电影等控制进一步加强，检查的范围越来越广。但是，宣传工作未能注意党务之阐扬及党的理论之建设，凡遇重大问题发生时，不能有一贯之方针与计划，且不能集中宣传力量，以表示本党之政策及精神，国民党中央要求改进新闻宣传工作。为此，国民党中常会于 1936 年 3 月通过决议，设立中央执行委员会文化事业计划委员会，负责出版事业、新闻事业和广播事业的改进事宜，进一步加强对新闻宣传的领导。

抗战时期，为了统一意志集中力量，1937 年 8 月，国民党中常会通过了《中央宣传工作视察团组织纲要》，组织视察团分赴各省指导督促地方党部的宣传，发动全国民众实行抗战总动员。

中常会还领导设立了党报社论委员会，负责撰著重要时事评论，电发各地党报刊载。1939 年 5 月，国民党中常会通过了《战地宣传工作计划》等，在重要地点设置宣传员办事处。由于军政机关与宣传联系不够紧密，致使宣传部情报不足，不能做正确及迅速之指示。1943 年 11 月，中常会决议设立中央宣传部宣传委员会，统一宣传指导和联系有关机关之宣传业务。

国民党中常会还对具体的新闻检查工作做出指示。1927 年 7 月，中常会规定中央通讯社"为中央通讯机关，对于党国要政，以及各方面消息，不但具有迅速宣传之能，而且负有精密审查之责"①。1928 年，中常会通过了"三个党报条例"，统一党报宣传口径。1929 年 9 月，中常会第 33 次会议通过《日报登记办法》，规定"如发现有反动之言论，经当地党部之检举，上级党部宣传部之审查确实，中央宣传部之核准者，得撤销其登记资格禁止出版"②。

其中，更重要的是 1929 年 1 月国民党中常会第 190 次会议首次出台了《宣传品审查条例》，要求对各级党部、各级宣传机关关于党

---

① 中央通讯社：《中央通讯社 60 年》，中央通讯社 1985 年版，第 4 页。
② 中国第二历史档案馆：《中国国民党中央执行委员会常务委员会会议记录》（第 4 册），广西师范大学出版社 2000 年版，第 304 页。

政之宣传品，党内外之报纸及通讯稿，有关党政之定期刊物、书籍、戏曲电影及其他一切传单、标语、公文、函件、通电等，一律呈送中央宣传部审查。1933 年 1 月，中常会通过了《重要都市新闻检查办法》及《新闻检查标准》，并指导成立了各地的新闻检查所。

抗日战争期间，国民党中常会强化对于图书出版和新闻媒体的检查。1937 年 8 月，五届中常会第 50 次会议通过了《检查书店发售违禁出版品办法》；1938 年 7 月，五届第 86 次会议通过了《战时图书杂志原稿审查办法》和《修正抗战期间图书杂志审查办法》。

总而言之，在国民党训政时期，随着国民党中央权力的日益集中，新闻宣传及新闻检查权力逐步由国民党中常会掌握，国民党中央完全掌握了国家新闻宣传工作的日常运行，以党代政的趋势越来越明显。在抗战期间，国民党推行国家意志，实行蒋介石个人独裁和崇拜，中常会的权力被淡化，国防最高委员会等军事机构权力却日益得到强化。国民党新闻宣传领导机构，逐渐由国民党蒋介石集团完全掌握。

（二）国民政府：国民党新闻检查法规的主要颁布者

国民党的训政理论和立法虽然规定了国民党垄断政权，但是在具体运行过程中，国民党是通过全国代表大会、中央执行委员会、中央政治委员会对国民政府进行领导。中央政治委员会在国民党中央执行委员会领导下，指导监督国民政府重大国务之施行。但是，中央政治委员会不直接发布命令和处理政务，它所作的一切决议都交由政府，以国民政府的名义公布和执行。

通过这种模式，国民党将自己的意志变成了国家意志。在新闻宣传方面，国民党的许多新闻检查政策并不是由自己颁布和落实的，而是由南京国民政府颁布和实施的。在许多情况下，南京国民政府虽然不是国民党新闻检查政策的制定者，但是它是其意志的颁布者和部署者。

南京国民政府在新闻检查领导制度中的角色，首先是以国家形式颁布了一系列新闻检查的法规，从国家层面确定了新闻检查权力的合法性。这些新闻检查法规包括：

第一，在宪法层面赋予了国民党新闻检查权力。1928 年 10 月，南京国民政府颁布了具有宪法性质的《中华民国训政纲领》，规定中国国民党最高权力机关，在必要时可对民众的言论、出版等自由权利在法律范围内予以限定。1931 年 5 月，南京国民政府公布了《中华民国训政时期约法》，对人民的言论出版自由实行法律限制主义，使宪法规定的言论出版自由得受下一级法律限定。1943 年 7 月，南京国民政府公布具有宪法效力的《国家总动员法》，规定"政府于必要时，得对报馆及通讯社之设立，报纸通讯稿及其他出版物之记载，加以限制、停止，或命令其为一定之记载"①。1948 年 5 月南京国民政府公布了《动员戡乱时期临时条款》，优于宪法而适用，规定总统在动员戡乱时期，得为紧急处分，设置动员戡乱机构。

第二，在国家基本法律层面强化了新闻检查权力。1928 年 3 月，南京国民政府颁布了《中华民国刑法》（1937 年修订），规定煽惑他人犯罪者、煽惑他人违背法令或抗拒合法命令者，均须受到法律制裁。除此之外，南京国民政府还仿效北洋军阀的做法，公布了系列刑事特别法。1931 年 1 月，南京国民政府制定了《煽动诽谤罪》，规定禁止以任何文字形式进行反政府宣传。1931 年 2 月，南京国民政府颁布了《危害民国紧急治罪法》，规定扰乱治安、煽惑军人放弃职务者，以文字图画或演说为叛国宣传者，泄露或传达军事秘密者，组织团体或集会宣传与三民主义不兼容之主义者，均受到刑事处罚。且不需经一般程序审判，在戒严区内由该区最高军事机关审判。② 1947 年 12 月，南京国民政府还颁布了《戡乱时期危害民国紧急治罪条例》，加重了言论犯罪的刑事处罚。

第三，行政法规强化了国民党的新闻统制。在新闻宣传领域，南京国民政府颁布了《出版法》《著作权法》《新闻记者法》及其实施细则，在整个新闻出版法律体系中处于核心地位。

1930 年《出版法》规定，国民党统治区报刊的创办实行核准制

---

① 张莉：《南京国民政府新闻立法研究》，华东政法大学，博士学位论文，2011 年，第 77 页。

② 同上书，第 89 页。

和出版检查制，禁止刊载意图破坏中国国民党或三民主义、意图颠覆国民政府或损害中华民国利益的文字等，"为应对战时或遇有变乱及其他特殊必要时，国民政府可以根据需要扩大新闻禁止内容"①。1943 年 2 月，南京国民政府颁布了中国历史上第一部《新闻记者法》，除了在一般原则规定了新闻记者的自由传播权之外，规定记者有依法登记领证、加入并接受新闻记者公会管理、不得违反国策、不得欺诈或恐吓、接受查验等义务。

第四，各政府部门制定的规章制度。如内政部对于《出版法》的系列解释、交通部制定的《新闻电报规则》、邮政总局制定的《中华邮政新闻纸章程总则》等。这些内容对新闻检查制度做了有效的、具体的补充。

（三）军方及其他部门：战时新闻检查的负责者

南京国民政府统治期间，虽然宣布了结束军政时期而实行训政，但是其间的军事行动几乎没有间歇。军事斗争始终是南京国民政府面对的棘手局面，特别是在抗日战争和解放战争期间，军事上的紧张让国民党急于对战时新闻检查的布局，认为采用军事手段管控新闻舆论是最直接的手段，因此导致军方在新闻检查层面的权力越来越大。

事实上，国民党运用军事力量管制新闻媒体的倾向，早在南京政府成立初期就表现出来了。1931 年 2 月，南京国民政府颁布了《危害民国紧急治罪法》，规定了相关不得触碰的范围与刑事处罚级别，且不需经一般程序审判，在戒严区内由该区最高军事机关审判。随着战事程度升级，国民党军方也加深了对新闻宣传检查的介入程度。

1935 年 11 月，国民党政府出台了由国民政府军事委员会制定的《邮电检查施行规则》，其最主要的功能，是授权军事委员会调查统计局，插手邮件检查。② 该规则第一条即表明了国民党实行全国军事性邮电检查的目的：国民政府军事委员会为镇压一切反动，监视敌方间谍并防止危害国家、扰乱治安、破坏国防外交之一切阴谋起见，对全国

---

① 　张莉：《南京国民政府新闻立法研究》，华东政法大学，博士学位论文，2011 年，第 89 页。

② 　张静庐：《中国现代出版史料》（乙编），中华书局 1955 年版，第 30 页。

邮件电报得施行检查。可见，在当时日本侵略不断深入、全国抗日运动不断掀起高潮的情况下，国民党加强了对作为新闻流通传播渠道的邮电的控制。规则第二条"邮件电报检查应检查者"所列出的八项中，仍将检查"关于反动党派者"作为首要任务，其次才是"关于挑拨离间，希图挑拨本党势力，破坏本党党务者"。这意味着国民党这时的邮电检查在全国新闻界要求抗日的舆论压力下仍奉行"攘外必先安内"的政策，检查的重点是于国民党不利的所谓"一切反动"。

规则中最突出的表现是第三条："为集中事权，所有各地邮件电报检查事宜，由军事委员会调查统计局秉承军事委员长之命，统筹办理"，也就是说，国民党对邮件实行了更为专制的军事集权，邮电检查听命于"委员长"一人，管理邮政电报的权力也由国民政府移交给了军事机关。

1938年9月，国民政府军事委员会制定了《非常时期新闻检查规程及违检惩罚暂行办法》，并通令施行。1939年12月，国民政府军事委员会颁布了《战时新闻违检惩罚办法》，对于违反战时新闻检查者严加处罚。

抗战爆发后，为了适应战争的需要，加强国民党党、政、军各方面的协调与合作，1939年2月，国民党成立了国防最高委员会，作为全国国防最高决策机关，可以直接秘密指导国民政府的军事及行政各高级机关并督促其完成。国防最高委员会实行委员长制，蒋介石作为委员长独揽了国民党党、政、军大权。

为了"统制新闻、集中意志，以协助抗战建国大业之任务"，1939年6月，蒋介石发布手令，将中央新闻检查处改组为战时新闻检查局，隶属于国防委员会，作为战时全国最高新闻检查机关，负责全国战时新闻检查事宜，统筹各省市新闻检查所及各县市新闻检查室的人员与经费。

国民党军事委员会办公厅主任兼任战时新闻检查局局长，国民党中央宣传部副局长负责具体事务。该局成立后，修改和颁布了《修正战时新闻禁载标准》《战时新闻违检处罚办法》等系列法规，规范了新闻检查的组织与工作程序，明确了新闻检查组织系统，并依照各自地位的重要性和业务的多少，将全国的新闻检查机构分成了特级和甲、乙、丙等各种等级，给予分级管理。

军事机关是掌握新闻检查体系的最高领导机关。美国公使约翰逊在向国务院汇报的文书中说："中国的新闻检查完全操纵在中国军方手中，地方当局根本无法向其施压。"[1] 此时，战时新闻检查制度还未开始建设，可见军方对国民党政治影响之大。

二 从党部宣传部到新闻检查所：新闻检查政策落实者

（一）宣传部：国民党新闻检查政策的指导落实者

代表国民党中央落实新闻检查政策，并指导全国新闻检查工作的最高机构，是国民党中央宣传部。

国民党中央宣传部成立于 1924 年 1 月，当月召开的国民党一届一中全会决定设立中央党部，包括秘书处、组织部、宣传部、青年部、工人部等九个部门。但是，此时宣传部规模很小，只负责党部对外文告的工作。直到 1928 年 2 月，国民党中央常务委员会制定了《中央宣传部组织条例》，在宣传部设立普通宣传、特种宣传、国际宣传、征审、出版和总务六科。其中，征审科下设征审与审查两股，负责征集一切宣传资料并审查一切刊物。1929 年 1 月，增设了指导科，赋予其指导党内外各项宣传工作的职能，新闻审查权力也改由其掌握。

1931 年"九一八"事变后，国民党中央宣传部改组为中央宣传委员会。下设的科股也进行了相应调整，与新闻事业联系密切的是新闻科，下辖管理股、审查股。管理股主要工作是负责对国民党的党报、通讯社等党营新闻媒体进行指导，并考核它们的宣传效能。审查股的工作侧重于对党外的新闻事业进行管理，具体业务为：其一，调查登记一般报社及通讯社。其二，征集审查一般报纸及通讯稿。其三，规划关于联络扶助一般新闻事业。[2] 将新闻事业与出版事业及其

---

① 向芬：《国民党新闻传播制度研究》，中国社会科学院研究生院，博士学位论文，2012 年，第 68 页。

② 王凌霄：《中国国民党新闻政策之研究》，国民党中央执行委员会 1996 年版，第 35 页。

他书籍、刊物等加以明确划分、分别管理，这使管理工作更加有针对性，更容易收到良好的新闻统制效果。

1936 年 11 月，国民党中央宣传部在抗战爆发前做了最后一次组织调整。调整后的中宣部设有宣传指导、新闻事业、电影事业、国际宣传和总务五处，其中新闻事业处指导科的工作为"指导党报及与党有关各种报社之言论记载，并考核其工作效能"、"规划直辖党报通讯社各项业务之进行，并联络扶助一般新闻事业"；征审科的工作为征集和审查所有报纸及通讯社稿；登记科的工作则是"登记一般报社及通讯社"、"调查全国新闻事业状况"。抗战爆发后，国民党中宣部对新闻出版的检查职能，被后来成立的战时新闻检查局和图书杂志审查委员会分管。

无论机构如何调整、权力如何设置，国民党中央宣传部的主要职能就是统制全国新闻媒体，使之宣传好国民党的方针政策，同时防止不利于国民党的新闻宣传出现。1928 年 5 月，国民党中央宣传部就制定了《宣传大纲和标语办法》，强调"各省各特别市党部、各海外总支部接到所发宣传大纲及标语后，应即分发所属党部宣传机关及民众团体，以作宣传依据，不得别行制定，以免分歧"[①]。可见，国民党中央宣传部从一开始就对新闻宣传有严密控制。它指导全国新闻舆论的主要方式是编发"宣传通报"、"每周情报"、"宣传通讯"和"宣传大纲"。

"宣传通报"每周五下班之前，利用中央社的电讯广播或交通部的无线电报发布，下达的范围达到 400 家新闻单位，主要内容包括国内外大势分析、供宣传人员使用的参考情报、对时事报道方针的指示。

"宣传通讯"在月初、月中两次发布，篇幅达到 3 万字以上，内容包括宣传指示、时局分析、重要参考资料、查禁图书情况表，还有宣传技术的研究等。该资料属于保密资料，不以宣传部的名义发布。

"每周情报"偏重于驳斥荒谬的言论，其方法是收集大量不发表

---

① 中国第二历史档案馆：《宣传大纲与标语办法》全宗卷号 400，第 722 项。

的消息，加以分析和批判，供宣传工作人员参考。

"宣传大纲"则是针对一个时期国民党的重点工作，指示报道重点及国民党中央的主张，或者就临时事件的宣传口径及社论事宜向新闻单位发出临时的指示。

中央宣传部是联系国民党中央和新闻单位，具体落实国民党新闻政策的部署者。每日蒋介石的侍从室将《"中央"日报》等呈送蒋介石。蒋介石看完报纸之后常常通过侍从室第二处转达其意见。侍从室第二处由陈布雷负责，陈依照蒋介石的意见召开宣传会议，督导各地党报宣传，是国民党新闻宣传的主持人和决策人。国民党中央宣传部常因小事触怒蒋介石，连续更换了多名宣传部长和中央日报社长，可见国民党的新闻检查权力最终掌握在蒋介石一个人手里。

（二）新闻检查所：国民党新闻检查政策的直接落实者

20世纪30年代，在"剿共"和抗战背景下，国民党加强了新闻检查的立法与执行力度，仅仅靠宣传部完成不了如此繁重的新闻检查任务，国民党遂成立了专门的新闻检查机构——新闻检查所，来执行其新闻检查政策，它们遂成为国民党新闻检查政策的直接落实者。自1933年起，国民党先后成立了中央新闻检查处和各地新闻检查所，新闻检查体系布局完成。

1933年9月，国民党中常会第89次会议通过了《重要都市新闻检查办法》，根据这项决议，国民党中央执行委员会成立了中央检查新闻处。该处直接隶属于国民党中央执行委员会，由时任中央宣传委员会主任叶楚伧兼任处长，亲自管理。中央新闻检查处依据《重要都市新闻检查办法》规定，指导南京、上海、北平、天津、汉口等重要都市设立新闻检查所，各重要市县设立新闻检查室。由此形成了全国性的新闻检查网络，成为国民党加强专制主义新闻统制在管理机构上的重要表现。

根据1934年制定的《检查新闻办法大纲》规定，中央检查新闻处的工作任务是："掌理全国各大都市新闻检查事宜"、"对各地电报检查机关应取严密之联络"、"对各地新闻检查所有所指示，应随时抄送中宣会参考"、"处理所有关于各地报社违犯检查办法之处分及纠正"。而各地新闻检查所依据《各省市新闻检查所组织通则》和《中央检查新闻处组织大纲》的规定,由各地现行行政机关设立新闻检查所,就地检查各种出版物。[①]

新闻检查所检查新闻的内容包括军事、外交、地方治安及各种有关信息,实际不止于此。检查的方式是对各报纸编辑小样进行审查修改,检查的结果分为免登、缓登和删登,只有盖有新闻检查所验讫的报纸内容才能印刷发行。新闻检查的标准是国民党中央通过的《新闻检查标准》,实际上这些标准非常笼统,而且新闻检查官的检查有很强的主观随意性。

1937年全国抗战开始后,国民党进一步加强对新闻检查的军事化管理。其中最典型的表现就是1939年6月将中央检查新闻处改组为战时检查新闻局。作为战时全国最高新闻检查机关,战时新闻检查局隶属于国民党中央军事委员会,负责管理战时全国新闻检查事宜,并统筹各新闻检查所和新闻检查室的人事与经费。战时新闻检查局下设指导科、情报科和事务科,其中指导科负责拟定相关法规,指导并考核各地新闻检查工作,审查中外报纸,以及对违检做出处分等事项。

在战时新闻检查局的领导下,各地成立了战时新闻检查所。其中著名的有国民党中央军事委员会北平分会外事处,其职权为搜集编译情报、指挥监督新闻检查、监督邮电检查。蒋介石在"围剿"红军期间于1933年6月成立了南昌行营新闻邮电检查所,对"围剿"红军的新闻和当地的其他新闻进行审查封锁。

战时新闻检查所的检查法令层出不穷、日益繁苛,对国内的新闻宣传进行了严厉的法西斯控制。如1940年1月战时新闻局通过的《修正战时新闻禁载标准》,共列出了55项禁载事项。不仅如此,战时新闻局还根据时势需要下达各种临时指令,蒋介石本人也随时对新闻报道作出禁载指示,而各地方官员则在此基础上任意加码。鲁迅先生曾气愤地说:"他们的嘴就是法律,无理可说。一切刊物,胡说八

---

① 张莉:《南京国民政府新闻立法研究》,华东政法大学,博士学位论文,2011年,第170页。

道的官办东西和帮闲凑趣的'文学'杂志而外，较好地都要压迫得奄奄无生气的。"①

除了直接针对报纸的新闻检查之外，国民党还成立了其他的新闻检查机关。比较重要的有：

图书杂志审查委员会，成立于 1934 年 4 月，由国民党宣传部、社会部等共同组成。1940 年 9 月，中央图书杂志审查委员会改为隶属于国民政府行政院，并在各省市设立图书杂志审查处。图书杂志审查委员会对时效性较低的图书杂志的内容进行严格审查。1938 年 7 月，国民党中常会通过了《战时图书杂志原稿审查办法》和《修正抗战期间图书杂志审查标准》，强化对出版的控制，引起了社会的强烈反抗。图书杂志审查委员会是国民党推行独裁统治、控制舆论的重要工具。

邮电检查所，1929 年 9 月，国民党颁布了《全国重要都市邮件检查办法》和《各县市邮电检查办法》，在全国各地遍设邮电检查所，对于凡认为不利于国民党统治的书报刊物统统秘密扣留、没收和销毁，对于有进步倾向的书报刊物，密令邮局不得发行。

这些多如牛毛的新闻检查机构，构建了国民党严密的新闻检查网络。它们作为国民党新闻检查的具体执行者，达到了国民党一党专政和控制舆论的目标。

（三）特务组织：新闻检查制度的特殊执行群体

正如前文所述，蒋介石是在陈其美的指引下步入政坛的，陈其美的封建帮会色彩对蒋介石的影响颇深。蒋介石掌握国民党实权后，其封建帮会意识促使他在进行新闻统制的过程中采用了封建帮会手段，即利用特务组织进行新闻宣传审查，对不服从者采用暴力手段解决。

1926 年，国民党在组织部内设立了党务调查科。1927 年蒋介石直接赋予党务调查科一项新职能，即"要调查党员思想及派系隶属，此即向特务工作转化之开始"。1930 年夏，在调查科内增设特务组，

---

① 《鲁迅全集》（第 13 卷），人民文学出版社 1987 年版，第 9 页。

负责对共产党的调查研究，策划和组织破坏活动，以及进行机密情报搜集。

1932 年 3 月，蒋介石纠集一些黄埔军校毕业生成立三民主义力行社，4 月成立特务处，以戴笠为处长，"军方"特务组织正式建立。1938 年 3 月，蒋介石提议成立国民党中央执行委员会调查统计局。1938 年 8 月，国民政府军事委员会调查统计局成立，徐恩曾以党务调查科科长兼第一处处长，戴笠以力行社特务处处长兼第二处处长。特务组织获得了正式编制和预算内经费，迅速发展。

全面抗战爆发后，蒋介石利用手中的独裁权力，放手发展特务组织，使特务组织实力迅速膨胀。1941 年，国民党中央执行委员会调查统计局（简称"中统局"）工作人员达到了 13000 多人，加上所控制、利用的党员通讯网、通讯员，共约 20 万人。① 到抗战后期，"国民政府军事委员会调查统计局（军统局）基本干部，约在 4 万人以上。一般工作人员，包括所属游击武力，约有九万人，掌握全面调查、警察与治安机关。此外，还有若干地方武力，及约 80 万伪军，在其控制运用之中"②。

这些特务组织，是国民党蒋介石推行个人独裁和法西斯统治的工具，其职责是效忠蒋介石集团，镇压和迫害反对蒋介石独裁的各种组织和个人。其重要任务，就是采用特务手段监控新闻界。特务组织对新闻出版的非法干涉和破坏，伴随了蒋介石统治的始终。

（1）无理取缔进步新闻机构，对共产党和进步新闻宣传机构进行迫害。1930 年 9 月，国民党查禁了左翼作家联盟等进步组织，迫害了柔石等进步人士，并查封了现代、北新等著名的书店。1947 年 2 月，国民党特务军警突然包围了《新华日报》，宣布停止其一切活动。1946 年 5 月，国民党特务查封了著名民主人士马叙伦主编的《昌言》杂志。1947 年 5 月，上海《文汇报》被勒令停刊。

---

① 良雄：《戴笠传》，传记文学出版社 1981 年版，第 418 页。
② 同上书，第 105 页。

（2）暴力捣毁进步新闻机构。1933 年 11 月，国民党特务指使暴徒先后捣毁艺华影片公司、良友图书印刷公司、勒佛尔印刷所等机构。特务们还假借进步团体名义给各报刊团体写恐吓信，恐吓进步报刊和进步人士。《东方杂志》社，以及一批进步人士都收到过特务组织的恐吓信，有的报馆还收到了炸弹等恐吓物。

（3）迫害进步新闻人士。国民党对进步新闻人士的迫害活动贯穿其新闻检查的始终，手法包括通缉、绑架、殴打、暗杀等多种。鲁迅先生曾被多次通缉并列入了暗杀黑名单，不得不多次离家避难；史量才不屈服于蒋介石的威逼利诱，被特务杀害；邹韬奋被列入暗杀黑名单，被迫流亡海外；共产党领导的时事政治刊物《文萃》1947 年被查封，其编辑吴承德等人被杀害。

（4）收买、瓦解进步报刊。在进行恐怖统治之外，国民党还经常以总编辑或编辑的方式"帮助"进步报刊工作，进行收买和瓦解。1947 年 2 月，国民党特务打入《民主报》，以增加工资名义煽动罢工，最终迫使《民主报》停刊。国民党特务还收买部分报刊，美化国民党的统治，丑化共产党和进步势力。

国民党新闻检查和新闻统制中的特务性质，体现出其法西斯统治的野蛮性，让当时整个新闻界处于暴力恐怖的氛围之下，使言论出版自由遭受了极大损害。当然，这些迫害未能吓倒勇敢的共产党员和进步人士，反倒孤立了国民党自己，使其成为众矢之的。这一结局令人深思。

第二节　新闻检查制度执行与效果

国民党不仅颁布了严厉的新闻检查法规，设置了严密的新闻检查网络，其新闻检查方式也充满了严重的官僚色彩。新闻检查官们不仅以衙门式作风规定报刊必须在何时送到，检查的标准也完全依照自己的喜好执行，动辄给报纸和报人扣上严重的罪名。更让报人气愤的是，这些新闻检查机构和官员不懂新闻运作，随意删减文稿，而且朝令夕改。南京国民政府新闻检查的运作，不仅压制了思想，在程序和工作上也给受检方造成很大困扰，违背了管理经济原理，引起了新闻界和文化界的强烈反抗。由此可见，仅从其新闻检查的运行方面，国民党的新闻统制政策走向破产具有必然性。

一　新闻检查制度执行程序与方式

（一）宣传部主导下的新闻检查执行程序

如前文所述，国民党中央宣传部是国民党中央控制舆论，实施新闻检查政策的具体执行者和部署者。中央宣传部秉承中常会和国民党领导人的意志，对全国新闻检查工作做业务上的指导和机构上的领导。这种业务上的指导和机构上的领导，主要表现在以下几个方面。

（1）制定新闻检查的标准和规则

由于在训政期间，国民党的目标是实现一党专政和个人独裁，在新闻舆论的管理上非常注重中央的权威地位。与此相适应的是，在整个国民党的新闻检查体系中，国民党中央宣传部一言九鼎。国民党的新闻检查标准均是由中央宣传部制定和掌控的。这主要表现在：

第一，掌握全国新闻媒体的人事与内容管理权。

国民党中央宣传部是国民党党营新闻事业的最高领导机构。1928年，国民党中常会通过"三个党报条例"规定，中央各党报由中央宣传部直接指导，其他各级党报则由当地党部宣传部秉承中央意旨指导；各级党报应近期呈送全份刊物于中央宣传部及其主管党部宣传部审查，如认为有应须纠正之处，须绝对服从；各级党报应根据中央宣传部所颁宣传要点及时事问题，每周著刊社论。① 通过"三个党报条例"，国民党中央宣传部掌握了党营报刊的人事、内容管理权。

1929年9月，国民党中央通过《日报登记办法》规定：日报登记机关为各省党部宣传部，各特别市党部宣传部，登记之最后审核，由中央宣传部办理之；日报经登记合格后，经当地党部之检举，上级

---

① 中国第二历史档案馆编：《中华民国史档案资料汇编》，江苏古籍出版社1998年版，第87页。

党部宣传部之审查确实，中央宣传部之核准者，得撤销其登记资格，禁止出版。① 借此获得了对非党报纸内容的审查资格。

第二，掌握全国新闻内容的审查权。

在国民党全面推行新闻检查制度之后，宣传部承担了繁重的新闻检查任务。国民党中央赋予各级宣传部组织新闻检查机构、掌握新闻检查标准的任务。

1933 年 1 月，国民党中常会通过的《重要都市新闻检查办法》规定，"各重要都市遇有新闻检查必要时，经中央执行委员会常务会核准，得设立新闻检查所，受中央宣传委员会之指导，主持各地新闻检查事宜"。各地新闻检查所检查新闻如遇疑问，"得由主任照前项规定随时请求当地主管机关或中央宣传委员会决定之"②。正是在国民党中常会授权之下，国民党中央宣传部领导各党部宣传部建立了新闻检查所，同时出台了《新闻检查标准》《宣传品检查标准》及《各省市新闻检查所新闻检查规程》等文件，规定了国民党新闻检查的具体运行程序。

第三，掌握其他宣传品的审查权。

不仅如此，国民党中央还赋予宣传部门审查图书，检查电影、邮件的权力。1929 年 8 月，国民党中央通过《全国重要都市邮件检查办法》规定：各地邮件检查员设检查主任一人，由中央宣传部指派，主任之下分设检查员、审查员若干人，均受主任之指挥监督，办理一切邮件检查事宜。③

1933 年 11 月，在蒋介石的提议下，国民党中央宣传委员会改组了电影检查委员会，"所有电影检查工作，应由中央宣传委员会主办，以一事权"④。1934 年 6 月，国民党公布了《图书杂志审查办法》，在中央宣传委员会下设立图书杂志审查委员会，图书杂志审查委员会的

---

① 中国第二历史档案馆编：《中华民国史档案资料汇编》，江苏古籍出版社 1998 年版，第 78 页。

② 刘哲民：《近现代新闻出版法规汇编》，学林出版社 1992 年版，第 531 页。

③ 中国第二历史档案馆编：《中华民国史档案资料汇编》，江苏古籍出版社 1998 年版，第 160 页。

④ 同上书，第 348 页。

审查意见如有不同，以宣传部的意见为准。①

（2）发布具体的新闻审查指令与参考资料

在掌握了全国新闻内容的审查权和新闻检查活动的部署权之后，国民党中央宣传部用以指导全国新闻舆论的主要方式是编发"宣传通报"、"每周情报"、"宣传通讯"和"宣传大纲"。

（二）新闻检查所主导下的新闻检查执行程序

1933年9月21日，国民党中央执行委员会第89次常务会议通过了《重要都市新闻检查办法》，在南京、上海、北平、天津、汉口等重要都市设立新闻检查所。新闻检查所的组织构成，除了南京是由中央宣传委员会和军事委员会及行政院派员组成，新闻团体需派一名代表参加之外，其他各地的新闻检查所都是由当地的党、政、军派员组成。

虽然《新闻检查办法》声明新闻检查范围限于军事、外交、地方治安及与之有关的各项消息，然而各地的新闻检查所却要求各地当日出版的日报、晚报、小报，甚至增刊、特刊、号外，在发行之前，都必须先将原稿或者小样送至当地的新闻检查所，或者是县市的新闻检查室检查，否则一律不许出版，且经检查被删减的内容处不许留白。

新闻检查标准参照《新闻检查标准》《出版法》及《宣传品审查标准》决定扣发，遇有疑问由主任请示主管机关或中宣会决定。为了加强国民党首都统治中心的地位，国民党政府设定了《首都新闻检查所新闻检查手续》专门适用于当时南京的新闻统制。

根据《非常时期新闻检查规程及违检惩罚暂行办法》的规定，国民党新闻检查所对新闻稿件进行检查的程序分为初检、复核、发还三个步骤。具体操作是，初检由检查员负责，检查员完成初检工作后，加盖"查验讫"的印章，送新闻检查所的副主任复核，主任和检查长对于内容没有不妥当的新闻稿件，交由事务员登记发还。需要删改和免登的稿件，仍然交给初检员注明理由，再逐级呈核。对不服从检

---

① 中国第二历史档案馆编：《中华民国史档案资料汇编》，江苏古籍出版社1998年版，第4页。

查的报纸，军政机关得予以一日至一星期停版或其他处分。

南京新闻检查所将其具体规定为：如发现不经检查就擅自发行的；或经扣留、删改仍发表原稿者；以及禁载消息而私自泄露或在新闻删改处留白者，均要援引《出版法》予以惩处。

各地新闻检查所的检查方式大同小异，但是由于官员的习惯不同、所处的地位不同，检查的程序或方式略有变化，严格的程度也不一样。

在上海，言论相对自由，且国际影响很大，当局为树立"民主政府"形象，对于新闻检查采取了外松内紧的措施。新闻检查机构的重点是检查新闻报道的内容。如上海新闻检查机构曾报告："本所检查方法约分两部：一新闻，一言论。检查时新闻方面甚为认真，言论方面则比较稍为放纵，因免遭钳制舆论之讥。"① 从表 4-1 中，可大致了解新闻检查的大致流程。

表 4-1　　　　　　　　上海新闻所工作概况一览②

项目	种数	送检时间	送检次数	检查所费时间	处理办法
日报	6	每日下午 21 点至翌日 5 点	不定	5—15 分钟	发现不妥字句予以删改或免登及缓登，并送检
小报	17	每日下午 19 点至 21 点	不定	5—15 分钟	发现不妥予以删改或免登
通讯社稿	20	不定期	不定	5—15 分钟	发现不妥予以删改或免登及缓登者通知该报社

重庆的新闻检查相对而言就比较严格，也比较烦琐。战时新闻检查局直属重庆新闻检查所规定，检查分三个阶段进行，头天晚上各报需将要登载的稿件送检，该所根据内容分别处以免登、删登、缓登。

----

① 中国第二历史档案馆编：《中华民国史档案资料汇编》，江苏古籍出版社 1994 年版，第 165 页。

② 马驰：《南京国民政府时期（1927—1937）新闻出版立法解读》，硕士学位论文，西南政法大学，2007 年，第 19 页。

出版第 2 天，再由该所审查，看是否遵检照登还是违检刊登，如果违检刊登则要看是全部违检还是部分违检，视其情节轻重给予相应的处罚。惩罚的办法，根据 1939 年公布的《战时新闻违检惩罚办法》规定，对违检单位可处忠告、警告、严重警告、定期停刊、永久停刊 5 种。1943 年修订的《战时新闻违检惩罚办法》则加重处罚力度，包括警告、严重警告、没收报纸通讯稿或底稿、勒令更换编辑人员、定期停刊、永久停刊。①

以上描述，看似国民党的新闻检查有章可循，但实际上，国民党的新闻检查标准非常模糊，官僚意志非常明显。特别是在战争期间，军方介入检查之后，其朝令夕改、任意罗织罪名，使得当时的新闻界怨声载道。在国民党新闻检查的压迫下，"有法不依、违法不纠、军人独裁、党棍专制，人民言论出版自由被剥削殆尽"②。

第一，国民党的新闻检查数量大、种类多，非常频繁。如 1930 年 7—9 月，国民党中央宣传部总共审查书籍 72 种，文艺期刊 107 种，查禁所谓的反动刊物 89 种。查禁的范围除共产党和知名进步刊物外，还有国民党反蒋派系如汪精卫派系、胡汉民派系的书刊，检查的内容上至言论、下至广告，无事不检、无事不查。

第二，国民党的新闻检查任意罗织罪名，从宣传共产主义、攻击党政当局到鼓吹抗日、普罗文化，均在查禁之列。有时检查根本不需要理由，只凭检查官的喜怒哀乐。新闻检查官原来是官僚，不懂新闻、论文、诗歌、文艺作品，终日检查老眼昏花，讨厌生气之余，对于内容即随意删减。有的检查官担心出错，就在原有的检查标准上变本加厉，认为查禁多总比查禁少安全，全凭个人判断任意删减。但是删减和免登的新闻不得留下空白，必须照检刊登。

第三，新闻检查标准常常自相矛盾。今天新闻是合法的，明天就被宣布为非法；上个月新闻是准予刊载的，下个月就可能被查禁。邮

① 曹立新：《在统制和自由之间——战时重庆新闻史研究》，广西师范大学出版社 2012 年版，第 142 页。
② 钱乐制：《南京国民政府初期的新闻政策》，硕士学位论文，广西师范大学，2008 年，第 34 页。

电检查通过的，到了新闻检查所就会被扣留；内政部通过审核的，到了中宣部官员那里就会被认为是反动的。

第四，新闻检查睚眦必报。仅仅犯了小错误就会受到严厉的处罚。如《益世报》《民言报》平时严格遵守国民党的新闻检查法令，但是仅仅因为两篇社论触怒了当局官员，即受到了查禁的处罚。如果是反对国民党的报刊，在国统区的，往往会立即查封，如果是在租界之内，则对其采取禁邮的措施。甚至直接对其源头如印刷所、书店和发行机构进行打击。

（三）特务机关主导下的新闻检查执行程序

国民党当局为了保证新闻检查程序的有序进行，除了颁布一些公开剥夺人民出版自由的法令之外，还以德国法西斯政治为楷模，组织了一个人员众多、机构庞大、运行精密的特务机关。这个机构由"军统"、"中统"两个体系组成，在南京国民政府时期国民党当局的舆论管理中，发挥了极其重要的作用。

特务机关对新闻事业进行迫害的方式主要有以下两种：

一是由国民党特务分子创办专事造谣诬陷的报刊，在这些报刊上大肆攻击、"围剿"进步报刊。为了损害进步新闻、文化活动的形象，他们假借进步团体的名义给各家报纸杂志寄恐吓信。如1931年他们伪造"左联"的名义给上海各家报刊寄恐吓信，内容为："编辑先生：我们以最和平的态度，谨至忠告，希望贵社能以三分之一的篇幅，登载关于苏俄的论文及文艺作品，并须于最近一期开始，否则即以手榴弹投入。我们已经到了使用暴力的时代了。"

二是使用残忍手段捣毁进步报刊社，暗杀进步新闻工作者。1929年，创造社被查封；1930年，上海现代书局因出版《拓荒者》《大众文艺》《南国月刊》被查封；1933年，国民党特务以"影界铲共同志会"名义，捣毁了上海艺华影片公司。随后，各大影院都收到了"上海影界铲共同志会"署名的恐吓信，要求凡"鼓吹阶级斗争贫富对立的反动电影，一律不予放映，否则必以暴力对付"。①

----

① 张静庐：《中国近现代出版史料》，上海书店出版社2003年版，第53页。

　　暗杀手段则是国民党当局控制舆论宣传和新闻出版的最极端的方式。暗杀报业巨头史量才是国民党当局控制报纸舆论最为震惊的一个实例。史量才曾经拒绝过国民党当局派人入驻《申报》报社，被蒋介石怀恨在心，特别是抗日战争之前国共内战时，史量才反对内战，主张抗日，对国民党蒋介石的内战政策进行有力批判。蒋介石在采用多种拉拢手段均被史量才拒绝后，派特务将其暗杀。

　　除此之外，还有许多诸如此类的事件。如暗杀《生活》周刊的邹韬奋，虽未成功，但是《生活》周刊被国民党查封；暗杀镇江《江声报》经理刘煜生；暗杀李公朴、闻一多等新闻出版文化人士等。

　　国民党当局在新闻界留下的血腥记录表明，为了禁锢舆论、闭智塞聪、愚昧民众，国民党已无所不用其极。国民党当局企图将新闻界化作其专政统治的喉舌耳目，却未曾料到那些被血腥压制的社会洪流，最终汇成了汹涌澎湃的怒涛，摧毁了国民党虚伪独裁的堤防。残暴血腥的特务手段也使更多的民众逐渐看清了国民党民主面具下的阴谋，这也是最终致使国民党众叛亲离的因素之一。

二　新闻检查制度执行效果与影响

（一）确保了国民党宣传机关的主导优势

　　新闻检查制度贯穿于国民党政权在大陆存在的整个历史，该制度的实施为早期宣传国民政府的政策纲领，统治全国思想文化起到了重要作用。"自第一次全国代表大会发布本党宣言及政纲、明揭国民革命之目标及方法之后，党内外观听为一变。在党外，民众渐知本党领导国民革命之目标，是推翻国际帝国主义及其一切附属物，为民众之利益而奋斗。因此，民众一变从前怀疑本党之态度而为拥护本党之态度。在党内，将全党党员范围于一个共同目标与共同方法之中，统一其趋向而整齐其工作。"[1]

　　但是，在1928年国民党二届五中全会上，南京国民政府正式宣

---

　　[1]　中国第二历史档案馆编：《中华民国史档案资料汇编》，江苏古籍出版社1994年版，第139页。

布进入孙中山提出的建立"民国"程序的第二阶段——训政时期，蒋介石却借此机会，表面上是由政府承担对人民进行权利和义务的普及任务，实则国民党一党专政，实行独裁专制，虽然表面上促成了国民党新闻宣传的优势，实则加速了自己的灭亡。

南京国民政府的许多部门都出台过关于新闻舆论的法律法规，涉及面宽，牵扯广，事无巨细，均要经过严格的新闻检查，如 1929 年 8 月制定的《出版条例原则》、1930 年 3 月 17 日出台的《出版法》、1930 年 5 月制定的《出版法施行细则》。有的新闻法规是针对国民党党内报刊的，如"三个党报条例"；有的是针对全国新闻事业的，如《宣传品审查条例》《日报登记办法》《宣传品审查标准》等。

这些相关法规和制度表面上是打着"国家"、"民族"招牌，处处彰显民主，粉饰自由。实际上，则是做着背离人民利益、背离和平民主的事情。从短期效益来看，当时采取的新闻专制舆论环境对国民党一党专政、强化国民党党营媒体的实力，是有助益的，确实起到了稳固国民党宣传机关的主导地位的作用。

（二）破坏了国民党宣传系统的公信力

但是，国民党从新闻检查制度中获取的益处是有限的、暂时的，而破坏则是明显的、主要的。南京国民政府的新闻检查制度，最终并未达到当初设立时的预想。它不但未能按照国民党当局的想法规范统一新闻舆论，反而使包括党报在内的主流媒体失去了原有的公信力。

正如马克思在评论《普鲁士书报检查令》时所说："书报检查法不是法律，而是警察手段，并且还是拙劣的警察手段。"① 任由审查机关以自己的意志百般挑剔审查任何刊物，使国民党失去了基本的执政合法性。特别是新闻检查从业人员素质低下，有的往往凭一己之憎恶和私心检查出版物，并无章法，任意删改法令，甚至根本不受法令约束，以致纠纷时起。但官方对于新闻检查结果还自我感觉良好，以党性消灭新闻特性，以个人喜好替代法律规定，致使国民党无法从文化上树立起自己的良好形象，赢得人们的认同。

---

① 《马克思恩格斯全集》（第一卷），人民出版社 1995 年版，第 178 页。

特别是在 1948—1949 年间，国民党在政治、军事、经济上均连遭失败，国人都看在眼里，但国民政府却始终在做最后的挣扎，对新闻舆论的监控丝毫没有放松，而且强迫新闻媒体——包括国民党的新闻媒体和非国民党控制的新闻媒体，虚伪地称颂国民党的光明伟大，虚假地报道国民党的领导成绩。此类事件不胜枚举，不仅破坏了国民党宣传系统的公信力，更是削夺了国民党党、政、军系统的信用，使知识分子群体对国民党当权政府怨声载道，反而激发了进步势力推翻国民党统治的决心。

从短期看，新闻检查制度可以维护统治者权威，营造对当权者有利的舆论氛围。但是从长远角度看，新闻审查制度的实施，最终却导致了国民党政府的信任危机。南京国民政府在有关新闻自由方面的朝令夕改，政策一套、做法一套，让民众对政府的法令法规失去信任，南京政府的法制形同虚设，政府的权威自然大打折扣。而其失信于民的种种做法，特别是公然违背宪法精神的新闻审查行为，为自己的专制腐败掘好了坟墓。

（三）制造了大量舆论事件甚至是舆论笑柄

南京国民政府的新闻检查制度在 1929 年之后逐步得到完善，随着战争的到来而变得愈加暴力化和专制腐败。其暴力新闻检查活动，制造了不少影响中外的舆论事件，引发全国各界人民的反抗。这些事件的发生，不仅暴露了国民党统治制度的落后与腐败，而且直接导致了国内外进步势力的批评与孤立，使国民党政府面临非常尴尬的局面，直到被历史的洪流淹没。

国民党镇压舆论造成的舆论事件屡见不鲜。《新月》月刊因刊登要求民主自由的文章被取缔；王造时主办的《主张与批评》因主张宪政，批评一党专政而被全国查禁；邹韬奋创办的《生活》周刊，因呼吁抗日而被查封。其中，以《新华日报》遭受迫害最为典型。

《新华日报》作为共产党在国统区开展统战工作、宣传马列思想、团结抗日最有力的舆论武器，在"皖南事变"发生之后，经历了自创刊以来最艰难的时期。共产党对由蒋介石一手炮制的"皖南事变"阴谋进行了毫不妥协的抗争。1941 年 1 月 17 日上午，周恩来在重庆得知是蒋介石签发的命令，便立即找到国民党方面代表陈冲，对皖南惨案的暴行表示强烈抗议和愤怒谴责。在这之后，在周恩来同志的领导下，《新华日报》编写相关谴责报道，却被国民党检查机关勒令禁止刊登，以致版面上留下了两块空白，于是周恩来在《新华日报》印刷前在空白处写下了"为江南死国难者志哀"的题词和"千古奇冤，江南一叶，同室操戈，相煎何急?"的悼词。尽管国民党特务万般阻挠，周恩来还是带领报社工作人员及发行人员大街小巷散发报纸，全国上下得知真相为之震怒。

另外，周恩来委托《新华日报》社社长潘梓年去民营报馆揭露"皖南事变"真相，曝光国民党罪行。潘梓年先后联络到了《新民报》《商务日报》《新蜀报》等报馆，希望各报馆能够了解事件真相，揭穿蒋介石的阴谋。

在共产党为了伸张正义四处奔走相告的同时，国民党对《新华日报》的残害也越发紧迫。《新华日报》由 200 多人疏散到只剩 80 多人，留下的工作人员还要时刻准备应付变故，以及防备敌人的暗害。

这些舆论事件的发生，使各界进步人士越发看清了国民党蒋介石专制独裁的面目，让那些对国民党抱有幻想的中间派抛弃了幻想，最终与共产党领导下的民主运动和国统区民主进步人士反内战、反混沌、反暴力运动会合在一起，国民党蒋介石集团的统治处于风雨飘摇之中。

（四）造成了与知名知识分子的严重对立

葛兰西在《狱中札记》中指出，知识分子处于理论的最前沿，其主要职责是制定社会的主导观念和思维方式，是"上层建筑体系的公务员"。[1] 国家和政党要想获得文化和新闻领域的最高领导权，必须赢得社会上最具活力的知识分子的认同。但是，国民党严厉的新闻检查制度导致的直接结果，是与社会知名知识分子产生直接而严重的对立，从而失去了文化领导权。

在抗日战争胜利之前，各党派知识分子对国民党推行的新闻检查

---

① 殷旭辉：《葛兰西论知识分子与领导权的建构》，《商业时代》2013 年第 33 期。

制度大多持默认态度，毕竟大敌当前，国家利益至上。但是当战争胜利后，各党派知识分子对战时的新闻检查制度纷纷嗤之以鼻，终于在1945 年 8 月 7 日，重庆国讯书店在进步出版机构的支持下，自行出版了黄炎培的《延安归来》一书。

该书翔实记载了中国共产党在当时的各项政策和实施情况，以及解放区在政治、经济、文化等方面取得的成就。随后，进步人士张志让、杨卫玉、傅彬然三人联合起草了重庆杂志界宣布"拒检"的联合声明，在征得《宪政》《国讯》《中华论坛》等 16 家杂志社同意签名后，于 1945 年 8 月 17 日正式发表。宣布自 9 月 1 日起，上述 16 家杂志社不再送检，并将这一决定正式函告国民党中宣部、国民参政会等。

随后，拒检联合声明得到了整个文化界的支持和响应。8 月下旬，签名的杂志社增至 33 家。9 月 1 日记者节，《新华日报》发表了题为《为笔的解放而斗争》的时评，历数国民党当局长期以来实行原稿审查制度的恶果，呼吁新闻出版界团结起来争取新闻出版自由。紧接着成都、昆明、桂林、西安等地的新闻工作者群起响应，集会宣言，形成了风起云涌的"拒检"运动。

迫于压力，国民党中央第 10 次常委会通过了废止新闻出版检查制度的决定与办法。至此，国统区新闻文化界为之奋斗多年的取消新闻出版检查制度的斗争，经过为期两个月的拒检运动的洗礼，获得了巨大胜利。但是检查制度在收复区仍然继续，而且报纸杂志的创刊仍须登记核准，说明国民党的让步只是权宜之计，国民党政府并没能放弃其一贯奉行的新闻统制政策。

后来的历史发展证明，南京政府这种对新闻自由肆意践踏的行为，让其付出了严重代价，那就是越来越多的知识分子，尤其是那些本来处于中间立场的"自由主义"人士，由于国民党当局过于敏感独断，缺乏理智，在新闻检查制度实施过程中矫枉过正，把知识分子有限的新闻自由剥夺殆尽。南京国民政府这种始终将政治凌驾于新闻和言论自由之上的行为，促使这一部分中间立场的知识分子群体由中立倾向于中国共产党，越来越多的知识分子被国民党当局人为地推向了自己的对立面。就连原来同情国民党的《大公报》《观察》，最终都走到了国民党的对立面。

（五）损害了共产党和人民群众的表达权

第一次国共合作开始时，中国共产党是一个年轻的党，成立才只有两三年时间，到1923年6月，在广州召开第三次全国人民代表大会时，仅有党员400多名，代表27名。而到了1925年1月召开中国共产党第四次代表大会时，共产党员人数已经发展到近千人。共产党规模如此迅速发展，引起了国民党的注意和警觉。1926年5月，国民党第二届第二次中央全会通过了限制、打击共产党的"整理党务案"，清除了国民党中央党部内的所有共产党人。1927年3月，共产党提交的一份《惩治土豪劣绅暂行条例》草案，引发了国共两党不同利益集团之间的矛盾。之后，蒋介石在上海发动"四一二"反革命政变，汪精卫在武汉发动"七一五"反革命事变，第一次国共合作至此全面破裂。

在国共合作全面破裂之后，蒋介石开始在国民党内全面"清党"的同时，亦将共产党的舆论宣传作为其主要打击对象。新闻审查制度的设立，在很大程度上，都是针对共产党的。从政府行为来看，打着规范舆论界旗号，来控制共产党政治思想在传播过程中不断扩大的政治影响。国民党新闻检查组织扣压新闻稿件的常用罪名，就是"宣传赤化"、"挑拨阶级斗争"。

国民党新闻检查政策的严厉实施，严重影响了共产党和进步群众的表达权利和办报权利，使中国革命事业受到了严重摧残。据统计，仅1929年，国民党中央宣传部门查禁共产党刊物148种，其他反动刊物22种。国民党当局勾结上海公共租界工部局在30年代最初几年里，查获中国共产党据点700多处，"共党罪犯"1684人，抄获各种不同赤化刊物3280种，共计1257290册。[1] 在解放战争时期，国民党对共产党和进步力量的新闻检查更是无以复加，对共产党和进步群众

---

[1] 钱乐制：《南京国民政府初期的新闻政策》，硕士学位论文，广西师范大学，2008年，第39页。

的新闻媒体及报人的迫害更加严重。

但是历史事实反复证明，倒行逆施只能使自己陷入万劫不复的境地。国民党新闻检查制度是在开历史的倒车，不仅未能阻挡共产党新闻事业的壮大，反而使各界群众相信，中国共产党的新闻媒体在讲真话，只有中国共产党才能救中国。最终，中国人民历史地选择了中国共产党。

第三节　新闻检查力量互动与制度变更

作为新闻检查的双方，新闻检查机关与被检查媒体之间存在着互动关系，而这种互动关系由于不同时期的斗争和调适，必然导致双方力量的变化，影响舆论转向，破坏或促进新闻自由。

在1927—1937年这短短十余年里，南京国民政府颁布了近百个新闻检查法令。国民党希望通过这些法令颁布与实施，建立起一整套新闻统制制度。自然，南京国民政府的政治权威并没有因为镇压舆论而树立起来。相反，它逐步走向了专制独裁，最终失去了统治权威。分析南京国民政府时期的新闻检查制度，不仅可以从中明晰那段新闻史，而且可以看出共产党及进步力量在与国民党当局的斗争中所展示的勇敢与力量，展现了一段不断取得话语权的艰难历程。

一　新闻检查体制内部力量互动与制度变更

作为国民党新闻检查体制内部的决定性力量，新闻检查制度、政策及条规的制定者，中早期是国民党的中常委及中执委。20世纪30年代之初，国民政府成为新闻检查法规的主要制定者，抗战爆发后，军方及有关部门是特殊时期新闻检查政策的制定者，这些政策法规的制定，以及新闻检查所等具体执行者。这些新闻检查力量之间，不断出现实力此消彼长的状况，彼此的权力边界也在不断重新设定。

（一）新闻检查领导机关的内部协调与斗争

新闻检查领导机关对新闻机构的管理呈现出党、政、军、特"多位一体"的机制，直接导致令出多门、效率低下和人浮于事。据统计，国民党中央宣传部、国民党中央执行委员会、国民政府行政院为了有效管控舆论，而先后颁布的条例、决议、法律、准则、规则、标准等有近百种之多。中央级别的审查机构有八家，地方审查机构则多如牛毛。但是，这些新闻检查法规及新闻检查机关并没有形成有特色的新闻审查，反而使共产党的刊物数量不断壮大，民主力量的新闻媒体在不断发展。这说明国民党的新闻检查效力有限。

早期，在国民党以党代政思想的影响下，新闻检查决策都是由国民党中央作出的，其主要决策者是国民党中常会和中政会，具体决策的颁布者是国民党中央宣传部、中央宣传委员会。国民党中央宣传部和中央宣传委员会几乎集中了国民党新闻检查的全部职能。但是，国民党中央宣传部和整个宣传部系统实力并不是很强，经费少、人才缺乏、环境不良、交通不便等，这是国民党中央宣传部面临的严重问题。对宣传系统新闻检查影响最大的，是国民党的实权人物，特别是军方的干涉。①

国民党中央宣传部有记载说："本部情报不足，军政各机关与本部联系尚欠紧密，遇有重要问题发生，不能作出最正确最迅速之指示。"②

鉴于此，国民党中央统一了新闻检查机构，将新闻检查、图书审查、电影审查和邮电检查的权力集中到了宣传委员会。1937年，蒋介石致电中宣部："关于新闻检查事务，自下月起，归中宣部管理。"原本属于军事委员会的新闻检查机构，也划归中宣部管辖。但是，由于国民党是官僚思想非常严重的政党，有实权的高层根本不受规则的制约。虽然蒋介石答应新闻检查管理权归中宣部，但是他本人却时常越过中宣部，直接对中央新闻媒体作出批示。他每日阅读《"中央"日报》，随手用笔做记号后，即由侍从室送交报社负责人。钱沧硕时期，蒋介石一次的批示非圈非叉，让人不知所云。钱沧硕一气之下辞

---

① 向芬：《国民党新闻传播制度研究》，博士学位论文，中国社会科学院研究生院，2012年，第68页。

② 同上书，第69页。

职了事。可见新闻检查制度要想完整执行，还得首先加强对主要领导人的监督。

国民党训政时期采用的是党国体制，国民党中央委员会凌驾于国民政府之上，双方颁布的法律法规均具有合法性，并且有时蒋介石的批示也会成为国民党制定政策和行使新闻检查的法律依据。领导部门不同，对法律条文的认识和理解程度就不同，致使在具体实施时侧重点不同。

以当时的经济中心上海为例，实施新闻统制、管理报刊登记审核、新闻检查、政府新闻发布等各项事宜的主管部门是上海市政府及其所属社会局、新闻处等行政部门。但是，也要受国民党中央宣传部、中央组织部、当地党部和政府等多重机构的领导。执行上的宽严程度随着政治形势的变化而变化，此方禁行，彼处却放行。这种领导阶层在管理上的混乱，使新闻界雪上加霜。在20世纪30年代，南京国民政府先后颁布了《出版法》《新闻记者法》等系列法规，政府立法院建立了比较完整的法律体系。显示出南京国民政府在管理新闻检查层面话语权的增长。

随着战争日益激烈，国民党新闻检查权力又逐渐集中到了军方手中。1939年，国民党改组中央新闻检查处为战时新闻检查局，直接隶属于国民政府军事委员会，中宣部负组织训练技术上的责任。经费以中央新闻检查经费为主，不足之处由军事委员会划拨。

但是，这种党、政、军体制的混淆不清给战时新闻检查局的运行带来诸多障碍。直到1940年1月，陈焯出任战时新闻检查局局长期间，才使得新闻检查体系走上正轨。陈焯首先将原来由中宣部下拨的经费改由军事委员会划拨，确立了新闻检查局的地位，同时将原本隶属于各省的新闻检查所和新闻检查室改隶中央；同时设置新闻检查人员训练班，强制中央通讯社社稿送检。

由于战时新闻检查制度将权力逐渐集中于军方，对报纸杂志的控制更加严厉，在一定程度上避免了作战政策等国家机密泄露，为抗战取得胜利提供了保障。但是这种军方的暴力检查严重侵犯了公民的言论出版自由，且国民党蒋介石以军代党、以党代政的做法，完全违背了现代组织原则，遭到社会各界的强烈批评。

抗战胜利后，在社会各界的压力下，国民党宣布转入宪政建设，国民党是否有权力管理民营新闻媒体引起了人们的广泛质疑。为应对这种压力，国民党于1945年5月召开第六次全国代表大会，通过关于宣传之问题的决议案，表示党、国分别设立宣传管理机关，政府应设情报部，办理有关政府之宣传业务，国民党宣传部专办本党之宣传及文化事业。

1945年6月，中央宣传部借中央党部召开"宣传部改隶行政院实施办法草案"，但此方案遭到反对。1947年3月，国民党六届三中全会采取了折中方案，行政院下设新闻局，新闻局下设三个处，第一处管理国内宣传，第二处管理国际宣传，第三处管理宣传政令政绩之书刊资料。但实质上，新闻局从属于国民党中央宣传部国际宣传处调配，并不负责国内其他新闻事业的管理，配合"宪政体制"的宣传部改隶改革最终流于形式，不仅没有实现党政分离，还使新闻主管机构不清，增添了新闻宣传管理的障碍。

1946年夏，国民党发动了全面内战。1948年3月，国民大会通过了《动员战乱临时条款》，"宪政体制"宣告终结。《动员战乱临时条款》赋予了总统无上权力，原本由国民党中常会及立法院等履行的新闻检查立法职责被架空，成为蒋介石集团通过新闻检查法规的机器。在此期间，立法院颁布了《戒严法》《惩治叛乱罪犯条例》等刑事法和《动员戡乱时期临时条款》系列战时法，军方及各部门制定琐碎的行政规章，国民党新闻检查看似严厉，实际上已经陷入杂乱无章、丢失方寸的状态。

（二）新闻检查执行机关的内部协调与斗争

国民党通过系列新闻检查法规确立了新闻检查的规则，同时通过这些规则建立了完整的新闻检查网络。这个新闻检查网络，以各级新闻检查所为中心，辅以邮件检查、电报控制和特务恐吓，各司其职，互相配合，检查手段之丰富、网络之严密，亘古未有。

其中，各级新闻检查所是国民党新闻检查的主体。据统计，1940年11月，国民党在国统区已经建成了21个新闻检查所，54个新闻检查室。① 这些新闻检查所承担着繁重的新闻检查任务。而且随着南京国民政府时期出版品数量不断增加，新闻纸时效性强，检查期限必须缩短，编辑记者迷惑检查员的本领不断提高，检查员工作的难度与日俱增。由于这项工作既要满足南京国民政府的政策需要，还要应对各种政治风向变幻，检查员人手不足、经费不够、待遇不高、地位尴尬的问题越来越突出，检查的效果自然不敢恭维。

　　为了配合新闻检查机构的工作，国民党对新闻宣传内容加强了源头控制。控制方式一是通过中央通讯社加强新闻源控制，强化国民党的言论领导机能。② 根据这一精神，国民党规定国民参政和国民党中央全会开会，记者不能参加，只能采纳中央通讯社的供稿，使得国民党牢牢垄断了国内新闻的发布。与此同时，中央通讯社还与国际大通讯社签订了交换新闻的方式，对外国通讯社的消息进行严格把关。二是加强电报、无线电的检查和控制，对于不利于国民党的消息，电报检查机关直接扣发。如 1928 年国民党中央宣传部就规定所有中央一切重要会议宣传大纲，以及通令通告统由中央广播电台传播。1933 年交通部制定了《新闻电讯检查标准》，规定了 7 类内容不准拍发。

　　在新闻宣传内容的流通渠道方面，国民党利用邮件检查和控制出版发行机构，堵截不利于国民党的书刊的传播。如 1929 年下半年，国民党中央宣传部在北平、天津等地查获"反动"报纸多种，多数受到了禁邮处分。1930 年 9 月，国民党在上海打击左联等进步文艺机构，并查封了现代、北新、群众、江南等书店。国民党还控制印刷工会、捣毁印刷所，破坏进步报刊的发行渠道。

　　当然，国民党还利用特务组织进行新闻检查，不仅捣毁、查禁报纸，还迫害、殴打甚至暗杀报人。系列政策使国民党的新闻检查体系非常严密，起到了打击进步宣传的作用。但是，由于各系统运行的不合理，特别是外部权力的干扰，国民党新闻检查常常出现失误。

---

　　① 孙义慈：《战时检查的理论与实际》，军事委员会战时新闻检查局 1941 年版，第 4 页。

　　② 中国第二历史档案馆编：《中华民国史档案资料汇编》，江苏古籍出版社 1994 年版，第 500 页。

一是权力胡乱干涉，导致新闻检查出现漏洞或者闹出笑话。新闻检查所往往神经紧张，随意扩大禁载范围。如太平洋战争爆发后，滇缅公路管理不善弊端丛生。新闻界揭露之后，蒋介石为了国际名誉，亲下手令，此后凡是有关交通问题的新闻或评论，"非经委员长同意不能登载"，其结果是国内所有的交通新闻都被视为禁品。①

二是暴力行动往往引发舆论事件。1932 年 7 月，江苏省主席顾祝同下令公安厅逮捕了《江声日报》经理兼副刊编辑刘煜生并将其处死，引发全国新闻界抗议，迫使国民党中央发出了《保障正当舆论》和《切实保障新闻从业人员》的通令。1946 年 1 月，著名新闻工作者羊枣被国民党迫害致死，引发国内外舆论一片哗然，国民党不得不做出一定的让步。国民党官员与特务无法无天的行径，经常引起激烈的反抗，破坏了正常的新闻检查秩序。

三是新闻检查机构的多头管理导致新闻检查行为的混乱。1932 年 11 月《"中央"日报》报道福建事变，前天该报还在要闻版以大标题宣称"十九路军努力剿匪，机宜悉听中央调遣"，但是仅仅隔了一天，该报的头条新闻却是"陈铭枢等在闽叛乱，中央决议予以严厉处置"；1938 年 12 月汪精卫叛国投敌时，《"中央"日报》原本的头条新闻是"蒋委员长痛斥敌人造谣，汪副总裁转赴河内疗疾"，3 天后却变成了"汪兆铭危害党国，开除党籍并撤职"。新闻检查政策的朝令夕改、自相矛盾之处，使新闻检查所很难准确把握。

四是人员素质不足，导致新闻检查随意。新闻检查所本着多查总比少查好、严查总比不查好的原则，任意删改新闻稿件。不仅如此，由于报纸时效性强，检查员的任意删改往往导致报纸"开天窗"、文章出现断裂等情况，暴露出新闻检查的质量低下。

（三）新闻检查机关与党属媒体的协调与斗争

国民党的新闻检查，不仅针对党外媒体，也针对其所属报刊。国民党对于党营新闻媒体有天然的管理权，检查起来更加方便。于是，

---

① 刘益玺：《中国战时新闻检查制度研究》，学士学位论文，燕京大学文学院，1943 年。

国民党把党营媒体视为"家奴"一般，检查更加随意，控制更加严格。其结果是国民党新闻事业在严格控制之下，失去了新闻媒体的活力和影响力。

国民党对党报的内容控制从一开始就非常严格。在1928年通过的"三个党报条例"中，国民党就给党报套上了非常结实的枷锁。条例对党报内容做了严格限定，新闻、言论、副刊和广告，都必须以本党主义及政策为最高原则。言论要解释党的纲领政策，并以一贯之精神分析各种实际问题；新闻要利用事实阐扬本党主义及政策；副刊要尽量利用理论的、事实的、艺术的方法宣传本党主义及其政策。

在宣传纪律上，条例还规定党报必须绝对站在本党立场上，不得违背国民党的主义、政策、章程、宣言和决议；要完全服从各级党部之命令，不得为一人一派所利用；对各级党部和政府文件需要尽先发表，不得迟延或拒绝；对于国民党确定的秘密事件绝对不得发表。此后，国民党、蒋介石对党报的管理更加严格。蒋介石"对中央宣传部的指示特别多，几乎每天都有指示。大概每次都是由陈布雷打电话给张道藩部长，张部长便很紧张地找公展先生、程沧波先生、马星野先生商量"①，《"中央"日报》"稍有差错，必遭训斥"。

由于从一开始便是"戴着脚镣跳舞"，国民党党报不得不以国民党当局的政策和指令为依据，以国民党领袖的个人喜好为取舍标准，来报道新闻，特别是谨小慎微地处理言论，严重削弱了国民党党报的媒介功能，同时也脱离了社会需求。

党报上充斥的是公文、讲话还有标语口号，而缺少新闻信息的传播。空洞的政治宣传和国民党立场与社会进步立场的对立，使得国民党党报树敌过多，处境艰难。

1931年底，全国出现了大规模学生抗日爱国运动，上海《申报》等积极报道。《"中央"日报》奉命加以反击，指责新闻界跟着民众运动鼓噪，发泄平时的怨毒，增加政府困难。其结果是报馆被示威团彻底捣毁，全国新闻界竟未置一词予以声援或者慰问。正因为如此，

---

① 王健民等：《潘公展传》，台北市新闻记者公会1974年版，第25页。

国民党党报丧失了争夺全国新闻领导权的战斗力。它们自己也承认："我们对共区的宣传，论人才不成比例……论经费，也还花得多。只是我们处处自甘被动，所以落了下乘，以致吃尽亏，受尽气。"①

　　随着国民党新闻检查日趋严厉，部分国民党党报加入了反对新闻检查的行列。1931 年底，国民党决定在上海全面实施新闻检查的时候，国民党党报《民国日报》《晨报》明确宣布："绝对不受任何检查，绝对不受任何干涉。"1935 年底，《"中央"日报》发表社论指出，大局已到土崩瓦解，而人民尚未感觉，这是不合理的新闻政策和不合理的新闻检查制度造成的。近年来，报纸上连篇累牍是"乐观"、"圆满"、"平安镇静"、"天下太平"，没有把一件严重的关系国家安危的事件，原原本本详细告诉过国民。社论呼吁国民党赶快改变新闻政策。②

　　面对如此窘境，国民党党报呼吁国民党中央放开言禁。而程沧波、马星野等国民党党报领导者对党报运行体系进行了改革探索，取得了一定的成绩，改变了国民党党报内容的运行模式。

　　1932 年春，著名报人程沧波受蒋介石之命出任《"中央"日报》社长，对《"中央"日报》进行了社长制改革。社长负责制从形式上摆脱了国民党中央直接控制党报的模式，转变为中央间接控制、社长直接指挥的模式。《"中央"日报》很快脱离困境，以清新的版面和充实的内容展现在读者面前。

　　与社长制改革相适应的是，国民党党报标榜自己既是党的喉舌又是民众的喉舌。对此，《"中央"日报》在改版社论中宣称："中央日报在系统上为党的报纸，应为本党之主义立言"，但"党之利益，与人民之利益，若合符节。换言之，人民之利益即党之利益，为人民利益而言。故本报为党之喉舌，即为人民之喉舌"③。

　　在此定位下，国民党党报的内容出现了有意义的变化，一是新闻

---

① 刘光炎：《抗战大后方新闻界追忆》，《报学》1952 年第 1 期。
② 蔡铭泽：《中国国民党党报历史研究（1927—1949）》，团结出版社 1998 年版，第122 页。
③ 同上书，第 114 页。

被提升到主体地位，新闻量增多；二是新闻质的提升，追求使读者没有官报的印象；三是强调客观的事实报道以争取信誉。

这些改革使国民党党报在争夺言论的领导权和为政府辩护的工作中发挥了一定的作用。但是国民党和蒋介石等以专制的思维管理新闻业，随后出台了更加严厉的管制党报的规定，导致程沧波的探索失败。程沧波本人也遭到了蒋介石的严厉训斥，离开了党报。

曾经留学美国密苏里新闻学院的马星野，1945年接任《"中央"日报》社长之后，提出了党报企业化经营的设想。1947年5月，《"中央"日报》改组为有限公司，建立了报业经营企业制度，改变了国民党中央宣传部、国民党最高领导人直接指挥党报的经营管理形态，使规模有所扩大，面貌也有所改观。主要表现在新闻业务层面，扩大了报道范围，充实报道版面；创办各种各样的副刊，丰富报纸内容。

但是与此同时，国民党对于媒体内容的控制却是细致入微。陈布雷多次告诫《"中央"日报》："对重要问题，中央尚无决定性的政策之前，外间尽管有种种传说，或种种议论，《"中央"日报》决不可因为在新闻上有落后之感而抢着发布新闻，或发表言论。"[1] 有这样的思想，国民党党报改革探索的命运就可想而知了。

二 新闻检查制度与其他社会力量斗争与调适

国民党实行严格的新闻检查制度，不仅使国民党党营媒体处在其严格的控制之下，而且对共产党及各种进步社会力量所办媒体进行压制。中国共产党及其他进步社会力量对此采取了灵活的斗争方式，规避新闻检查。到解放战争时期，由于拒检运动及争取新闻自由的斗争，国民党当局不得不取消新闻检查制度，斗争取得了根本性的胜利。

（一）中国共产党反对国民党新闻检查制度的斗争

不难发现，国民党新闻审查制度的设立，在很大程度上都是针对

---

① 单波：《20世纪中国新闻学与传播学·应用新闻学卷》，复旦大学出版社2002年版，第132页。

政治上对立的共产党，是打着规范舆论界旗号，来控制共产党政治思想传播，削弱共产党不断扩大的政治影响。1938 年在武汉创刊的《新华日报》，作为抗战时期中国共产党在国统区公开发行的唯一一份大型日报，为宣传中共中央关于抗日民族统一战线的战略方针，揭露日寇侵华的阴谋和暴行，及时报道抗日官兵取得的成绩，同国民党新闻检查机关开展了坚决斗争，取得了一个又一个胜利。该报在坚持原则性与灵活性相结合、合法性与非法性斗争相结合的同时，在重大原则问题上，宁可违反国民党当局制定的新闻检查法律规定，必要时不惜冒着停刊的危险，全力突破国民党的严格检查和新闻封锁。

1941 年当"皖南事变"发生时，《新华日报》得到这一消息后，第二天就把国民党军队袭击新四军的严重事件进行了揭露。1 月 17 日，国民党军事委员会发布通令，污蔑新四军"叛变"，并宣布撤销新四军番号及继续进攻新四军的宣言。对此，《新华日报》在当晚躲开坐镇报社的新闻检查人员的监视，于 18 日的报纸上发布了周恩来为"皖南事变"书写的两个题词，揭穿了国民党妄图一手遮人耳目的阴谋。

除"拒检"外，《新华日报》还常常采用"暴检"的手段来揭露国民党新闻检查制度的罪恶。所谓"暴检"，就是在报纸上"开天窗"，即在被检查人员删去内容的报纸版面上留下空白，或在空白版面上排上"此段遵检"、"被删"、"被略"等字样，公开暴露国民党当局删改言论、新闻报道的无耻行径。

在白色恐怖中，中共地下报刊勇敢地扬起无产阶级革命的大旗，它们向广大人民群众证明共产党依然存在，给广大革命群众树立了继续革命的信心。它们不仅在国民党统治区坚持共产党的舆论阵地，还利用这个阵地，与国民党的新闻检查制度进行斗争。中共地下报刊发表的许多文章，在思想上巩固了革命队伍，打破了国民党方面蛊惑人心的宣传，为日后共产党的斗争奠定了坚实的思想政治基础。

（二）其他社会进步力量对新闻检查制度的解释与容忍

尽管国民党严格执行《出版法》等管制性的新闻出版法令，但是进步刊物还是可以通过各种途径印刷并送到读者手中。进步刊物采取

"地下游击式"的战术，此起彼伏使国民党疲于应付。许多作家频繁地更换自己的署名，以求增加"通过率"。

最具代表性的就是鲁迅，在为《自由谈》写稿近两年中，为逃避国民党检查，用 48 个笔名写了 143 篇杂文，南京国民政府对此非常愤恨。作为左翼作家联盟的重要人物，他对于新闻检查制度很不满意，对新闻检察官更是愤恨至极。在《准风月谈》杂文集的前记中说："日本的刊物，也有禁忌，单被删改之处，是留着空白，或加虚线，使读者能够知道的。中国的检察官都不许留空白，必须接起来，于是读者就看不见检查删削的痕迹，一切含糊和恍惚之点，都归在作者身上了。这种办法，是比日本人大有进步的，我现在提出来，以存中国文史上留有价值的故事。"[①]

为抵抗南京国民政府的新闻统制政策，新闻出版界的仁人志士们采用了许多斗争形式和方法。首先采取"开天窗"、用"××"代替官方不容的字词、注明被删段落或者断章刊登等方法较为常见。其次，也会用错误广告，登载"更正"、"启事"的方法，将已经发表的文章重新排列；还有发行单位借排版出错之名，讽刺当局的事常有发生。通过这些斗争方式，许多反对专制统治的战斗檄文可以顺利地通过检查得以刊印。

所以即使在严格的检查制度下，左翼作家的书籍、文章仍得以出版和发表，事实上，在 30 年代左翼作家活动是十分频繁的。茅盾的《子夜》等中国现代文学史上的重要著作并未被禁止，以 1934 年萧红的《生死场》为例，按照当年 6 月国民政府公布的《图书杂志审查办法》，须送国民党中宣部图书杂志审查委员会审查，审查半年后，结论是：不准出版。于是萧红等人就伪造了一个"上海容光书局"的出版机构，编印"奴隶丛书"，将《生死场》夹在其中出版，国民党当局对此竟完全不知。

由此来看，国民党的检查虽非形同虚设，却也绝非"天网恢恢"。这说明国民党对新闻的管控，一方面实施高压政策，另一方面却又并

---

① 鲁迅：《鲁迅全集》（第 5 卷），人民文学出版社 1957 年版，第 10 页。

未真正掌握新闻领导权，致使制度流于形式。①

（三）新闻检查制度执行过程中发生的重大事件

（1）刘煜生被杀事件与开放言论的斗争

刘煜生 1924 年开始在镇江创办《江声日报》，并担任主笔。在民国初期那个物欲横流的时代，刘煜生并没有把办报仅仅当作一个赚钱发财的营生，而是苦心经营，把《江声日报》逐渐办成了一份能够代言民众、沟通舆情和中立公道的地方社会性报纸，深受读者的欢迎。

1931 年底，国民政府警卫军军长顾祝同接替叶楚伧担任江苏省政府主席后，严令各地设立毒品稽查所，名为执行戒烟公约，实则从中征收税金，变相买卖鸦片。刘煜生在《江声日报》公开抨击了如此目无法纪之事，因而遭到了顾祝同的忌恨。

1932 年 1 月至 5 月间，《江声日报》副刊《铁犁》连续发表了数篇抨击时弊、同情劳动人民、言辞激进的文艺作品。顾祝同经过精心密谋，命人从这些作品中找出几段所谓的"反动"文字，然后断章取义，罗织罪名，于 1932 年 7 月 26 日下令查封了《江声日报》，当日便秘密逮捕了刘煜生。

顾祝同之所以对刘煜生实施秘密逮捕，是因为当时尚未找到符合法定程序的罪名，于是干脆先把人抓起来造成既成事实，随后再补罪名。他将刘煜生交由戒严司令部关押。顾祝同等人一开始时试图逼刘煜生臣服就范，并未下决心冒舆论风险去杀害刘煜生这个著名报人。但是，随着社会压力不断加大，顾祝同担心自己被弹劾及调查程序的再次启动，遂于 1933 年 1 月 21 日命令戒严司令部对已被拘禁半年之久的刘煜生执行了枪决。

刘煜生被杀害的第二天，上海《申报》率先向社会披露了这一消息，立即引起了全社会的震惊，并迅速招来了声讨顾祝同等人的浪潮。全国各地方的新闻界也都先后公开致电声讨顾祝同的暴行。

面对越来越大的内外舆论压力，蒋介石深恐民怨由此升级，不得

---

① 张静庐：《中国近现代出版史料》，上海书店出版社 2003 年版，第 173 页。

不宣布改组江苏省政府，免去了顾祝同的江苏省政府主席职务，并令其退出政坛重回军界。在强大的社会舆论呼声下，国民政府行政院于1933年9月发出了《保护新闻事业人员》通令，"特通令各省市政府、各军队军事机关，对于新闻事业人员，一体切实保护"，初步放宽了言论的限制。①

（2）统制民营报纸的失败与暗杀史量才

对于那些桀骜不驯的报人，国民政府经常直接采用"肉体消灭"的办法，进行迫害和暗杀。其中最著名的当属史量才被暗杀事件。

《申报》是我国具有现代意义的第一份报纸。史量才接手《申报》后，运用先进的办报思想和卓越的办报经验将它发展成为中国发行量最大的报纸。史量才认为"报纸是民众的喉舌，除了特别势力的压迫之外，总要为人民说些话，才站得住脚"②。为此，报社不惜重金聘请了黄远生、邵飘萍、陶行知、戈公振等当时许多著名的新闻人才，对国民党的内政和外交展开激烈的批评。对于《申报》的"反动宣传"，国民政府当局在以停邮、"国民党中宣部派员进驻报社指导"和"封官"拉拢等手段都失败后，最终当局"忍无可忍"，于1934年派特务在浙江海宁县狙杀了史量才。

史量才遇难给新闻界罩上了一片乌云，对史量才的悼念变成了对白色恐怖的抗议，国民党政府不得不下半旗致哀，各界还分别举行了追悼会。史量才遇害后，其子史咏赓继承父业。由于国民党进一步加强了对新闻事业的控制，各方面压力越来越大，《申报》的政治态度趋于保守，恢复到改革前的状态。

（3）邹韬奋先生与新闻审查制度的斗争

邹韬奋是我国著名的出版家、政论家。抗战开始后，邹韬奋的思想越发左倾，而国民党新闻出版审查机构针对生活书店的打压也逐步加强。1939年4月西安生活书店被封闭。此后，各地生活书店遭搜

---

① 傅国涌：《文人的底气：百年中国言论史剪影》，云南人民出版社2007年版，第46页。

② 方汉奇：《中国新闻事业通史》（第二卷），中国人民大学出版社1996年版，第425页。

捕的事件不断发生。到最后，全国50余处分支店除了重庆、桂林、贵阳三处分店，其余均遭封闭。邹韬奋一再向国民党中央文化主管部门交涉。在交涉过程中，国民党特务头目徐恩曾、戴笠都找邹韬奋谈话，劝他加入国民党，但遭到了拒绝。

手段用尽后，由国民党主管文化出版的刘百闵出面再与邹韬奋做最后的谈判。刘百闵提出生活书店与国民党办的正中书局、独立出版社"联合"或"合并"，成立总管理处，请邹韬奋主持，管理所属三个出版机构，各店对外的名称保持不变。邹韬奋严词拒绝，理由是：民办事业是国家法律所允许，生活书店一向遵守法令，已经接受法律监督，不能再受派人"监督"。刘百闵最后摊牌说，这是蒋总裁本人的主意，不能违反。邹韬奋则回以"宁为玉碎，不为瓦全"。谈判宣告破裂。接下来，生活书店各地分店相继被查封。

1933年，民权保障同盟总干事杨杏佛被暗杀后，邹韬奋作为执行委员之一也被列入了黑名单。1933年底，国民党当局以"言论反动，思想过激，毁谤党国"的罪名下令封闭《生活》周刊，邹韬奋被迫出国流亡。

《生活》周刊最后一期发表了他早在一年多前就准备好的《与读者诸君告别》一文："记者所始终认为绝对不容侵犯的是本刊在言论上的独立精神，也就是所谓报格。倘须屈服于干涉言论的附带条件，无论出于何种方式，记者为自己的人格计，为本刊报格计，都抱有宁为玉碎，不为瓦全的决心。"①

在主编《生活》周刊期间，面对各种新闻检查条例，邹韬奋却严守着自己的"报格"，坚持言论自由和精神独立，使《生活》周刊真正成为"民众的喉舌"。无论受到了怎样的外界压力，邹韬奋始终坚持编辑与媒体的独立性。

（4）拒检运动与争取新闻自由的斗争

抗日战争胜利后，国民党集团却暗中做着反共内战的准备，但在口头上不得不高唱和平曲调，以应付国内外要求和平、反对内战的呼

---

① 邹韬奋：《与读者诸君告别》，《生活》周刊1933年第12期。

声。此时，国统区新闻界抓住这一机会，掀起了声势浩大的争取新闻自由的斗争——拒检运动。

　　1945 年 8 月，重庆国讯书店在进步出版机构的支持下，不送国民党当局审查，就自行出版了黄炎培撰写的《延安归来》一书，揭开了"拒检运动"的序幕。《延安归来》一书翔实记载了中共各项政策的实施情况和解放区政治、经济、军事各方面的成就，打破了国民党对中共领导下解放区的造谣污蔑。《延安归来》出版后，张志让、傅彬然、杨卫玉三位进步人士起草了重庆杂志界拒检联合声明，宣布《国讯》月刊、《宪政》周刊等 16 家杂志社不再送检。在中共的支持下，重庆《新华日报》发表社论《为了笔的解放而斗争》，抨击国民党当局实施的原稿审查制度，号召新闻文化界为争取新闻自由而进行斗争。

　　拒检运动的兴起，使国民党当局陷入被动局面。当时，国共两党正在重庆进行政治谈判，国统区和平民主运动日趋高涨，而蒋介石集团发动内战的时机尚不成熟。国际上，各国纷纷取消战时新闻检查制度，无形中给国民党当局以巨大的压力。为了缓和国内外矛盾，国民党当局被迫让步，于 9 月 12 日，由国民党中宣部部长吴国桢出面向中外记者宣布："自 10 月 1 日始，废止战时新闻检查制度。但收复区在军事行动尚未完成以前除外。"9 月 22 日，国民党中央第十次常务会通过了废止新闻出版检查制度的决定。至此，国统区新闻出版界为之奋斗多年的取消新闻检查制度的斗争，经过两个月的拒检运动，获得了初步的胜利。

　　10 月 1 日，即国民党废止新闻出版检查的第一天，重庆《新华日报》发表社论《言论自由初步收获》，号召国统区进步新闻出版界为争取更多的民主自由而斗争。10 月初，昆明《民主周刊》《人民周报》等 10 余家新闻出版团体联合发表宣言，提出了"废除新闻检查制度，必须做到'彻底'，收复区不能例外"等新的斗争目标。11 月，上海 91 名新闻文化界人士联合发表宣言，反对国民党当局压迫人民自由，要求废止收复区的新闻检查制度。12 月，上海 30 名新闻记者联合发表宣言，反对统制新闻的措施。同月，昆明《民主周刊》等 17 家杂志社联名提出废止有关限制出版的一切法令等主张，并建议在新闻文化界开展一场拒绝登记的运动。

面对汹涌而来的争取新闻自由的斗争，1945 年 10 月 10 月，国民党当局被迫签订《国共双方会谈纪要》，纪要明确写道："一致认为政府应保证人民享受一切民主国家人民在平时应享受身体、信仰、言论、出版、集会、结社之自由，现行法令，当依此原则，分别予以废止或修正。"① 这次拒检运动和争取新闻自由的斗争，以新闻出版界的最后胜利而告终。

第四节　特务检查：新闻检查制度异化

南京国民政府在新闻事业上实行新闻统制政策，制定了一系列新闻检查制度，建立了完备的新闻检查网。蒋介石成为国民党领袖后，由于其固执、倔强、多疑与以自我为中心的性格，以及年轻时在日本接受的粗浅军国主义教育等许多复杂原因的影响，造成了他对德、意法西斯强权的崇拜，并选择引进德国模式来改造中国，其手段之一便是建立庞大、严密、正规的特务系统，实行特务检查，摧残中国进步的新闻事业。

一　国民党先后成立的特务机关与特务组织

特务在我国有几千年的历史，和间谍、密探、爪牙等为近义词。它是"特别任务"、"特殊任务"、"特种勤务"等类词语的概括与缩写，其本身词字并不具有贬义，而是一中性词。只是到了近现代，"特务"一词的含义才发生了根本性变化。1979 年版《辞海》就将"特务"一词释义为："参加特务组织或接受特务机关的任务，进行刺探情报、暗害、破坏、造谣、煽惑等反革命活动的分子。"② 这是因为在中国近现代史上特别是国民党统治时期，国民党的特务组织以

---

① 方汉奇：《中国新闻事业通史》（第二卷），中国人民大学出版社 1996 年版，第 1000 页。

② 马振犊：《国民党特务活动史》，九州出版社 2008 年版，第 2 页。

其服务与服从于专制统治的特征，成为集恐怖、凶残为一体的黑暗势力的典型，因而为人们所痛恨与不齿。

在国民党的历史上，"军统"和"中统"是其最主要的正式特务机关，然而在它们出现之前，已经有不少其他特务组织出现，其中还有军统和中统的前身，如中统组织的身份有调查科、调查处、特工总部、中央调查统计局、中央党员通讯局及内政部调查局几个阶段，而军统组织也可从密查组和特务处寻其前身。纵观蒋介石发展特务机关的演变历程，可以分为四个阶段。

第一阶段是组建时期（1928.1—1932.1），分别有 CC 系和调查科、黄埔同学联络小组和密查组。

1926 年 5 月，国民党召开二届二中全会，决定由蒋介石出任中央组织部部长。出于工作需要，蒋介石在部内设立了一个"党务调查科"，负责对党员情况进行调查登记。"四一二"事变发生后，调查科开始扩展工作范围，扩充为情报与编造两股。此后，中组部党务调查科的职责即开始向特务工作转化。

1928 年初，陈立夫与其兄陈果夫在国民党内成立了一个名为"中央俱乐部"的小团体，因"中央"与"俱乐部"两个英文单词的起头都是 C，而二陈姓名拼音字母开头也是 C，故外人称之为"CC 系"。中统特务组织是国民党 CC 系的头目陈立夫一手创建起来的，他是国民党特务工作的始作俑者。CC 系为严防社会上的进步活动，便通过内政部及各地警察部门，在各大中城市的邮电机关内，设立新闻及邮电检查所，专对各地的报刊和信件电报等，事先进行拆封检查，发现有进步的书信和电报立即非法扣留，并且对有关人员罗织成罪，施以种种迫害。

1927 年 8 月，蒋介石因在国民党内部受到汪派及桂系等的共同攻击，四面楚歌，急于用非常手段来对付政敌，即授意胡靖安联络黄埔同学成立了黄埔同学联络小组，负责搜集各方情报，监视部队。1927 年 9 月，蒋介石被迫下野。他为了避免授人口实，便命令"联络小组"停止活动。1928 年 1 月，蒋介石复任国民革命军总司令之后，为了对付政敌，便安排戴笠主持上海"联络小组"的工作。不过联络组是一个非正式组织，没有正当的经费来源，联络组的工作既无长久计划又无协作力量，而且工作不公开，不受人重视。①

　　1931 年底，蒋介石为进一步加强军事情报工作，授意戴笠建立一个"密查组"，作为其搜集情报的正式组织。这一小组有固定的经费拨付、人员配额与工作场所，成为蒋政权内特务工作由零散、非正式发展为集中、正规化的一个短期过渡。密查组成立后，就四处活动，在各级党部、政府机关、部队、经济、文教部门、民众团体，都有密查组的耳目在侦探。蒋对此极为满意，所以特许密查组有直接捕人、审讯甚至秘密处决人的权力，且可以持密查证要求当地军、警、宪派兵协助活动。

　　戴笠成为"密查组"的负责人，而周伟龙、王天木、唐纵、方超、张炎元、徐亮、赵世端、张冠夫、胡天秋、马策、郑锡麟、王兆槐等人则成为戴笠的第一批骨干力量。这些人后来都成为戴笠的最早发家班底"十人团"的成员。后来戴笠成为军统特务组织的头子，原密查组人员都成为军统的骨干。所以有人说密查组是"军统"的前身，这是有道理的。

　　第二阶段开始形成规模（1932.1—1938.5），分别发展为特工总部、复兴社和军事委员会情报局。

　　特工总部是在调查科的基础上建立起来的，是 CC 系的一个重要组成部分，而且自始至终都是一个完全秘密的组织。蒋介石为了让调查科更好地破坏革命、镇压人民、保卫其法西斯独裁统治，决定扩大该组织，于是便在 1932 年初，授意二陈在南京道署街 132 瞻园内设立了特务工作总部。特工总部时代是中统组织最反动猖獗的时代，特务们自夸是特务史上的"黄金时代"。他们持特工调查证，可以在任何地方为所欲为，甚至可以调动任何军警。

　　"九一八"事变后，广大工农群众、学生中爱国分子掀起了轰轰烈烈的抗日爱国运动热潮。国民党各省市党部和省政府、市政府经常被要求的抗日群众包围，蒋介石尝到了进步力量的滋味，开始处心积

---

①　马振犊：《国民党特务活动史》，九州出版社 2008 年版，第 13—14 页。

虑地加强他的统治机器，意欲直接建立一个法西斯组织，效忠他个人。于是在 1932 年 2 月，蒋介石二度东山再起当上了军事委员会委员长之后，抓的第一件大事便是赶快搞成一个"能团结"的组织。至于组织的名称，国民党军事委员会政训处处长刘健群建议组织"蓝衣社"，而此时，黄埔各期学生以宣传蒋介石的"力行哲学"为名，联合建议组织"力行社"，即获蒋批准，1932 年 1 月，三民主义力行社在南京成立。后来由于需要扩大这个组织，就用"中华民族复兴社"之名称，发展对象。①

需要特别说明的是复兴社的特务处，从复兴社成立起，隶属于它的特务处的处长之位就一直空着，直到 1932 年 4 月 1 日，蒋介石任命戴笠为处长，特务处正式成立。在复兴社解散后，特务处仍然存在着。特务处虽然是复兴社的一个部分，但其组织、人事及活动，都具有特殊的独立性。戴笠秉承蒋介石的意旨，对不满蒋介石统治的人都以暗杀手段对付。戴笠把 4 月 1 日这个以他为首的特务组织诞生的日子作为后来他的军统局的创建纪念日，每年都要举行隆重的庆祝活动，所以也有人认为特务处是军统特务组织的前身。

1935 年，蒋介石为了集中力量统一指挥，加强反共特务活动，将 CC 系的特工总部和复兴社的特务处统一组成军事委员会情报局，派陈立夫为局长。特工总部改名为第一处，徐恩曾任处长，主管党派调查；特务处为第二处，戴笠任处长，主管军警调查；再建第三处，负责新闻邮件检查，陈焯兼处长。不过，特工总部和特务处虽然形式上统一了，但是实际上还是各搞各的，军事委员会情报局实际上只是一个汇报机构，直到两家彻底分家，自立门户为军统、中统为止。

第三阶段是鼎盛时期（1938.5—1946.7），军统和中统两大特务组织正式成立。

1938 年 3 月 29 日至 4 月 6 日，国民党五届四中全会在武汉召开，作出了大力扩充特务组织的决定。这次大会将挂在陈立夫名下的原军事委员会调查统计局第一处，扩建为国民党中央调查统计局（中统

---

①　朱文楚、黄康永：《我所知道的军统兴衰》，中国文史出版社 2005 年版，第 6 页。

局），于 1938 年 5 月在汉口成立，徐恩曾负责实际工作；第二处扩建为军事委员会调查统计局（军统局），于 1938 年 8 月成立，戴笠负实际责任，其仍以复兴社特务处原班人马为核心，因而其"使命"没有根本变化，只是手段更加阴险残暴，破坏性更大；第三处扩建为军委会特检处，由中统、军统合作掌握。①

之后，军统的发展超过了中统，成为国民党的特务主体，而特检处也归于军统麾下，特检处的主要任务是负责海陆空交通邮电的检查工作，为军统侦探情报搜集材料，扣留对当局不利的通信宣传品。处内设有邮电检查、总务、防谍等科，其侦查的重点是中共机关人员往来信件、《新华日报》等，进行扣压、分析、破获及销毁，并根据信件来源逮捕靠近中共的人士，直接为军统局的反共活动服务。

"两统"都是蒋介石实行法西斯统治的御用工具，但彼此之间相互攻讦，争相邀宠。在抗战后期，两统的斗争越来越激烈，最后导致了中统"掌门"徐恩曾的下台，并引发了蒋介石改造特务机构的决断，在客观上造成了两败俱伤的后果。

第四阶段是走向衰亡（1946.7—1949.9），军统化整为零变为保密局，中统也在不到三年时间里两次改组，先改为党通局，后又变为内政部调查局。

抗日战争胜利后，蒋介石在政治协商会议上作出了取消特务机关的承诺。但是，真的要蒋介石抛弃特务是不大可能的，对国民党蒋介石集团而言，使用特务已经像是吸毒者对于毒品的依赖一般，一日不可或缺了。不过，改组以后的"两统"已不能和鼎盛时期相比，开始走下坡路了。

戴笠知道军统组织难以以原样维持下去，打算化整为零，继续死命效忠蒋介石，但是计划还没有实行，就在 1946 年 3 月 17 日因飞机失事摔死。其后，蒋介石将军统局一分为四：国防部保密局、国防部二厅、交通部警察总局和内政部警察总署。军统局虽四分，实际是化整为零地从军统组织分散出来，仍是由军统头子领导，军统骨干所把

---

① 马振犊：《国民党特务活动史》，九州出版社 2008 年版，第 136 页。

持，实质上由保密局统领。1946 年 7 月，军统特务组织改名保密局，附设在国防部。以此看出，蒋介石依赖的特务机关仍旧存在，而且更带上了一层神秘色彩。

政治协商会议以后，蒋介石明令撤销中央调查统计局和军委会调查统计局，并在《"中央"日报》上刊登消息，公诸国人。陈立夫与蒋介石合谋，把中统局改为中央党员通讯局，在 1947 年秋正式成立。1949 年，国民党开始实行"宪政"，蒋介石便号召党的机关尽可能向行政部门转移，于是党通局又改为内政部调查局，在广州成立。但国民党政权已是大难临头，改组也改变不了它衰亡的命运。

二　特务组织对新闻宣传的检查与破坏方式

如前文所述，蒋介石的特务组织重要任务之一，就是对新闻宣传进行控制和迫害。国民党特务处的设置有些就是专门负责新闻检查的。如 CC 系设立的邮电检查机构和军事委员会情报局第三处，都是负责新闻检查的。蒋介石国民党对新闻宣传进行特务检查是从希特勒和墨索里尼那里学来的，是一种限制甚至禁止人民的言论自由的法西斯行径。国民党设立的新闻检查所是一个庞大的机关，主持人员都是当时国民党 CC 系和军统的特务，如中央新闻检查处处长贺衷寒就是原来蓝衣社的"四大金刚"之一，邮电检查所由 CC 系掌控，所以可以说国民党的新闻检查工作主要是由特务来执行的。

特务检查机关对付进步刊物新闻宣传的残酷程度，可以从它们检查与破坏的方式中窥视一二。国民党新闻检查局先是对进步刊物所刊登的新闻、文章、标题和广告实行严酷的原稿审查，甚至任意删削、涂改和扣压原稿；而当这种检查模式无法达到国民党遏制新闻宣传的目的时，国民党特务机关便从破坏印制与发行着手，操纵派报工会和邮局扣留来妨碍发行，甚至派出宪警、特务没收和撕毁刊物，并迫害报贩、报童和刊物读者，以期达到宣传一律的目的。

但是进步刊物为实现新闻自由是不会惧怕这些检查招数的，所以国民党便开始撕下民主的外衣，露出凶残的本质，暗地里派遣特务迫害进步刊物的编者、读者，暗杀进步人士，以此来阻止进步思想的宣传。

（一）特别检查与检扣：国民党特务机关的新闻检查模式

特别检查与检扣是指国民党新闻检查局对书报实行严酷的原稿审查，任意删削、涂改和扣压送审原稿的检查模式。

国民党的特别检查模式，在《新华日报》的遭遇上最能体现。1937年，《新华日报》作为第二次国共合作的产物在国统区创办，但是国民党统治者并不甘心让共产党的声音在国统区广为传播，又不敢公然查封，于是制定了一个"只许新华日报出版，不许共产党讲话"的政策，对《新华日报》做了严厉的检查。

从国民党特务机关的内部来往文件看，《新华日报》几乎每天都要忍受国民党检查机关的无理删检和警告，如检扣反映民众生活困苦情形的稿件，检扣毛泽东文函，检扣"侨胞捐款慰劳八路军"的新闻，检扣"西安事变"、"百团大战"等新闻。禁止宣传八路军战绩，禁止在删改处留空白，禁止刊登有关学潮的论文，禁止刊登揭露性文字，禁止刊登中共言论、"动摇民心"、"请愿加薪"的稿件，禁止被检扣之新闻仍刊标题代之，甚至于报上刊登的经济小广告都被当作检查重点。①上述所受的检查与检扣只是冰山一角，该报在国统区生存九年，所遭遇的摧残是常人所无法想象的。

"皖南事变"在《新华日报》的刊登过程可以让我们感受到受特务检查之残酷。蒋介石调遣军队袭击新四军之后，悍然以国民政府军事委员会名义宣布新四军为"叛军"，取消新四军番号，将叶挺交军法审判，并通过中央社编发消息强迫重庆各报馆在第二天刊登，还要配合消息发表反共社论。

《新民报》《新蜀报》《国民公报》等报馆都清楚，如果拒登中央社这篇稿子，就意味着报馆关门，甚至会招来更大的祸害，但是大多报馆在屈服的同时又以某种形式反抗。而《新华日报》写的揭露"皖南事变"真相的消息和驳斥国民党反动军令的社论，全都被新闻检查所扣压。1月17日夜晚，周恩来亲笔写了致哀"为江南死难者"

---

① 黄立人、张克明：《白色恐怖下的新华日报》，重庆出版社1987年版，第8页。

的题词和四言挽诗，准备在翌日报上刊登。午夜过后，编辑部才拿到周恩来写的手稿。这时，国民党的新闻检查官还赖在报馆坐等检查第二天出版的报纸。国民党特务检查机关是不会准许刊登周恩来的题词和挽诗的。所以，《新华日报》决定拒绝检查。为了刊登周恩来撰写的题词和挽诗，这天的《新华日报》在版面上做了特殊安排，发了两篇同木刻题词和挽诗一样大小的稿子，用于应付赖在报馆的检查官和布置在报馆的军警特务们，他们见报上没有"皖南事变"的字样，以为"平安无事"就离开了。这样的报纸只印了几张，然后就换上木刻大量印刷。

蒋介石未能用新闻检查的方式阻止《新华日报》揭露"皖南事变"的真相，恼羞成怒。他派出宪警特务四处没收、撕毁《新华日报》，追捕卖《新华日报》的报童，甚至到一些订户家里搜查，强迫交出当天的报纸，驻重庆的外国记者将周恩来写的题词和挽诗拍发电报也遭到阻拦。

国民党特务检查机关颁布若干检查条例，对进步刊物的原稿实行严酷地检查、任意地删减和无理地扣压，破坏了新闻自由，阻碍了新闻事业的发展。国民党的特务检查无非是想遏制进步思想的宣传，实现国民党的舆论控制和宣传一律。但《新华日报》等进步刊物奋起反抗，发起了轰轰烈烈的抗检运动，使国民党的反动目的没有完全达到。

（二）破坏印制与发行：国民党特务机关的常用检查招数

破坏印制与发行是指国民党特务机关操纵派报及书店工会不卖进步书报刊物，通过邮局检查和扣留进步刊物，派出宪警、特务没收和撕毁刊物，并迫害报贩、报童和刊物读者的检查招数。

国民党特务检查机关对进步刊物实行严重封锁和破坏，指使邮局扣压刊物，使其不能到达读者手中。另外，他们利用自己御用的派报工会，不准报贩推销进步刊物，否则这些贩报者会失业，同时还会失去人身自由。所有报馆自己的送报员也经常遭到毒打、拘捕和囚禁。

除此之外，这些进步刊物的读者、通讯员和作家积极分子也会受到严重的迫害和严密的监视。接着，他们实行经济压迫，不许银行贷款，不许物资部门配售纸张，恐吓商户不许在进步刊物上刊登广告等。甚至，还在一些报馆编辑部和发行部周围密布特务，广设岗哨，监视报馆负责人员的外出活动。

国民党当时对作为进步刊物代表的《新华日报》不敢取消，而实际又要取消，于是便想出各种方法来破坏《新华日报》的发行工作。他们把这种阴谋手段叫做"准印不准卖"。自《新华日报》创办以来，该报就经常受到国民党特务行径的迫害，国民党先是采用邮电检查，扣留、销毁付邮的全部报纸。后来经常威胁报馆送报、卖报的同志。甚至指使警察、宪兵、特务、流氓成天捣乱，找种种借口没收、撕毁报纸，刁难、打骂、关押报丁、报童。还发生过拘捕印刷所职工和绑架营业处主任的蛮横事件。在当时，如果学生订阅《新华日报》就会受到学校训导处的警告，青年在候车、候船的时候看《新华日报》也会受到特务、宪警的盘查。

国民党在拒绝《新华日报》在西安注册之后，又采用特务手段阻止它在西安印报。1939 年 1 月 3 日，几名便衣特务闯入西安《新秦日报》馆印刷厂，将该馆代《新华日报》浇铸的铅版没收，并逮捕该馆承接这项任务的人员张炳智。1 月 20 日，西安市警察局四分局又将西安分馆门市部查封。

《新华日报》成都分馆设在成都祠堂街 88 号，遭受迫害的次数最多也最严重。国民党特务们先是逼迫房东刘肇乾收房遭拒，刘是退伍军人，特务们因惧怕其靠山，所以捣乱未能得逞。其后，在 1940 年 3 月第一次反共高潮期间，国民党特务就在成都制造一起"抢米事件"，以此栽赃逮捕大批共产党人和进步人士，报纸销量也由五六千份跌至一千多份。

广州沦陷后，《新华日报》广州分馆全体人员迁到桂林，建立桂林分馆。《新华日报》在桂林拥有很多读者，发行量达四千份。国民党顽固派不能坐视中共通过《新华日报》在这里扩大革命影响，1939 年 1 月 25 日，广西省政府下令停止《新华日报》在桂林发行。

不仅是《新华日报》遭受了严重的破坏，1941 年 1 月湖南衡阳《开明日报》遭到特务打入破坏。1942 年 9 月，福建省南平《南方日报》被暴徒所毁。1945 年 4 月，《华西日报》馆被特务两次捣毁。
1946 年 2 月 22 日，特务再次冲砸《民主报》和《新华日报》，形成
震动全国的"二·二二"血案。1946 年 3 月 1 日，西安《秦风工商
日报》被砸，后又遭特务纵火焚毁。这些都是国民党官方纵容特务暗
中策动的流氓事件，国民党警、宪、特部门顾虑出动军警"有碍观
瞻"，还要担待政治责任。所以，他们雇用流氓，与自己撇清关系。
一时间，他们串通黑社会的帮会，组织"哥老会"的亡命之徒，搞
得街头乌烟瘴气。

国民党的《"中央"日报》经过指令性派订和免费赠阅，发行量
才仅保持在万余份左右，无法与进步刊物的销量相比。国民党特务机
关千方百计破坏进步刊物的印制与发行，迫使读者与报纸见不了面，
就是为了抵制这些进步刊物的社会影响。特务机关不仅利用邮电检查
妨碍发行，还对作者、编者和刊物负责人进行迫害，甚至连无辜的读
者也要遭受警告、监视和逮捕。但国民党的特务行径并不能切断进步
刊物与读者的师友感情和同志友谊，当然也就没有遏制住进步刊物的
社会影响。

（三）迫害与暗杀：国民党特务机关对付新闻媒体的特别手段

迫害与暗杀是指国民党暗地里派遣特务对付进步刊物的编者、读
者和负责人等相关人士的特别手段，以此来阻止进步思想的宣传。

对《新华日报》而言，由于国民党统治者没有成功破坏其发行，
便开始让军、警、宪、特再次赤膊上阵，走法西斯统治的老路。在特
务横行的重庆市，《新华日报》的读者或投稿人随时有失踪、被捕或
暗杀的可能。他们动用多种专政工具和侦察手段，对《新华日报》
的读者进行侦察调查，从个人到单位，从工厂到学校，从城市到农
村，黑网密布，人人自危；至于经常向《新华日报》写稿的投稿人，
更是警特部门的重点侦察核办的对象。

血腥不仅散布在《新华日报》上，还弥漫在整个新闻界上空。
1929 年 8 月，无锡《新民报》记者朱冰蝶以"侮辱党部"罪名被非
法逮捕，引起舆论哗然。1931 年 2 月 7 日"左联"五作家被秘密处
死。1933 年 1 月镇江《江声日报》编辑刘煜生因其负责的副刊发表

的四篇小说中，有"地上泛起红潮，添上一片红"、"铁的纪律"等词句，就被指责其有"激动阶级斗争之嫌疑"，刘在被非法监禁五个月后，竟被江苏省主席顾祝同下令处决。《时事新报》驻南京记者王慰三在光天化日之下被人枪杀。1934年《申报》主编史量才被特务乱枪杀于沪杭公路。

而在这其中最典型的例证就是戴笠的特务组织刺杀了《申报》负责人史量才。史量才是《申报》的负责人，他不仅在上海新闻界、工商界很有地位，有影响，而且一贯支持以鲁迅等人为首的左翼作家联盟，容许《申报》副刊《自由谈》大量刊登鲁迅和许多进步作家的文章，这使得蒋介石十分恼怒。于是，史量才便上了特务暗杀的黑名单，1934年夏秋之间，戴笠奉蒋介石之命，亲率人员前往上海布置。① 特务们通过帮会关系从史量才的司机处打听到他10月间去杭州调养胃病，之后又从司机处得知11月14日从杭返沪，戴笠认定机会来了。当天，在沪杭公路所经过的海宁县第四区博爱镇距翁家埠四里路的地方，戴笠以挂有杭市警局临时车牌和"京字第27号"牌照的两部车配合，伪装途中抛锚，堵截道路，史量才所坐的车被迫停下后，特务们开始杀人灭口，车上四人，仅史量才之子史咏赓逃脱，史量才、搭车的邓祖询（史咏赓的同学）和司机均丧命。血案发生后，举国震惊，责难纷起，蒋介石被迫装模作样地命令沪杭两市悬赏万元破案，结果当然是不了了之。

又一力证就是《文萃》周刊。它是在中国共产党领导下以民间刊物出现的进步报刊，于1946年春在上海发行，以政论性文章为主，矛头直指国民党的腐败统治。国民党中枢机构早就下令中统侦察《文萃》，一直未有结果。直到1947年7月，特务组织先逮捕了《文萃》发行员四人，后承印《文萃》周刊的友益印刷厂，被中统行动队队长赵伯谦、队员苏麟阁发现，该厂经理骆何民和职员陈子涛、吴承德及厂内女佣韩月娟等也被捕。后来，《文萃》周刊被停止印行，被捕人员在1948年12月27日晚均被秘密杀害。

---

① 文闻：《我所知道的政治暗杀秘闻》，中国文史出版社2004年版，第50页。

国民党特务的暗杀活动就是血淋淋的历史见证，他们所迫害与暗杀的进步人士如若一一罗列，定能成书。而且像史量才这样的新闻人才的逝世，对新闻界来说也是巨大的损失。但是，国民党运用特务手段遏制新闻事业的进步宣传，来维护自己的统治，无异于饮鸩止渴，历史便是明证。

结　语

国民党在新闻管理中制定了许多具有现代法律性质的新闻检查规定，但是在执行过程中，由于官员的法律素养奇缺，长官意志横行，法制管理被破坏殆尽。

特别是在战争过程中，军方远远超越了新闻检查法规的限制，使国民党的新闻检查有法不依。不仅如此，官僚意志使得各种检查反复无常，且对报刊日常出版、信息的准确快速传播造成了直接破坏，使报刊的传播质量和传播能力严重受损。由于蒋介石信奉特务统治，新闻检查中还经常出现对于报人的人身和生命攻击。

所有这一切，都使国民党的新闻检查显得残暴，进而受到中国共产党和其他民主人士的顽强抵抗。国民党在残暴的新闻检查中丧失了意识形态的解释权，进而也失掉了他们想要保住的江山。

第五章

+·+·+·+·+·+·+·

南京国民政府新闻检查制度
对社会治理的影响

这里主要考察南京国民政府新闻检查制度对社会治理的影响，将通过如下四个案例，对国民党新闻检查制度社会治理的影响结果进行研究，找出南京国民政府新闻检查制度给社会稳定与建设带来的破坏性、非法性与失败因素等。

案例一 《"中央"日报》：检查政策的试行与制定

《"中央"日报》是国民党中央机关报，由中国国民党创办，受国民党中央宣传部督导。《"中央"日报》最早于 1927 年 3 月 22 日在汉口由武汉国民政府创办，其间因战争原因数次迁移，1949 年 4 月 23 日在大陆停刊。

创刊初期是总编辑负责制，到 1932 年改行社长负责制，程沧波担任首任社长，直接对国民党中央宣传部负责。《"中央"日报》是国民党最高级别的报纸，它"以阐扬'三民主义'为中心任务，以国民政府施政方针、对内对外政策为经常工作"①。《"中央"日报》是国民党和国民政府的喉舌，受到一系列法令、制度的限制。在言论上，一切以维护国民党政权为前提。在新闻选择上，趋利避害，甚至

---

① 谷长岭、俞家庆：《中国新闻事业史参考资料》，中央广播电视大学出版社 1987 年版，第 121 页。

采取歪曲、夸大手段。

一　《"中央"日报》的创办与流浪

（一）武汉时期的《"中央"日报》

1927 年 3 月 22 日，武汉国民政府在汉口创办《"中央"日报》。由时任国民党中央宣传部部长顾孟余兼任社长，中国共产党党员陈启修为总编辑。其中有沈雁冰、孙伏园等一批共产党员和左翼人士参加编辑。同年 7 月 15 日，"宁汉合流"，武汉《"中央"日报》于 9 月 15 日停刊，共出版 176 号。客观地说，从创刊伊始，《"中央"日报》一直由中共负责打理。

（二）上海时期的《"中央"日报》

1927 年 4 月 18 日，南京国民政府成立，国民党在定都时即有设置机关报的筹议。时值上海《商报》停刊，国民党接收其设备，于 1928 年 2 月 1 日在上海复刊《"中央"日报》，直接受国民党中央宣传部的指导监督。国民党东路军前敌总指挥部政治部主任潘宜之兼任总经理，彭学沛任总编辑。

1929 年春，叶楚伧接任中央宣传部部长，将《"中央"日报》由上海迁至南京出版。南京为当时首都，全国政治经济中心，《"中央"日报》"在言论及新闻上代表中枢，成为政府的喉舌"[①]。1932 年 3 月 1 日，《"中央"日报》改行社长负责制，程沧波出任社长，全面主持《"中央"日报》工作。《"中央"日报》直接对中央宣传部负责，但在行政上保持独立。

（三）重庆时期的《"中央"日报》

1937 年 12 月 13 日南京沦陷，《"中央"日报》在南京停刊。随着国民党统治中心西迁重庆，1938 年 9 月 1 日，《"中央"日报》在重庆复刊。抗战期间，《"中央"日报》立足重庆，先后在成都、贵阳、昆明、长沙、芷江、桂林、屯溪、福州、永安等地创设分版，建

---

① 曾虚白：《中国新闻史》，三民书局 1984 年版，第 358 页。

立起我国最强大的连锁报系。①

（四）南京时期的《"中央"日报》

抗战胜利后，国民党中央宣传部积极筹划接收各地伪报，以期尽快重建党报系统。1945 年 9 月 10 日，《"中央"日报》在南京原社址复刊。1945 年 11 月，马星野出任南京《"中央"日报》社长，王新命为总编辑，陶希圣为总主笔。1947 年 5 月 31 日，《"中央"日报》实行股份制改造，成立"中央日报社股份有限公司"，陈立夫为首任董事长，马星野为常委董事兼社长，黎世芬为总经理。

二　"为党的需要立言"：《"中央"日报》接受的宣传指令

蒋君章回忆其在《"中央"日报》做主笔（1946 年）的经历时说："当时的国府委员陈布雷对于在《"中央"日报》做新闻给了许多原则性的指示。他要我首先认识中央日报的性质，那是代表本党中央的一份报纸，其言论也是有代表性的。写社论不是为自己写文章，而是为党的要求，而对某种问题发表意见。"② 是的，在《"中央"日报》"不是为自己写文章，是为党的需要立言"③。

"为党的需要立言"是《"中央"日报》接受的宣传指令，自办刊之日起就带有浓厚的政党色彩。1928 年 2 月 1 日，《"中央"日报》在上海复刊发刊词中宣布，"本报为代表本党之言论机关，一切言论，自以本党之主义政策为依归"。1932 年 5 月 8 日，《"中央"日报》社长程沧波在发表《敬告读者》中指出，"中央日报在系统上为党的报纸，是其职守，应为党之主义言，为党的创建者之遗教言"，"今之政府，受命于党，而本报则本党之辩护人也"。"本报一本其批评政府之勇气以为政府辩护。"④ 上述言论，不管怎么表述，最鲜明的核心，即《"中央"日报》是国民党和国民政府的喉舌，是替国民党"辩护"的。

自 1932 年 3 月起，《"中央"日报》在南京实行社长负责制。在形

---

① 赖光临：《中国新闻传播史》，三民书局 1992 年版，第 161 页。
② 胡有瑞：《六十年来的中央日报》，台北"中央"日报社 1988 年版，第 158 页。
③ 同上。
④ 程沧波：《敬告读者》，《"中央"日报》1932 年 5 月 8 日。

式上成为独立法人，需要进行独立经营，但事实上则便于蒋介石直接进行控制。社论是编辑部的指导性言论，代表报社的立场，直接反映国民党中央的意见。然而，《"中央"日报》社论却是蒋介石直接或间接授意，或是由报社人员揣摩其意图去写。《"中央"日报》虽先后隶属于国民党中央宣传委员会及中央宣传部，名义上接受其领导与指示，实则听命于国民党最高权势者蒋介石，一切以他的意图为立论出发点。①

在"皖南事变"后，国民党政府发布《军事委员会通令》和《军事委员会发言人谈话》，反诬新四军为"叛军"，宣布取消新四军的番号。一方面要求各报社转发通令和谈话，另一方面阻止《新华日报》等报纸刊登"皖南事变"真相。《"中央"日报》作为国民党的机关报，与国民党中央的政策保持高度一致。

该报在 1941 年 1 月 18 日就"皖南事变"发表社论《抗战的纪律》说："最近驻防皖省一带之新编第四军将领叶挺、项英等辈，罔顾国家安危，抗战失败，竟效韩石之所为。自由行动，更复率部叛变，危害国家。""我们相信这次军事当局对于叛逆之解决，必比我们更为痛心，与诸葛孔明挥泪斩马谡谓正复相同。"② 该社论只字不提新四军的伤亡问题，把错误归咎到叶挺、项英等领导的身上，很明显地编造谎言，扭曲事实的真相。

1943 年 3 月，由蒋介石授意、陶希圣执笔的《中国之命运》一书出版。蒋介石在这本书中强调，中国国民党是中国唯一的革命政党，宣传只有三民主义救中国，只有国民党救中国。这本书公开宣扬反对共产主义，处处充满了反共思想。《"中央"日报》对此书出版，进行了不遗余力的大肆宣传。3 月 31 日，重庆《"中央"日报》发表社论《读〈中国之命运〉》称，这本书是"国人渴望甚殷的著作，成千成万的读者自必以先睹为快"③。它从四个方面迎合本书观点，称

---

① 谷长岭、俞家庆：《中国新闻事业史参考资料》，中央广播电视大学出版社 1987 年版，第 121 页。

② 《关于整节军纪之一般舆论：抗战的纪律》，《西江前线》1941 年第 5 期。

③ 重庆市政协文史资料研究委员会、中共重庆市委党校、红岩革命纪念馆：《抗战时期国共合作纪实》（下卷），重庆出版社 1992 年版，第 91 页。

颂"总裁"的宗旨、指示和领导反共思潮。此后一段时期，在《"中央"日报》社论中，经常出现以"总裁在《中国之命运》中写到"、"正如总裁在《中国之命运》中所提"开头来引用《中国之命运》的内容。

三　《"中央"日报》同样要经受严格新闻检查

北伐战争结束后，国民党从革命政党转变为一党专政下的执政党。1928 年，以蒋介石为首的国民党政权在全国取得统治地位后，宣布进入"训政时期"。极力推行"以党治报"的方针，要求国统区所有新闻事业都必须接受国民党指导和行政管理。国民党设立以《"中央"日报》、中央通讯社、中央广播电台为核心的中央宣传机构，对民营新闻机构实行积极拉拢和严格控制，并在全国设立新闻控制机构。随之建立起从中央到地方的新闻统制，组建国民党新闻事业网络，推行新闻检查制度。维护国民党的专制统治，剥夺人民的言论出版自由。

国民党于 1928 年 6 月开始建立新闻宣传审查制度。同年 6 月，国民党中央常务会议通过《设置党报条例》《指导党报条例》和《补助党报条例》，对党报的设置方法、宣传内容、组织纪律、领导体制、津贴标准等方面做了详细界定。

《设置党报条例》规定，党报"主管人员及总编辑由中央或所属之党部委派之"①。而报社"组织大纲工作计划及职员名册，均须送呈所属党部审核并转呈中央宣传部备案"②。

《指导党报条例》除日常"各项党报均须履行日报登记手续"③外，在具体新闻业务上，党报时刻受宣传部审查。如规定"各党报应按期呈送刊物全份于中央宣传部及其主管党部宣传部审查，如认为有应该纠正之处，须绝对服从"。"各党报登载新闻，如有失检，影响私人或法人名誉时，当事人可举证事实，声请更正。倘拒不更正，得

---

① 《设置党报条例》，《河北省政府公报》1928 年第 120 期。
② 同上。
③ 刘哲民：《近现代出版新闻法规汇编》，学林出版社 1992 年版，第 445 页。

呈请其主管党部宣传部核办，或向法院提起控诉。"①

在报纸宣传内容上，各级党部宣传部要求党报，"除将所定宣传纲要及方略尽先发给外，并应随时指示宣传要旨，以为立论取材标准。各党报应根据中央宣传部所颁宣传要点及时事问题，每周著刊社论"。"各党报除记载真实新闻外，须尽量宣传本党及政府所有政治设施、法律制度、建设计划等。各党报须尽量阐扬本党主义及政策，纠正一切反动谬误的主义或政论。"②

不仅如此，还有相关系列纪律需要严格遵守："其一，以本党主义、政纲、政策为最高原则。其二，绝对服从上级党部之命令，并不得为私人所利用。其三，对各级党部及政府送往发表之主要文件，须尽先发表，不得迟延或拒绝。其四，对本党及政府应守秘密之事项，不得随意发表。"③与之相配套的惩戒措施如下："警告；撤换负责人或改组；停刊；惩办负责人。"④

1930年，国民党又提出了"党报原则"，规定："第一，以三民主义为最高指导原则，以党的政纲为宣传材料。第二，站在党的立场，以中央的态度为态度，严守党的秘密，绝对受上级党部的指挥。第三，尽量避免为一派一系所利用，维持党德。"⑤

从1933年开始，国民党由审查追惩制度改为事前预防的新闻检查制度。抗战爆发后，接着颁布了一系列战时新闻管制法令，建立起战时新闻检查制度。

国民党越来越苛刻的新闻统制政策，遭到新闻界和全国人民的坚决反对。在国内，声势浩大的"拒检运动"使正在玩弄"和谈"阴谋的国民党陷入被动局面。在国际上，各国政府纷纷取消战时新闻检查制度，对国民党形成国际压力。鉴于此，1945年9月15日，马星野在《"中央"日报》第3版发表文章《舆论政治之历史基础》，以

---

① 刘哲民：《近现代出版新闻法规汇编》，学林出版社1992年版，第445页。
② 同上。
③ 同上。
④ 同上。
⑤ 国材：《党报的原则》，《民国日报·新闻学周刊》1931年第17期。

个人的名义表态，国民党政府在废除了检查制度以后会"爱护新闻界，而决不会口惠而实不至，用他种方式来钳制舆论"①。1945 年 9 月 22 日，国民党迫于无奈，召开中央第十次常委会，通过了废止新闻出版检查制度的决定和办法。

至此，为期两个月的拒检运动获得了巨大胜利。但是，国民党反动派并没有因此而放松对新闻界的控制，在废止新闻检查制度的同时，却宣布《出版法》《新闻记者法》仍然有效。

四　新闻检查制度对《"中央"日报》的严重影响

（一）导致社长频繁更替

《"中央"日报》是国民党重要的宣传机构，按理说，该报社长之职是十分热门的岗位，竞争应该十分激烈。然而，实际情况却恰恰相反，大家对此职务敬而远之。从表 5 - 1 中可以看出，《"中央"日报》社长们任期均不长，更替之快可见该报社长之难干。特别是在 1940 年，《"中央"日报》就更换了三任社长。

1940 年 8 月，程沧波辞职后，何浩若接任社长。据中国国民党中央宣传部部长王世杰事后回忆说："《"中央"日报》近日经何浩若整顿，在发行方面已大有进步，但蒋先生不满于该报社论，促令何浩若改就他职。"② 何浩若在任仅两个月，便被调走，可见蒋介石对《"中央"日报》这一传声筒言论上的重视。

之后，由时任中央社总编辑陈博生出任《"中央"日报》社长。但是，《"中央"日报》在陈博生的管理下毫无起色，还常受到各方责难。加上他曾向《新华日报》借纸应付局面，以及《新华日报》也向其借铜模浇铸铅字的事情而被蒋介石指责，陈博生因此引咎辞职。

于是，国民党中央就指派陶百川接任《"中央"日报》社长。一年后，又因《"中央"日报》提前披露国民党政府与美国政府签订《中美商约》的消息，引起蒋介石震怒，下令严查，陶百川被迫辞

---

① 马星野：《舆论政治之历史基础》，《"中央"日报》1945 年 9 月 15 日。
② 中国社会科学院近代史研究所近代史资料编辑部：《近代史资料》（总 124 号），中国社会科学出版社 2011 年版，第 236 页。

职。陶百川感慨党报难办，曾被一长者说道："我知道你很努力，可是不懂政治，努力何益！"①

《"中央"日报》社长出现空缺后，陈果夫、陈立夫、陈布雷联合向蒋介石推荐有"办报能手"之称的胡健中出任社长。但是，胡健中鉴于前几任《"中央"日报》社长先后辞职，认为此社长难干，不愿就职。经大家劝说，以及蒋介石亲自出面召见，胡健中提出请陈训念任总编辑、陶希圣任总主笔、陈宝骅任总经理的要求后勉强上任。有这么一个了解蒋介石意图的领导班子管理《"中央"日报》，《"中央"日报》社才结束了社长频繁更替的局面。

表 5 - 1   《"中央"日报》任职人员更替一览表

社长	总编辑	总主笔	总经理	任职开始时间
潘宜之	彭学沛	—	陈君樸	1928
叶楚伧	严慎予	—	曾集熙	1928
程沧波	张客年	周邦式	贺壮予	1932
何浩若	刘光炎	陈石孚	翁坚	1940
陈博生	詹辱生	陈博生	张明炜	1940
陶百川	袁业裕	潘公展	詹文浒	1942
胡健中	陈训念	陶希圣	陈宝骅	1943

（二）新闻言论时常受到干预

《"中央"日报》作为国民党中央机关报，秉承为蒋介石集团统治服务的宗旨。不仅《"中央"日报》社长的任免要由蒋介石说了算，《"中央"日报》的新闻言论同样摆脱不了以蒋介石为首的国民党集团的控制。由前文论述即可以看出，《"中央"日报》的社论是直接受蒋介石指示而写的。蒋介石的指示或意图一般是通过陈布雷告诉陈训念或陶希圣而传达下来的。②

① 陶百川：《困勉强狷八十年》，东大图书股份有限公司1984年版，第173页。
② 谷长岭、俞家庆：《中国新闻事业史参考资料》，中央广播电视大学出版社1987年版，第130页。

　　蒋介石曾指示《"中央"日报》，"应尽量反映舆情，文字要犀利有力，且不必避讳对政府施政的善意批评"①。但所谓"反映舆情"，并不是要反映民众的意愿，而是要体察和宣扬国民党中央和国民党政府及其领袖的意图。所谓"文字要犀利有力"，就是要求国民党党报充分发挥其战斗性，并配合各党、政、军部门对共产党及一切异己力量发起攻击，不留情面。所谓"对政府施政的善意的批评"，就是要揭露党和政府施政方略和具体工作中的缺点和错误，以配合各项方针政策的顺利实施，说穿了就是国民党统治者以党报为打击对手、平衡关系、进行党内斗争的工具。②

　　凡遇重大事件，国民党中央宣传部往往会直接通知各报社，必须采用中央社稿件，《"中央"日报》更应如此。1942 年秋，《"中央"日报》报道蒋介石在重庆民众运动大会发表演讲时，因采访部主任赵效沂自信其记录详细、采访到位，未采用中央社稿件，引起蒋介石勃然大怒。蒋介石传令《"中央"日报》社长陈博生和外交部长王世杰听训，"各家报纸登载我的演说词都很详尽没有遗漏，只有你们《"中央"日报》胡来，遗漏了重要内容"③。原来，在中央社的送审稿件中，蒋介石亲自添加了几句话，而这些话蒋并未在大会上演说。

　　《"中央"日报》的新闻报道也经常会受到干预。据时任国民党中央宣传部部长的王世杰回忆，1940 年 5 月 2 日上午，在中央常委会席上，孙哲生对宣传工作颇多评责，对《"中央"日报》深致不满。实则近来中央对于党报言论诸多限制，主持报事者都无自动发言之余地。④

　　据陶百川事后回忆："党报的确难办，《"中央"日报》可以说动辄得咎。如它和中央周刊听说政府要褒扬梁启超，写了他的一些行谊，就有党国元老公开检举党报为'反革命分子作宣传'。为纪念'八一三'上海抗战，《"中央"日报》登了上海地方领袖钱新之和杜

---

① 蔡铭泽：《中国国民党党报历史研究（1927—1949）》，团结出版社 1998 年版，第 108 页。
② 同上。
③ 李伟：《浪花淘尽：那些遗落的文人往事》，龙门书局 2010 年版，第 202 页。
④ 中国社会科学院近代史研究所近代史资料编辑部：《近代史资料》（总 124 号），中国社会科学出版社 2011 年版，第 213 页。

月笙两位先生，追述上海市抗敌后援会筹募巨款和劳军救伤的故事，就有同志指责我们有失党报立场。罗斯福总统电贺邱吉尔诞辰，《"中央"日报》登了那个外电，就有人在中央批评何必刊登。"①

五　《"中央"日报》的改革与对新闻检查的抗拒

（一）改行社长负责制，行政上保持独立

1932 年，《中央日报》改行社长制，程沧波成为南京国民政府时期的首任社长。在此之前，《"中央"日报》社长由国民党中央宣传部部长兼任，但他并不过问业务，报社实际工作由总编辑和总经理负责。

程沧波出任社长后，进行改革，提出"经理部要充分营业化，编辑部要充分学术化，整个事业当然要制度化效率化"②。"国民党党报企业化经营改造，一方面是为减少党部经费的负担，另一方面是通过改变靠党养报的现状来改善党报形象，同时也是为了适应战后所谓的'宪政体制'。"③ 在领导体制上，把总编辑负责制改为社长负责制。改制后的《"中央"日报》在行政上保持独立，言论报道上直接对国民党中央负责。内部管理上实行社长领导下的总编、总经理负责制，并且直接对宣传部负责。

（二）改进新闻与言论，淡化党报色彩

程沧波根据党报的弊病，确立了办报要多登新闻的政策。"在新闻报道上，在言论上，乃至广告发行上，先把这份报纸站在国内新闻界可以不愧为一个领导的报纸。我当时深切认定要造成报纸的领导地位，不能依赖政治力量，而要靠报纸本身站得住站得出。"④

于是，他要求编辑部全体人员人人担负起采访新闻的责任，扩大新闻采集网，力争不遗漏重大新闻。同时，加强国际新闻报道。经过

---

① 陶百川：《困勉强猂八十年》，东大图书股份有限公司 1984 年版，第 172 页。

② 方汉奇：《中国新闻事业通史》（第二卷），中国人民大学出版社 1996 年版，第 366 页。

③ 向芬：《国民党新闻传播制度研究》，博士学位论文，中国社会科学院研究生院，2009 年，第 57 页。

④ 胡有瑞：《六十年来的中央日报》，台北"中央"日报社 1988 年版，第 30 页。

改革，《"中央"日报》的版面从两大张扩大到三大张。对于社论，程沧波常常亲自撰写。据他本人回忆说："八九年中，《"中央"日报》所发表的社论，我所撰著，占其大半。"①

1932 年 5 月 8 日，《"中央"日报》发表社论《敬告读者》，程沧波一方面指出，"本报不讳为本党主义之辩护人"②，但另一方面强调："党之利益与人民利益，若合符节。换而言之，人民利益即党之利益，为人民利益而言，即为党之利益而言。故本报为党之喉舌，即为人民之喉舌，同人此来，共发宏愿，凡人民利益所关，不论其利益之性质为积极或为消极，将不辞任何牺牲而为人民宣泄其不平，研究其补救方法。"③ 这篇社论一改以往只强调《"中央"日报》是党的喉舌，自称是人民的喉舌，强调为人民说话，淡化了党报色彩。

（三）改进广告和发行，谋求经济上相对独立

国民党中央每月发给《"中央"日报》8000 元经费，但由于时局原因，时有拖欠。程沧波接任社长时，编辑部和经理部职工工资已有三月未发，首先要解决的问题就是借款发薪。

国民党党报由于有经费津贴，一般不重视广告和发行，所做广告多半是机关和人事广告，十分刻板，吸引不了客户，而发行多半操纵在报贩手中，效率很低。④ 为了摆脱困境，程沧波在确定报社内各种会计制度的基础上，"重新修订了各地分销处简章和广告刊例，并积极催收各地拖欠的广告费和订报款"⑤。在城内外设立报纸分送点，报纸直接送到订户的手中。到 1935 年的时候，《"中央"日报》日发行量由改组前的 9000 份左右增加到 3 万份以上。⑥

（四）对新闻检查的抗拒

国民党中央设置了严格的新闻检查制度，制定了繁杂苛刻的纪律

---

① 胡有瑞：《六十年来的中央日报》，台北"中央"日报社 1988 年版，第 30 页。
② 程沧波：《敬告读者》，《"中央"日报》1932 年 5 月 8 日。
③ 同上。
④ 张勇：《文学南京：论二十世纪二三十年代文学生态》，中国社会科学出版社 2013 年版，第 157 页。
⑤ 吴廷俊：《中国新闻事业史》，武汉大学出版社 2009 年版，第 192 页。
⑥ 同上。

法规，束缚新闻报人的手脚。在具体新闻实务中，国民党报人又经常受到国民党领导人的指令与批评，也是经常为此而产生不满情绪。

他们感叹说，"不得人谅，亦不敢求人谅"，又负疚于读者，"对于读者兴趣亦容有未合，……以满足读者之新闻欲"。有时，他们甚至还泄愤于国民党最高当局，指责他们的所作所为独断专行，责问他们"有几件是符合我们的党意民意的？……尽让人家失望下去，那就叫任何人发言，有点难于发言"①。

案例二　《新华日报》：政治异己的对抗与调适

1938 年 1 月 11 日，在第二次国共合作的背景下，《新华日报》于武汉创办。自筹办到创办再到停刊及复刊，一直受到国民党当局的阻挠和破坏。《新华日报》坚持抗争，宣传抗日爱国、民主政治思想，反对国民党的独裁专制统治，领导拒检运动。1938 年 10 月，武汉沦陷前夕，《新华日报》迁往重庆出版，并陆续在山西、重庆、广州、西安等地方设立分馆。1947 年 2 月 28 日，重庆警备司令部限其立即停止活动，《新华日报》被迫于当天停刊。

作为中国共产党机关报，它是中国共产党第一份在全国公开发行的报纸，在抗日战争和解放战争时期举起了一面抗日救亡的旗帜。无产阶级革命家毛泽东、周恩来、董必武等为《新华日报》撰写了许多重要文章和社论。1945 年毛泽东赴重庆谈判期间曾高度评价《新华日报》，称其为"新华军"，可见《新华日报》这支新闻工作队伍在新闻战线上的作用。

一　国民党对《新华日报》的特别检查

抗战时期，《新华日报》是中国共产党在国统区公开发行的唯一一份大型日报。《新华日报》在创刊之日就宣布，"本报愿将自己变

---

① 蔡铭泽：《中国国民党党报历史研究（1927—1949）》，团结出版社1998年版，第111页。

成一切抗日的个人、集团、团体、党派的共同的喉舌；本报力求成为全国民众的共同的呼声；同时本报将无情地抨击一切有害抗日与企图分裂国内团结之敌探汉奸及托派匪徒之阴谋"[①]。而国民党当局对这份中国共产党的机关报，一直没有停止限制及捣乱。蒋介石表面上准许共产党办《新华日报》，但从筹办之日起《新华日报》就遭遇阻力。创办后又不许报纸讲自己想讲的话，准许印刷的同时，却阻挠报纸发行。

（一）阻挠创刊，拖延注册

1927 年，国民党南京国民政府建立后，成立了以《"中央"日报》、"中央通讯社"、"中央广播电台"为核心的中央宣传机构，形成了从中央到地方的新闻事业网，以维护国民党的专制统治，对全国的新闻事业进行控制、垄断和迫害，钳制社会舆论，剥夺人民的言论出版自由。

1937 年 2 月，以周恩来为首的共产党代表团到庐山与蒋介石举行国共两党第二次合作时，就谈定中国共产党在国民党统治区办一份公开发行的日报。但局势紧张，继太原沦陷后，1937 年 11 月 12 日上海失守，当天中共中央致电在国民党统治区工作的博古、潘汉年等人，指出以后全国救亡运动的中心转移至武汉。而此时，《新华日报》已由潘梓年、章汉夫在南京筹备约一个月。受局势所迫，在南京办报已无可能，筹备人员迁至武汉。

在武汉的筹备工作完成后，却因国民党湖北省政府和汉口市政府设置的多重障碍，迟迟不能注册出报。共产党先于 12 月 11 日在汉口出版了《群众》周刊。

1937 年 12 月 21 日晚，王明、周恩来等就国共两党关系等问题同蒋介石会谈，会谈中涉及《新华日报》的出版事宜，蒋介石表示完全同意。《新华日报》才得以办好出版登记手续，在 1938 年 1 月正式出版。

---

① 《二十世纪中国实录》编委会：《二十世纪中国实录》（1900—1996），光明日报出版社 1997 年版，第 2682 页。

毛泽东、周恩来、王若飞等商定，等政协会议召开，形势好转，中共代表团就在几个地方设立办事处，在上海、南京、武汉、广州、沈阳等地出版《新华日报》。① 但国民党故意设坎，阻止《新华日报》在上海、南京出版。1945 年 9 月初，周恩来就亲自指派徐迈进去上海筹备《新华日报》上海版，并打算把总馆设在上海。

1946 年 2 月，潘梓年、华岗、乔冠华、龚澎等陆续到达上海做筹备工作。2 月 21 日，周恩来给时任上海市长的钱大钧寄信说："《新华日报》自始即随国都播迁，由宁而汉，由汉而渝，现国府迁都在即，《新华日报》应追随东下，因特派该报社长潘梓年君来沪，筹备出版事宜。"② 不久，上海社会局局长吴开先写信表示，等潘梓年的登记书送到，就可以办理。

3 月，按照程序，由潘梓年签署向上海市社会局送去《新华日报》出版沪版的申请书后，却久久不见回音。待潘梓年和徐迈进亲自到社会局交涉时，吴开先却又改口说，要经南京的内政部和中宣部批准才能出版。

从 1946 年 10 月 11 日，《国民党中央宣传部致上海市政府函通知查明并不准新华日报出版》的文献资料中文件中明确提到："据报周恩来于 8 月 26 日在其上海私邸招待新闻记者，即席发表谈话称'《新华日报》将不顾政府之法令即日发行沪版'等语。特函查明，注意不准其出版为荷。"③ 由此，可以清楚地看出，国民党政府根本就不想批准《新华日报》在上海出版。而上海社会局局长的信件只是用来拖延的谎言。

虽然经过不断努力，《新华日报》最终没能占领上海这块宣传阵地，但中国共产党通过另一份机关刊物《群众》及报纸《建国日报》等报刊编发新闻稿件，宣传抗战思想，丝毫没有放弃这块重要的宣传阵地。

---

① 韩辛茹：《新华日报史（1938—1947）》，重庆出版社 1990 年版，第 446 页。

② 同上书，第 447 页。

③ 金炳华：《上海文化界：奋战在"第二条战线"上史料集》，上海人民出版社 1999 年版，第 713 页。

（二）垄断信息，扣发稿件

抗战爆发后，国民党政府颁发了一系列战时新闻检查法令，建立了一整套战时新闻检查制度。当时，各地报纸发表的消息都来自国民党的新闻机构中央社，中央社发的战报，各报必须登载，而八路军、新四军对日作战的胜利消息，则一律不准报道。①

自 1933 年开始，国民党改审查追惩制度为事前预防的新闻检查制度，先后颁布了《检查新闻办法大纲》《新闻检查标准》《重要都市新闻检查办法》《各省市新闻检查所新闻检查规程》《各省市新闻检查所新闻检查违检惩罚暂行办法》等文件。国民党中央成立新闻检查处，在南京、天津、上海、北平等城市建立新闻检查所。因此，报刊的进步言论在送检时经常遭到整篇删除，或胡乱修改。

对于中国共产党创办的第一份全国性报纸《新华日报》，新闻检查处更是百般挑剔，经常给予删改，或是直接不予通过。据统计，从 1940 年 12 月到 1941 年 5 月这半年中，对《新华日报》原稿检查的结果，共"免登"264 次，删登 156 次。平均每天有两篇半稿件被查禁。② 1940 年 1 月 6 日，重庆《新华日报》社论栏只印了"抗战第一，胜利第一"八个大字。这是因为当天的两篇社论都被检查处禁止刊登，而在被禁后，新的社论已经没有时间再写。曾任《新华日报》编辑部主任的章汉夫感叹，在重庆办报，当编辑实在是太困难。当时的《新华日报》上，几乎每天都有一二条"编者启事"："本版今日原拟发表的×××先生的文章，被新闻检查处检扣，未能发表，特向作者致歉。"③

在潘梓年关于新闻检查的回忆中，反动统治检查的蛮横程度是越来越恶劣。"起初是这不准登，那不准说；闹得我们只好在被删得上下文接不上气的地方注上'被删'字样，过不多久，这样做法也不准了，我们只好改变方法用'……'来代替'被删'字样；又不多久，这种做法仍不能获准，我们又只好把删后的稿件补上几个字，使

---

① 贾宗荣：《中国现代史》（修订版），华东师范大学出版社 1997 年版，第 334 页。
② 许焕隆：《中国现代新闻史简编》，河南人民出版社 1988 年版，第 105 页。
③ 夏衍：《懒寻旧梦录》，江苏文艺出版社 2012 年版，第 358 页。

上下文接气；后来这样作法还是不能允许，竟把送检的稿件整篇扣不发还，使我们的报纸简直无法编下去。"①

（三）上门"检扣"，阻碍发行

"皖南事变"之后，在"中央社"等新闻机构诬蔑新四军的同时，战时新闻检查局副局长李中襄组织了一个"新检临时工作组"。在武装宪兵陪同下，进入《新华日报》编辑部和印刷厂，上门"检扣"。《新华日报》已经编好、排好的关于揭示"皖南事变"真相的文章，在新检特务的监视下，被从锌版上用刀刮掉。曾在重庆任宪兵司令的贺国光，一度找《新华日报》社长到其衙门里去，要潘梓年同意他们把检查办公地点设到报馆的大门口。潘梓年提出反对意见，指出对方是要在新闻史上留下最肮脏的一页。国民党这一阴谋才宣告破产。

一般报纸的发行，本地的就交报贩送到读者手里，外地的就付邮寄出。但反动统治为了对付《新华日报》的发行，严格地控制报贩与邮局，如果按照一般报纸的发行方法，《新华日报》就根本发行不出去。② 特别是在"皖南事变"后，国民党限制《新华日报》，准印，但不准卖。除了在一般的发行渠道上设置障碍，有些特务还无故殴打、拘押报童和报丁，盯梢购买《新华日报》的读者。

1947 年 2 月 1 日，《国民党中央宣传部致上海市政府函通知新华日报、群众周刊在沪翻印出版即予查禁》的文件中写道："据报：'奸党宣传刊物新华日报及群众周刊，上海市原禁公开发行，最近奸党竟在文汇报及联合晚报公开登载广告，欢迎各界订阅。致学生界及低级公务员等纷向溪口路（朱葆三路）25 号 11 室订阅。现新华日报订户已达一千六、七百份，群众周刊订阅者计有 3000 余份'等语，相应函达，即希照该两报刊，如系在沪翻印出版，即请予以查禁并见复为荷。"③

由此，可见国民党新闻检查对于出版发行的控制。虽然国民党一

---

① 潘梓年：《潘梓年文集》，江苏人民出版社 1990 年版，第 361 页。

② 同上书，第 358 页。

③ 金炳华：《上海文化界：奋战在"第二条战线"上史料集》，上海人民出版社 1999 年版，第 713—714 页。

再查处，但《新华日报》受各界人士的欢迎度之高，却是国民党没法禁止的。

二 《新华日报》抗拒新闻检查的方式与方法

《新华日报》是第二次国共合作的产物，蒋介石为表明其尊重言论自由，同意共产党创办《新华日报》。但因其是中国共产党的机关报，一直受到国民党的压制。国民党对《新华日报》进行严格检查，任意删改和扣压新闻稿件，对发行进行阻挠。《新华日报》并没坐以待毙，而是采用"开天窗"、改登"更正"或"启事"等办法，向读者揭露国民党新闻检查制度。采用多种渠道把报纸送到读者手中，冲破国民党新闻舆论封锁。

（一）开天窗

抗战期间，《新华日报》为了抗议国民党新闻检查机关对报纸内容随意删改和"枪毙"，改用"开天窗"方法进行反检查斗争。1940年1月6日，《新华日报》社送审社论《论冬季出击的胜利》被新闻检查机关"枪毙"，再次送审社论《扑灭汉奸》亦被禁止发表。于是，编辑部在社论的位置通栏空白，仅用特大字号排印八个字"抗战第一！胜利第一！"，用这种留白方式向新闻检查表示抗议。

1940年10月19日，蒋介石指使何应钦、白崇禧以国民党军委正、副参谋总长的名义，致电朱德、彭德怀、叶挺、项英，"限于电到一个月内"撤至黄河以北。同时为了掩人耳目，在之后的20天里，"蒋介石接连下了三道手令，一是严禁《新华日报》刊登华北八路军'百团大战'的战报和新闻，以防扩大共产党领导的武装斗争的政治影响；二是严禁《新华日报》刊登揭露国民党统治区黑暗恐怖、民心不稳的报道和言论；三是从严检扣《新华日报》的言论、消息"①。

1941年1月6日，由叶挺、项英领导的部队到达皖南泾县茂林地区时，遭到国民党的突然袭击，"皖南事变"就此发生。国民党政府军事委员会反诬新四军为"叛军"，宣布取消新四军的番号，发出

---

① 石史：《〈新华日报〉关于皖南事变的宣传斗争》，《新闻研究资料》1992年第2期。

"通令"和"发言人谈话",强令各报刊载。

对此倒行逆施行径,《新华日报》社撰写了揭露"皖南事变"真相的消息,却遭国民党新闻检查所扣稿。1月18日,《新华日报》编辑部先在一版放了两篇无关痛痒的文章,在新闻检查官的监督下印了几张报纸。等检查官们离开后,重新换版,在一版空白处显著位置刊印了周恩来的亲笔题词"为江南死国难者志哀"和挽诗"千古奇冤,江南一叶;同室操戈,相煎何急?!"

（二）把握规律"钻空子"

刘惠之从1942年5月至1944年3月担任《新华日报》编辑。在此期间,与国民党反动派做了封锁与反封锁的尖锐复杂斗争,从中总结出了几条经验。第一条,在送审稿件的登记本上,"免登"的戳子多时,前者检查得严格,后者也难放行。反之,则易于发行。报社留着未盖过"免登"戳子的登记本,用来送审重要的稿件。第二条,检查官要求送审稿件写字清晰,但慢慢发现稿件的字迹越难辨识时,检查人员越容易马虎对待,则越容易通过审查。由此可以把一些重要稿件写得潦草些,以便能够见报。第三条,掌握报送审稿的时间,在检查人员忙于去参加应酬的时刻,审查会马马虎虎。抓住这些时间段发一些重要的稿件,容易被发行。①

1943年,由蒋介石授意、陶希圣执笔的《中国之命运》一书出版,书中公开反对共产主义,宣传只有国民党救中国。《新华日报》在报上对它进行公开批判时,遭到国民党检查官的严厉禁止。据当时在《新华日报》编辑室秘书处工作的王汉新回忆说,自己写了三篇读史札记对《中国之命运》进行批判。"虽经删略,但有两篇还是逃过了新闻检查官检查,而在《新华》副刊登出,只有一篇被免登。"②

（三）致抗议函

1946年2月24日重庆《新华日报》第二版,载有《周恩来、吴

---

① 中国人民政治协商会议、云南省易门县委员会、文史资料编辑委员会:《易门县文史资料选辑》（第9辑人物专辑）,2005年,第200—201页。

② 中共湘潭县委党史资料征集办公室:《湘潭县党史资料》（第三辑）,1987年,第175页。

玉章等中共政协代表关于新华日报营业部被国民党特务捣毁一事致蒋介石抗议函》一文。此文是针对 1946 年 2 月 22 日暴徒有组织地行凶捣毁《新华日报》营业部的事情，向蒋介石致抗议函。"在中国陪都森严之地，光天化日之下，政治协商会议圆满成功之后，较场口血案未了。继续发生今日之有组织的暴行，显系贵党内部一部分反苏反共反民主的反动派，企图破坏盟国合作，造成国内分裂，破坏政府威信，推翻政治协商会议之阴谋活动。"①

在揭示事件性质后，用语气强烈的排比句质问，并要求国民党政府给出交代。"长此以往，凡赞成团结民主之人士，在阴谋分子与特工人员淫威之下，生命与自由毫无保障，民主政治谓何？盟国团结谓何？堕国家之威信，置钧座庄严之诺言于何地？恩来等，为国家之和平、民主、团结、统一计，不得不郑重提出严重之抗议，要求政府立即查办主凶，解散特务，对敝方及民主同盟所受损害，实行道歉与赔偿，并保证此后再不发生同类事件。"②

（四）开拓发行渠道

由于国民党反动统治严格控制着报贩和邮局，《新华日报》社只好自己想办法把报纸送到读者的手中，因此形成了特别的发行方式。报社建立起以报童、报丁为主要力量的发行队伍。前者年纪小，负责上街卖报；后者负责订户。

由于国民党特务会上门威胁订阅《新华日报》的读者，因此报纸一般不送到订户家中，而是一个指定的地点。有时报童和报丁在送报时，也会受到特务的阻拦，他们就想各种各样的办法隐藏报纸。曾在《新华日报》担任校对工作的王汉新"曾带了一百多封用黄色的大'讣闻'信封藏着的文件，从化龙桥报社出发到城内三个邮局投寄"③。

（五）通过祝寿和纪念活动，反对投降、反对分裂

"皖南事变"后，在中共中央南方局的领导下，为进步文化人士

---

① 《政治协商会议资料》，四川人民出版社 1981 年版，第 460 页。

② 同上书，第 461 页。

③ 中共湘潭县委党史资料征集办公室：《湘潭县党史资料》（第三辑），1987 年，第 174 页。

祝寿和纪念其创作活动，加强与进步文化人士的联系，是在特定环境下采取的一种行之有效的斗争方式。

《新华日报》担当起了这些活动组织和宣传的重任。利用活动团结更多的文艺界进步爱国人士，争取更大范围内的民主。反对投降，反对分裂，坚持不懈地同国民党顽固派做持续斗争。

"中共南方局借《新华日报》这个合法的媒体，积极推动和开展了对郭沫若、老舍、茅盾、洪深、张恨水等作家的祝寿和创作生活纪念活动，扩大了统一战线，团结了民主力量，为抵制国民党顽固派的分裂，争取抗战的胜利，起到了较大作用。"[1]

三　《新华日报》领导的拒检斗争

《新华日报》从未停止过对新闻检查制度的斗争，《新华日报》的总编辑章汉夫处事敏锐，常和国民党新闻检查人员斗争，寸步不让，针锋相对。

早在 1944 年 4 月 19 日，重庆《新华日报》就发表短评《言论自由与民主》。通过评论澳洲雪梨的报纸因政治新闻被检扣的事件，指出"有民主就有言论自由，没有言论自由就不是民主"[2]。1945 年 8 月，黄炎培的《延安归来》一书并未送检，直接出版发行，则正式揭开了"拒检运动"的序幕。

1945 年 9 月，重庆《新华日报》发表时评《为笔的解放而斗争》，强烈斥责了"有消息不能报导，有意见不能发表，每天做应声虫，发公式稿，替人圆谎，代人受罪"[3] 的不合理制度。主张要求废除新闻检查制度，揭示了国民党破坏言论自由的情况。指出检稿、扣报、罚令停刊、唆使流氓特务殴伤报童、阴谋放火、逮捕记者、封闭报馆等有违自由民主的行径。

---

① 王鸣剑：《"皖南事变"后〈新华日报〉开展的纪念活动》，《重庆工商大学学报》（社会科学版）2010 年第 1 期。
② 廖沫沙：《廖沫沙全集第 1 卷杂文卷上（1933—1949）》，花城出版社 1997 年版，第 355 页。
③ 同上书，第 466 页。

1945 年 9 月 22 日，国民党中央第十次常务会通过了废止新闻出版检查制度的决定和办法。为期两个月的拒检运动获得了胜利。

1945 年 10 月 1 日，《新华日报》继续发表社论《言论自由初步收获》，检查制度的废止，是言论自由的开始，但还不是言论自由的真正实现。言论的自由还受着重重障碍。首先，检查制度本身还没有完全废止，彻底废止。大后方是废止了，收复区却还在继续，说是因为那里的军事行动还没有结束，秩序还没有建立好。① 其次，报纸杂志的创刊须经登记核准，这一制度还没有废止。邮检制度还没有废止。② 在巩固已取得的新闻自由的基础上，号召"争取一切应有的民主自由"。

四　《新华日报》公布的新闻检查制度的罪恶

国民党对于《新华日报》每日送检稿件的检查尤其严格，除一般新闻报道、文艺通讯是由重庆新闻检查所负责检查外，多少重要一点的消息、言论，还要经战时新闻检查局局长复审，甚至于凌晨 3—4 点派员到报馆监视排印，如有"不妥之处"，或于事前铲版，或于事后扣报，不准发行。③

对于国民党新闻检查机关无理删去的文字，《新华日报》社经常采取各种办法告知读者，以揭露国民党的反动新闻检查制度。如 1945 年 3 月 20 日第 3 版《"中国农民"五卷一期，原稿被扣得太多，无法按期出版》；1945 年 4 月 12 日第 3 版《质问新闻检查机关，"极端荒谬的无理的钳制言论，真令人气愤"》。与此同时，对新闻检查制度本身进行批判，如 1945 年 4 月 23 日发表的《冒牌"言论自由"实际文化管制，法令细于牛毛，俨然天罗地网》。

《新华日报》对国民党查禁出版物、恐吓、关闭报纸、捣毁报馆、迫害报人等破坏言论自由的行为有较多的报道，经常声援其他被新闻

---

① 张友渔：《宪政论丛》，群众出版社 1986 年版，第 217 页。
② 同上书，第 218 页。
③ 石史：《〈新华日报〉关于皖南事变的宣传斗争》，《新闻研究资料》1992 年第 2期。

检查制度迫害的报社。如 1945 年 5 月 15 日第 2 版《成都华西晚报被捣毁，调停结果道歉了事，被辱报人只得"打落门牙和血吞"》；1945 年 6 月 7 日第 2 版《言论有自由吗？"艺文志"停刊，"进修月刊"要送重庆审查，"自由世界"出不出来！》；1945 年 6 月 25 日第 2 版《大美晚报重庆版昨日起停刊，该报告别读者词，批评中国新闻检查制度》。1946 年 8 月至 9 月，《新华日报》对"国民公报案"进行连续报道，跟踪关注该报馆被捣毁事件，用事实揭露国民党对言论自由的压制，再现国民党新闻检查人员的恶行。

案例三　《文汇报》：自由主义者的尴尬生存

一　《文汇报》的创刊、复刊及其立场倾向

《文汇报》创刊于抗战时期的上海，是在新闻界中文报纸万马齐喑的情况下，打着英商的名义办的"洋旗报"。创办时就以此为由拒绝接受日伪的新闻检查，在新闻报道上，坚持民族主义，宣传抗战，鞭笞汉奸丑态，及时报道中国军民奋勇抗战的事迹，拥护中共抗日民族统一战线的主张，呼吁国共合作。因其进步的民族立场，深受"孤岛"读者的欢迎，巴金、郑振铎、叶圣陶、郁达夫、卞之琳、周木斋等多位知名的作家为《文汇报》写稿。《文汇报》创刊后，不到半年，发行量压倒上海的《新闻报》，成为上海各报之首。《文汇报》成为"孤岛"舆论界的重镇，在中国近代报业史上写下了光辉的一页。

因坚持民族抗战的新闻宣传，自创刊以来一直受到日伪的迫害，日伪对《文汇报》多次进行袭击，用多种手段进行恐吓，该报仍然坚持抗日救国宣传，直至被迫停刊。

抗战结束，《文汇报》在上海复刊。初期，在言论上附和国民党，与国民党党报的新闻报道声调一致。随着一些中共地下党员和进步民主人士进入《文汇报》工作，该报的态度逐渐发生改变，成为独立的民间报。并因此重新受到读者的欢迎，销量大增，"在马歇尔七上庐山的时期，上海文汇报在南京的销数，比国民党南京出版的《"中

央"日报》每天几乎多销一倍"①。

（一）创刊及停刊

抗战时期上海沦为"孤岛"后，日伪为控制舆论，对新闻实施严格封锁，对租界内的中文报纸实施强制新闻检查。《大公报》《申报》等拒绝接受检查，纷纷停刊。上海出现了创办"洋旗报"的热潮，著名的有《每日译报》《文汇报》《申报》《新闻报》等。当时有华文报纸用洋商作照牌，而抗拒检查的先例，严宝礼便找到穷极无聊的英格兰人克明，成立英商文汇公司，筹办《文汇报》。《文汇报》借《大公报》营业部作馆址，于1938年1月25日在上海福州路436号创刊，克明为名义上的董事长兼总主笔，严宝礼任经理，胡惠生为主编，日出对开4版一大张。《文汇报》因其爱国主义的立场，受到广大读者的欢迎，发行量迅速上升，报纸半年内由一张扩展到四张。

《文汇报》打着英商招牌的"洋旗报"，宣称是外国人办的报纸，借此拒绝日伪新闻检查。因立场鲜明，宣传抗日战争，经常受到敌伪的恐吓及迫害。但《文汇报》不惧威胁，不怕牺牲，坚持办报。敌伪只得向租界工部局施压，巨资收买《文汇报》英籍发行人克明。1939年5月18日，《文汇报》接到英国驻沪总领事馆通知，以言论激烈为由，罚令停刊两星期。停刊期间，克明阴谋改变编辑方针，以文汇报出版公司董事长的资格，重组编辑班子，复刊《文汇报》。为了避免《文汇报》被敌人掌握，严宝礼等人设法申请停刊，吊销了《文汇报》执照。抗战时期的《文汇报》正式停刊，不为日伪所利用。

（二）复刊

1945年8月18日，上海《文汇报》复刊，不再挂英商的招牌。9月6日，报社从河南路汉口路迁至圆明园路，发《复刊词》声明，本报为无党派色彩的纯粹商业性报纸，以言论自由为最高原则。1947年5月24日，淞沪警备司令部依据"戒严法"封闭《文汇报》，《文汇报》第二次停刊。解放战争时期出版一年零九个月。

---

① 余鸿翔：《文汇报简史》，《中国新闻事业史研究资料》，第131页。

1948 年 9 月 9 日，严宝礼等爱国报人在香港出版《文汇报》，宣传中国人民解放军的真实形势。

上海解放后，1949 年 6 月 21 日，《文汇报》再度复刊。因此，形成两家互不隶属的《文汇报》的局面。

（三）立场倾向

《文汇报》自创刊到 1939 年停刊期间，坚持独立、自由，保持中立性质，有鲜明的抗日民族立场，积极宣传抗战。《为本报创刊告读者》声明，"本报本着言论自由的最高准则，绝不受任何方面有形与无形的控制"。"报纸是人民的精神食粮，其所负的使命，一则为灌输现代知识，另则为报道消息，是以报纸的生命，在其独立的报格，不偏不倚，消息力求其正确翔实，言论更须求其大公无私，揭穿黑幕，消除谣言。"[1] 《文汇报》在创刊号的头条新闻用特大字号作标题，报道了我国军队包围山东济宁日军的消息，自创刊之日起就践行爱国主义的理念。

在此期间，《文汇报》拒绝接受日本侵略者检查，重视对抗日战争的报道，反对国共内战，积极宣传国共合作，一致对外。1938 年 2 月 8 日，徐铸成在《文汇报》发表社论《告若干上海人》，对想投敌的民族败类发出严正警告。两日后，《文汇报》报馆被炸。徐铸成当即打电话询问社论是否继续写，储玉坤请示严宝礼后回复："社论照写，不改变调子，想怎么写就怎么写，一定照登。"[2] 由此可见《文汇报》不惧恐吓的坚定立场。

1945 年 8 月，《文汇报》复刊。复刊初期，报社言论拥护国民党政府，颂扬蒋介石的领导，新闻版的言论有明显的党派倾向。复刊词引用蒋介石所著《中国之命运》一书的观点，极力歌颂国民党的英明领导。在之后一段时期的新闻经常报道国民党政要官员、上海市委的政治活动，与当时的国民党党报同一腔调。直到中共地下党员和一些爱国进步人士加入，这种状况才逐渐改变。

---

[1] 文汇报报史研究室：《文汇报史略 1938.1—1939.5、1945.8—1947.5》，文汇出版社 1988 年版，第 11 页。

[2] 李伟：《报人风骨：徐铸成传》，广西师范大学出版社 2008 年版，第 69 页。

解放战争时期的《文汇报》，宣传民主进步，反对独裁，反对内战。坚持独立的立场，不接受任何党派的津贴。就像《文汇报》总主笔徐铸成说的那样，"我们的脑子里，根本没有什么党派，只知国家民族的利害大义。我们绝不做任何党派的应声虫，也绝不在党派中间作乡愿，当然也绝不因为别人有相同的主张，我们就闭口不谈。我们只论是非，只辨黑白，其他都非所顾及"①。《文汇报》言行一致，曾拒绝了国民党10亿元的资助。甚至，可以随意填写金额的空头支票也没能动摇《文汇报》的立场。

二 《文汇报》日常遭受的新闻检查与压制

（一）日伪压制的恐怖手段

日伪对上海租界内宣传抗日救国的报纸极其痛恨，却无法取缔。便采用威胁恐吓、袭击、暗杀等恐怖手段，疯狂迫害、摧残抗日报刊和报人。虽然有英商的挡箭牌，由于《文汇报》宣传抗日的民族立场，依然避免不了被迫害。

1938年2月9日，《文汇报》报馆接到署名"正义团"的恐吓信，说："贵报言论激烈，识时务为俊杰，今后务望改弦更张，倘再有反日情绪存于其中，即将与对付蔡钧徒②者同样对付。"③ 次日，报馆就遭特务手榴弹的袭击，营业员陈桐轩因伤重致死，另有两人被炸成重伤。事后，又接到日本特务和汉奸投寄的恐吓信。

《文汇报》于2月12日发表社论《写在本报遭暴徒袭击之后》，表明自己"愿为维护言论自由而奋斗到底"。日伪组织不死心，3月1日，又以大学生的署名送了一箱注满毒液的水果。

《文汇报》不怕牺牲、不屈不挠地与日伪进行斗争。经过这几次袭击事件，《文汇报》社增强警戒，加强了防卫设备，"在后门及弄堂口，各装上一道铁门，向巡捕房请来几名'请愿警'轮流警戒，

---

① 徐铸成：《一年回忆》，《文汇报》1946年9月6日。
② 蔡钧徒，《社会晚报》社长，因在报上刊登了反日消息，而被日伪绑去杀害。
③ 文汇报报史研究室：《从风雨中走来：文汇报回忆录一》，文汇出版社1993年版，第5页。

盘查出入"①。总编辑徐铸成甚至为自己买了份保险，以防自己出事后，家属不能生活下去。《文汇报》报人在这样紧张的空气下，坚持办报直到被迫停刊。

（二）国民党政府的新闻检查和压制

《文汇报》在上海复刊后，"国民党当局对这张没有政治背景和后台的民间报纸，在落实馆址到白报纸的配给方面均给予歧视与压制"②。国民党当局妄图控制这份报纸，进行威胁利诱，企图"投资合作"。《文汇报》为保持独立的报格，均不接受。因此，《文汇报》一方面要顶住来自国民党的政治压力，另一方面还要缓解经济压力，处理白报纸的订购问题，疏通资金周转。

国民党实行新闻检查制度，要各报每天晚上送报纸大样到新闻处接受检查。每当它们有不恰当的地方，就删掉或更改。而《文汇报》坚持"凡是符合我们这主张的，我们绝对拥护，背道而驰的，我们当然反对到底"③。《文汇报》经常因与国民党的主张"唱反调"而被删稿，甚至被勒令停刊。

在重庆政治协商会议结束后，1946年2月13日，蒋介石为树立其"开明"形象，在上海举行公开的中外记者招待会。不料，时任《文汇报》记者的唐海在会上提到何时释放政治犯的问题，蒋介石恼羞成怒，说："政治犯已经释放。你说还有哪个没有释放，你开名单来！"④ 在这看似彰显民主的记者招待会结束后，新闻界接到通知，要求各报一律要采用中央社的统发稿。随后，国民党中宣部部长张道藩找《文汇报》负责人严宝礼谈话，对其施加压力，并提出了责问。可见国民党政府所谓的民主只是表面文章，实际上还是不会放松新闻检查和压制。

1947年，在闹纸荒的情况下，国民政府实行了白报纸配给办法，

① 文汇报报史研究室：《从风雨中走来：文汇报回忆录一》，文汇出版社1993年版，第22页。

② 任持平：《我的外公严宝礼》，《世纪》2010年第6期。

③ 徐铸成：《一年回忆》，《文汇报》1946年9月6日。

④ 唐海：《难忘的"号外"：通讯报告集》，文汇出版社1992年版，第107页。

把配给纸当作公开压迫报业的武器。在白报纸的配给上，"所有国民党办的报纸，均得到优先及大量供给。所有黄色大小报刊，只要经常诬蔑、辱骂共产党，不仅登记出版没有限制，而且在纸张的配给额方面得到补助"①。若没有政府配给的白报纸，就要到黑市以高价购买，这样报社纸张成本大大增加，报社的报纸印制受到严重影响。而"若要得到配给纸，就必须在言论态度和新闻记载上听从国民党的指挥，否则，只好被迫停刊关门"②。

《"中央"日报》社长马星野，在该报发表《报与纸》一文，说："这一个星期，因为纸价的狂涨，压死了多少报，压伤了多少报，那贩纸的人，囤纸的人，操纵纸价的人，扬眉吐气；破了产的是办报的人，失了业的是做报的人，直接受害的是读报的人，报纸减张了，报纸关门了。"③

当时负责《文汇报》报纸发行的戚家柱回忆："官价所配给的纸张，不够实际用量的1/3，其余都要以市场价向市场购买。"④ 严宝礼素来理财有方，每天疏通资金周转，保证《文汇报》的正常出版。为了出报纸，严宝礼"常常把家里的东西拿出去典当或变卖，有了钱就买白报纸"⑤。

三　《文汇报》抗拒国民党检查与被勒令停刊的经过

（一）抗拒新闻检查

《文汇报》作为一份独立立场的民间报纸，勇于发表观点，"决不是站在党派中间，看风色，探行情，随时伸缩说话的尺度，以乡愿的姿态，多方讨好，侥幸图存"⑥。《文汇报》曾多次刊文反对国民党的新闻检查制度，争取新闻自由。1946年1月18日，《文汇报》发

---

① 王文彬：《中国现代报史资料汇辑》，重庆出版社1996年版，第989页。
② 同上。
③ 同上。
④ 文汇报报史研究室：《从风雨中走来：文汇报回忆录一》，文汇出版社1993年版，第401页。
⑤ 任持平：《我的外公严宝礼》，《世纪》2010年第6期。
⑥ 徐铸成：《一年回忆》，《文汇报》1946年9月6日。

表社评《让舆论界尽力》，针对国民党的言论专制提出，"我们新闻界不仅要求揭露的自由，同时也要求自由采访"。"政府已宣布尊重人民基本自由，各党派均可合法存在、公开活动。在这民主的大潮流下，一切钳制舆论的法令自然都应取消。"① 1946 年记者节时，《文汇报》刊登《记者节上的讲话》强调说，"新闻自由是民主政治的先决条件，假使政府及各党派真有诚意实行民主，就必须真正的爱护言论出版的自由。而新闻界本身，也必须争取这自由"②。

1945 年 7 月 15 日，中共党员、新闻工作者、军事评论家、《国际时事研究》主编羊枣被国民党政府逮捕。1946 年 1 月 11 日，在狱中遇害。就在前一天，蒋介石还在政治协商会议的开幕式上宣布，政府决定实施的四项承诺，其中一条就是释放除汉奸及确有危害民国之行为者外的政治犯。羊枣遇害，全国舆论哗然，上海进步文化新闻界为羊枣举行了盛大的追悼会。《文汇报》及《文萃》《世界知识》等报刊记者联合在报上发表声明，抗议国民党政府的假民主真独裁。

1946 年 6 月 23 日，呼吁和平、反对内战的上海人民和平请愿团在南京下关站遭到国民党特务的殴打，造成流血事件。当时在场采访的《文汇报》记者也被打伤。24 日，《文汇报》对下关惨案做了详细报道，跟踪事件最新进展。并发表社评《对南京暴行的抗议》，对国民党的南京暴行表示愤怒和抗议，呼吁声援受伤的请愿团代表。

1946 年蒋介石寿辰之时，国民党中宣部通令所有的报纸都要发表祝寿的文章。时任《文汇报》主笔的徐铸成用绵里藏针的笔法，表面上恭维蒋介石，说他"领导抗战，但胜利还应该归功于军民，希望他珍惜自己的地位，珍惜国内的团结，把中国引上民主富强的道路，再不要依赖外国，做人家的附庸"③，实际上，又指出他仰仗美国的实情。同时，《文汇报》还出特刊，把蒋介石原来的承诺及相关讲话编排出来，和这一年的实际行动形成对比。

---

① 《让舆论界尽力》，《文汇报》1946 年 1 月 18 日。
② 《记者节上的讲话》，《文汇报》1946 年 9 月 1 日。
③ 徐铸成：《新闻丛谈》（增编本），生活·读书·新知三联书店 2011 年版，第 236 页。

（二）停刊一周

1946 年 7 月 3 日，《文汇报》刊登《警察们的严正表示：是人民公仆，绝不助纣为虐》的警察来信，信中表示支持和平民主运动，不愿被利用去统治人民。7 月 12 日，又刊登《警察的沉痛呼声：吃饭不要忘记种田人，拿出良心来待老百姓》。因这两封警察来信，上海警察局派人到报馆索要发稿人的真实姓名，遭到拒绝。遂在 7 月 18 日以"捏造警察名义，离间上下感情，淆惑社会视听，意图破坏公共秩序"① 的罪名，勒令《文汇报》停刊一周。

1946 年 7 月 25 日，在停刊期满后的第一期，《文汇报》发表《向读者道歉》，称《文汇报》是一份民间报，所谓民间报，绝不是中立的，而是独立的报纸，有一贯的主张，而绝无私见偏见。本报决不许昧着良心，不分黑白，不辨是非，一味歌功崇德，威者哗众取宠。今后，我们或者还会遭遇困难挫折，但这一点基本立场，我们绝对牢牢守住，决不改变。②

警察局的停刊勒令不能阻挡《文汇报》对社会舆论的影响力，反而让读者看到了《文汇报》分黑白、辨是非的坚定立场。报纸停刊期间收到很多读者的来信，对报社表示安慰和鼓励。叶圣陶写信慰问《文汇报》同人，并给《读者的话》主编柯灵写信，建议其在停刊期满后，出特刊对反动派进行抗击。

（三）被勒令永久停刊

1947 年，北京、上海、南京、天津等地爆发了"反饥饿、反内战"的学生游行示威活动。《文汇报》不顾国民党政府禁令，对学生运动进行连续跟踪报道，并对此发表评论。

1947 年 5 月 4 日，北京、上海、南京、天津、杭州等地各校举行"五四"纪念会，学生走上街头，进行反内战宣传。当天，《文汇报》要闻版刊登南京专电，南京五大学纪念"五四"发表宣言联合提出，"反对内战要求和平，反对政府非法逮捕人民和非法查禁刊物，立即

---

① 商金林：《叶圣陶传论》，安徽教育出版社 1995 年版，第 668 页。
② 《向读者道歉》，《文汇报》1946 年 7 月 25 日。

实行民主政治"①。次日，报道学生热烈庆祝"五四"。6 日，在文教版发新闻报道上海法学院学生赴市府请愿被警士殴打的事件。

1947 年 5 月 10 日，《文汇报》发表社评《善处当前的学潮》，指出政府"所有的办法只是单顾自己的威信，坚持原来的主张。那除了促使事态更趋扩大，结果更加损害政府威信以外，不见得会有更好的后果的"②。当日，在文教版发表一组新闻报道学生运动。13 日至 20 日，连续跟踪报道学生运动情况。21 日专电报道"五二〇血案"情况，并发表社评《如何处理学潮》，指出"我们希望当局处理当前的学潮，先要设身处地为学生想想，为人民想想，而善为疏导，不要投鞭断流，同时更要高瞻远瞩，神志清明，不要意气用事，唯政府的威望是务"③。22 日发表社评《恢复理智约束感情》，刊登叶圣陶、傅彬然、杨卫玉、贾祖璋、孙起孟的文章《我们对于最近学生运动的意见》，支持学生的斗争。23 日刊登上海市长吴国桢为了加紧镇压学生运动，而发表的安定上海维持治安的措施。

5 月 24 日，是《文汇报》再次停刊前的最后一期。在停刊前一天，《文汇报》记者李肇基、麦少楣因在复旦大学采访学生时被特务殴打。事后，他们向上海市长吴国桢反映情况，吴国桢威胁说："我正要找《文汇报》，这次的学潮，《文汇报》要负责任。"④ 5 月 24 日，《文汇报》发表李肇基、麦少楣的文章《复旦门前被殴记》，揭露特务的行径，并以《我们的抗议》为题，对吴国桢"这次学潮，文汇报要负责任"的话进行反驳。同时在这一天的要闻版、本市版、文教版等版面，大篇幅报道学生运动动态。

1947 年 5 月 24 日，因支持学生运动，导致国民党十分不满，《文汇报》被国民党政府的淞沪警备司令部，以"连续登载妨害军事

① 文汇报报史研究室：《文汇报大事记 1938.1—1939.5、1945.8—1947.5》，文汇出版社 1986 年版，第 188 页。
② 《善处当前的学潮》，《文汇报》1947 年 5 月 10 日。
③ 《如何处理学潮》，《文汇报》1947 年 5 月 21 日。
④ 文汇报报史研究室：《文汇报大事记 1938.1—1939.5、1945.8—1947.5》，文汇出版社 1986 年版，第 195 页。

之消息，及意图颠覆政府破坏公共秩序之言论与新闻"① 为由，依戒严法勒令停刊。

四　《文汇报》命运的典型性与进步报刊的转向

1945 年 8 月，《文汇报》在上海复刊。《复刊词》中将《中国之命运》一书奉为典范，对蒋介石致以"最崇高之敬意"。在之后的新闻报道中也尽力颂扬国民党的党政重要人物。报纸有着浓厚的亲国民党色彩，形同国民党官方报纸。

1945 年 9 月 6 日，《文汇报》改出四开两版报纸，在社论《复刊词》中声明，"本报为无党派色彩纯商业性报纸，以言论自由为最高原则，矢志保持高尚的报格"②。但从报纸新闻报道及版面设置上面，编辑方针并没有改变，仍在美化国民党。直到中国共产党地下党员及徐铸成等爱国进步人士先后加入《文汇报》编辑部从事工作，报纸的新闻报道才逐渐发生变化。把报纸引向反对内战、反对饥饿、要求和平的办报方向。抨击国民党官吏贪污腐化的行为，揭露国民党反共阴谋的真相。

1946 年 3 月初，徐铸成从《大公报》辞职，全身心地投入《文汇报》。徐铸成是抗战时期《文汇报》的创办人之一，对《文汇报》有着特殊的感情。为了避免反动派渗透，他与严宝礼约定："自他参加之日起，《文汇报》不应接受任何带政治性的投资，报馆或记者不得接受任何津贴。"③

1947 年初，江一平在家设宴，邀请严宝礼和徐铸成赴宴。席上，提到《文汇报》的部分言论不符合国民党的方针，国民党政府要投资十亿，让《文汇报》为国民党作宣传。徐铸成当着 CC 首脑陈立夫、上海的 CC 头子潘公展、上海市长吴国桢、警备司令宣

---

① 文汇报报史研究室：《文汇报大事记 1938. 1—1939. 5、1945. 8—1947. 5》，文汇出版社 1986 年版，第 196 页。

② 《复刊词》，《文汇报》1945 年 9 月 6 日。

③ 傅国涌：《文人的底气：百年中国言论史剪影》，云南人民出版社 2007 年版，第 59 页。

铁吾和《文汇报》股东虞顺懋的面拒绝说，自己"是个奶妈，《文汇报》是用我的墨汁喂大的"。"我曾再三和宝礼兄约定不接受任何方面的津贴和政治性投资。"① 并提及自己离开《大公报》就是因为《大公报》总经理胡政之接受了二十万美金官价外汇，自己"不会容忍《文汇报》比它（《大公报》）更不干净"②。在这次"鸿门宴"后，国民党又来了几次。有一次是陈布雷到张国淦家访问，拿出一张中央银行的空白支票，让其转交徐铸成和严宝礼。《文汇报》皆没有接受。

1946 年 9 月 6 日，徐铸成在《文汇报》发文《一年回忆》中写道："《文汇报》从来没有和任何党派发生关系，从创办到现在，没有受到任何方面一分钱的津贴。今后，我们必定始终保持这点清白，不论报馆或个人，必定始终守住报格和人格。"③《密勒氏评论报》曾刊登文章评价《文汇报》是"中国最杰出，最能影响读者的报纸之一"，"她的封闭是爱好与争取民主与自由的中国人的一种损失"④。

威逼利诱不成，国民党反动派直接下令封了《文汇报》。同时被下令停刊的还有《联合晚报》和《新民报》（沪版）。对于国民党政府来说，这几份报纸反内战、反独裁，是经常"捣乱"的报纸。

案例四　《密勒氏评论报》：洋人报业的中国实践

一　《密勒氏评论报》的创办及其立场倾向

《密勒氏评论报》是美国人汤姆斯·密勒（Thomas Frankin Fairfax Millard）创办的自由主义英文报刊，是美国在中国创办的资历最老的周刊。主要报道中国情况和远东局势变化，成为欧美各国了解中国和远东发展局势的一个重要窗口。它是埃德加·斯诺来中国任职的

---

① 徐铸成：《旧闻杂忆》，辽宁教育出版社 2000 年版，第 302 页。
② 同上。
③ 徐铸成：《一年回忆》，《文汇报》1946 年 9 月 6 日。
④ 《文汇报复刊》，《生活与时代》1948 年第 2 期。

第一家新闻媒体，也是首家公开报道"红色中国"内幕的外国媒体。

《密勒氏评论报》大量报道了日本帝国主义侵略中国的罪行，支持中国独立自强，报道中国人民的抗日斗争。对"红色政权"做了客观公正报道，刊登斯诺延安之行的文章，揭开了共产党和工农红军的神秘面纱，把毛泽东介绍给全世界。

1949 年 5 月，上海解放后，该刊继续出版，成为中华人民共和国建立后唯一仍在中国大陆发行的美商媒体。1950 年 9 月，改为月刊，32 开本。在解放初期中外信息隔膜的状态下，《密勒氏评论报》是西方人了解中国社会重要的信息来源，为研究中国近现代史、文化史、思想史和新闻出版史提供了大量的珍贵史料。

抗美援朝战争期间，该刊揭露美军在朝鲜战场使用细菌武器等罪行，美国政府对其实行禁邮，使之缺少经济来源，《密勒氏评论报》不得不于 1953 年 6 月停刊。

（一）创办、停刊及复刊

1917 年 6 月 9 日，美国《纽约先驱论坛报》驻远东记者汤姆斯·密勒以他的名字命名，创办了《密勒氏评论报》。该报的创刊宗旨是促进中西方交流，"把远东局势的发展，使本国明了；同时将西方的发展，使东方明了"①。密勒想通过办报，"促进外国人与中国人之间的联系。像报道美国新闻的纽约大报一样，在头版刊登有关中国的故事"②。

1918 年底，约翰·本杰明·鲍威尔（John Benjamin Powell，下文简称鲍威尔）接任主编。1928 年 9 月至 1930 年 3 月，美国著名记者埃德加·帕克斯·斯诺（Edgar Parks Snow）曾在该报担任助理编辑、代理主编。

《密勒氏评论报》行销地区主要在中国，读者有美国人、欧洲大陆人、英国人、中国知识分子、商人、传教士等。其中，以知识分子和青年学生居多。1941 年太平洋战争爆发后，因支持中国人民抗日

---

① 《报学季刊》1935 年第 2 期。
② 沈荟、程礼红：《"中国人民忙于重建自己的国家，他们没有时间放松和娱乐"——密勒氏评论报报道成立伊始的新中国》，《新闻记者》2009 年第 10 期。

斗争，鲍威尔被日本侵略军逮捕，在上海日本监狱中染病死去，刊物被查封一度停刊。

1945年10月，《密勒氏评论报》在上海复刊，由其儿子约翰·威廉·鲍威尔（John William Powell，下文称小鲍威尔）接任主编。后因被美国政府禁止邮寄美国发行，缺少经济来源，1953年6月停刊，先后发行30多年。

（二）立场倾向

《密勒氏评论报》是综合性时事政治周刊，有关亚洲的政治、经济、社会等问题都有评论或介绍，特别重视中国时事局势报道，态度比较客观、公正。① 《密勒氏评论报》的主要内容是报道和评论中国及远东地区的政治经济时事，长期奉行密勒提出的"无所顾忌地发表言论"的编辑方针，在重要时事问题上经常发表评论。设有《知篇社论》《远东报刊评论》《中国名人录》《一周要闻纵览》《人物与事件》等专栏。

"九一八"事变前，《密勒氏评论报》以报道和评论远东地区政治时事、财政金融为主。它标榜独立，是一家自由主义刊物。密勒曾对鲍威尔说："我们高兴登什么就登什么！"② 报刊支持中国争取民族独立和废除不平等条约的斗争，反对当时对中国人的社会歧视，多次抨击外国人在华的治外法权。支持中国国民党人提出的关于废除不平等条约、和平归还公共租界和其他外国租界的要求。

鲍威尔指出："本报历来主张中国为独立自主之国家，而不为西欧或东瀛之附属品。这种主张与美国政府对于中国之主张也是一致的，美国主张门户开放，中国关税自主，取消外国人在华领事裁判权。"③ 斯诺主张取消外国人在华特权，在《密勒氏评论报》发表《中国人请走后门》一文，直接谴责歧视中国人的外国人。

---

① 中国人民政治协商会议上海市虹口委员会文史资料委员会：《文史苑》（第10辑），1993年，第96页。

② ［美］鲍威尔：《我在中国25年——〈密勒氏评论报〉主编鲍威尔回忆录》，上海书店出版社2010年版，第11页。

③ 胡道静：《上海的定期刊物》，上海通志馆1935年版，第56—57页。

在国民革命运动中，鲍威尔支持蒋介石政权，认为蒋介石是一个资产阶级民族主义者。[①] 鲍威尔曾是"蒋介石的热心崇拜者，从一开始就支持蒋介石，把他看作反对旧北京政府的国民革命领袖。上海的外国社会名流把鲍威尔的观点斥之为'亲华派'"[②]。主编的倾向决定着报纸的立场，当时《密勒氏评论报》的编辑方针是"坚决反共，同时坚决反帝"[③]。到30年代前后，鲍威尔才开始反戈一击，把矛头对准法西斯。他在太平洋战争的那些日子里，始终保持反法西斯、反侵略的坚定立场，在国际上受到人们高度的尊敬。[④]

"九一八"事变是日本帝国主义侵华战争的开始，是中国抗日战争的起点，全国上下一致团结起来共同抗日。这一时期的《密勒氏评论报》以报道和评论中日冲突、远东地区的国际关系为主，支持中国人民和南京国民政府抗战，反对日本侵略。

坚持客观公正报道事实真相，站在中国人民一边。《密勒氏评论报》对中国人民的抗战给予报道和支持，揭露日本帝国主义的侵略阴谋，抨击日军残杀中国人民的暴行。曾连续发表《日德协定与中国》《日本在华北的筑路计划》《东北是怎样变成日本殖民地的》等文章，揭露日本帝国主义的侵华阴谋。大量刊载日寇掠夺中国的煤、铁、金、食盐、棉、面粉、水泥、蚕丝等资源的报道。

1945年10月，复刊后的《密勒氏评论报》继承了该报一贯坚守的客观、真实的新闻报道原则。解放初期兼任《密勒氏评论报》发行人的陈落回忆说："记忆中这个刊物的政治性很强。从1950年抗美援朝战争开始，每期都有评论文章，完全站在人民立场，抨击美帝国主义利用'联合国军'名义，肆意进行的侵略行为，也报道了我志愿军的英勇抗击和我国人民轰轰烈烈的抗美援朝运动。特别是美侵略军违反国际公约，对我实施灭绝人性的细菌战，该刊指斥尤烈。"[⑤]

---

① 陈其钦：《在风雨中成长》，上海三联书店2012年版，第332页。
② 解力夫：《斯诺的故事》，河北少年儿童出版社1996年版，第34页。
③ 同上。
④ 陈其钦：《在风雨中成长》，上海三联书店2012年版，第332页。
⑤ 中国人民政治协商会议上海市虹口委员会文史资料委员会：《文史苑》（第10辑），1993年，第97页。

因报道美国在朝鲜战场上使用细菌武器，该报被美国政府禁止邮寄美国发行，最终因缺少经济来源而停刊。

二　《密勒氏评论报》及斯诺对"红色政权"的报道

美国记者埃德加·斯诺是近代报道中国最著名的西方记者，也是第一个采访苏区的西方记者。毛泽东高度评价说："斯诺先生是中国人民的朋友。他一生为增进中美两国人民之间的相互了解和友谊进行了不懈的努力，做出了重要的贡献。"①

早在密苏里大学新闻学院学习时，斯诺就担任了《堪萨斯城明星报》的驻校通讯员。1928年夏，斯诺经密苏里大学新闻学院院长威廉斯的推荐，担任《密勒氏评论报》的助理编辑，后来代理主编。先后任《芝加哥论坛报》《伦敦每日先驱报》《星期六晚邮报》《纽约太阳报》《纽约先驱论坛报》等报纸的记者或撰稿人。

斯诺在中国先是作为《密勒氏评论报》记者，沿中国铁路做一次旅行，同时作采访报道。这次旅行，让斯诺原来在中国只待6个星期的计划变成了13年。斯诺在1936年3月就想去红军那边走一趟。"当时还没有一位外界人士了解红军是些什么样的人，蒋介石一方面把红军当'赤匪'，另一方面长期以来红军消息一直被封锁。"② 其妻子海伦·福斯特·斯诺回忆说："包括中国人在内没有任何人了解红军究竟代表什么样的人，总得有人去探索，而没有其他人可以作这样的旅行。"③

1936年3月25日，中共华北局一成员来信表示有了成行的可能。斯诺找到宋庆龄并得到其介绍后，就动身了。1936年6月至10月，斯诺在中国共产党地下组织的帮助下，和在上海行医的美国医生马海德一起，通过地下秘密交通线，从北平到陕北革命根据地实地进行采访。抵达保安县后，斯诺受到了周恩来的亲切接见。毛泽东"时常搁

---

① 裘克安：《斯诺在中国》，生活·读书·新知三联书店1982年版，第319页。
② 陈其钦：《在风雨中成长》，上海三联书店2012年版，第341页。
③ ［美］斯诺（H. F. Snow）：《一个女记者的传奇》，汪溪等译，新华出版社1986年版，第177页。

下大堆报告和电报，取消一些会议"①，与斯诺交谈。一连谈上几小时，有时差不多谈到第二天天亮。斯诺在这次长达三个月的"红色区域"之行中，采访了毛泽东、周恩来、朱德、张闻天、博古、彭德怀、贺龙、徐向前等领导人和红军将领，深入到工人、红军战士和农民中，观察他们的生产、生活和战斗情况。到边区各处进行采访，搜集了关于二万五千里长征的第一手资料。

1936 年 11 月 14 日、21 日，《密勒氏评论报》首先发表了埃德加·斯诺采写的《与共产党领袖毛泽东的会见》，刊登了斯诺拍摄的毛泽东头戴八角帽的照片。由斯诺撰写的《毛泽东访问记》在《密勒氏评论报》上连载发表。《密勒氏评论报》成为首家公开毛泽东身世、言论和照片的外国媒体。

这一系列报道突破了国民党对红色区域长达九年的新闻封锁和歪曲宣传，向全世界真实报道了中国共产党和工农红军，把毛泽东介绍给了中国人和欧洲人，介绍了革命根据地人民的真实生活。毛泽东通过斯诺，"第一次得到了向世界发表谈话，更重要的是，向全中国发表谈话的机会"②。斯诺的报道传遍了全世界，又被电报传回中国，激起了很大的震荡。

斯诺的陕北行，使他掌握了大量丰富的史料，从而了解了中国共产党及其领导的革命斗争和苏维埃运动发展史，了解了工农红军及其英勇奋战的光辉业绩。③

斯诺根据自己的所见所闻，用英文写下 30 万字的《红星照耀中国》，于 1937 年 10 月首先在英国出版。首次出版后，几个星期就售出 10 多万册。1938 年 2 月，上海地下党翻译出版了此书，为了便于通过检查，改书名为《西行漫记》，并对部分内容做了修改。毛泽东评价道："斯诺著作的功劳可与大禹治水相比。"这本书在中国和世界产生了巨大的影响，成为西方认识中国的基本读物。美国

① ［美］埃德加·斯诺：《斯诺文集 1》，宋久、柯南、克雄译，新华出版社 1984 年版，第 192 页。
② 同上。
③ 吕传彬：《斯诺的首次陕北之行》，《前线》2014 年第 8 期。

总统罗斯福看了这本书后，曾三次接见斯诺。国际友人白求恩曾在给友人的信中说："要问我为什么去中国，请读埃德加·斯诺的《西行漫记》和史沫特莱的《中国红军在前进》，读后你们必将与我同感。"①

1938年1月至2月，《密勒氏评论报》连续在"中国名人录"专栏中介绍朱德、彭德怀、毛泽东、周恩来、林彪等中共和八路军领导人的简历，并附有照片，同时还刊文介绍八路军的历史和现状，以及中共在国统区的机关报《新华日报》。②

1939年斯诺重访陕甘宁边区，同毛泽东进行了谈话，详细调查了根据地的政权组织等。《密勒氏评论报》于1940年1月13日、20日，刊登了斯诺《一九三九年同毛泽东的谈话》。新中国成立后，斯诺曾三次来中国访问，并与毛泽东见面。

三　《密勒氏评论报》遭遇的国民党新闻检查

《密勒氏评论报》敢于批评国民党政府的反动政策措施，介绍各阶层人民的反内战斗争活动。此举很受知识界和青年学生的欢迎，自然免不了遭受国民党新闻检查。当时，驻在上海国民党对外宣传部门负责人魏景蒙把《密勒氏评论报》看作眼中钉，但碍于它是"友邦人士所办，奈何不得，最后想出一个办法，竟买通该刊一个中国雇员，偷偷地抄了一份订户名单"③。他大概是想从订户名单下手，从中发现进步人士的线索，加以迫害。

1935年7月，《密勒氏评论报》刊文批评国民党当局查封上海《新生》周刊这种向日方献媚、压制新闻自由的行径，引起国民党当局的不满和日本的抗议。④

1937年春，美国记者艾格尼斯·史沫特莱向在上海的十几位外

---

①　吕传彬：《斯诺的首次陕北之行》，《前线》2014年第8期。

②　张注洪：《中美文化关系的历史轨迹》，南开大学出版社2001年版，第118页。

③　中国人民政治协商会议上海市虹口委员会文史资料委员会：《文史苑》（第10辑），1993年，第96页。

④　张注洪：《中美文化关系的历史轨迹》，南开大学出版社2001年版，第106页。

国编辑和记者，发出到中国共产党所在区域采访的秘密邀请函，鲍威尔在受邀之列。但此消息被国民党政府得知，发出警告，如果他们"试图访问共产党人，政府将认为是不友好的行动"①。部分记者被报社命令退出。鲍威尔和时任纽约《先驱论坛报》记者的维克多·基恩决定闯过国民党封锁线。但刚登上飞机，就出现了秘密警察，命令他们离开机舱。鲍威尔因遭此无故干涉，最终未能成行。

　　1940 年 7 月 14 日，南京伪"国民政府"训令上海市伪市长驱逐七名西方新闻记者，限期出境。② 其中，就有英文《密勒氏评论报》的主笔鲍威尔。

四　《密勒氏评论报》对国民党新闻检查的抵制

　　《密勒氏评论报》敢于揭露国民党腐败无能，以及其新闻检查。1945 年 7 月 15 日，中共党员、新闻工作者、军事评论家、《国际时事研究》主编羊枣被国民党政府逮捕，并于 1946 年 1 月 11 日在狱中受害。羊枣遇害，全国舆论哗然，上海进步文化新闻界为羊枣举行了盛大的追悼会。

　　1946 年 1 月 19 日，《密勒氏评论报》发表评论文章《羊枣之死》，对羊枣被捕的罪名和死因进行质问，最终归因为："很明显，没有新闻自由——虽然新闻检查制度已经废除——杨潮（羊枣）的命运还会降临到中国新闻记者头上的。"③ 通过评论羊枣事件，揭露国民党政府对新闻言论的控制。

　　《密勒氏评论报》一贯主张公正客观、实事求是报道新闻，反对迫害。1935 年 12 月 9 日，北平大中学生举行了抗日救亡示威游行，这一爱国行动得到了全国学生的响应和全国人民的支持，掀起了全国抗日救国新高潮。但是，由于国民党的新闻封锁，中文报纸不让报

---

① ［美］艾格尼斯·史沫特莱：《中国的战歌》，江枫译，作家出版社 1986 年版，第 189 页。
② 刘家林：《中国新闻史》，武汉大学出版社 2012 年版，第 677 页。
③ 中共永安市委党史工作委员会编：《羊枣事件》，1989 年，第 126 页。

道，很少发表消息。

《密勒氏评论报》是在租界内的英文报刊，相对中国人自办的报刊，在新闻检查制度面前，有更多自由去刊登其他报刊无法刊登的内容。《密勒氏评论报》对"一二·九"运动做了公正客观报道。在事件爆发前夕，《密勒氏评论报》冲破国民党的新闻封锁，摘要报道燕京大学、清华大学等十所学校签名的《平津十校学生自治会为抗日救国争自由宣言》，抨击国民党压制抗日爱国运动的罪行。"一二·九"运动后，发表文章《北京学生运动》《北京学生运动进一步发展》《武汉学生给国民党政府的最后通牒》《华南学生坚决表明反对日本帝国主义侵略华北》等再现事件真相。

主编鲍威尔不顾危险从上海赶到北京采访游行的学生队伍。海伦·斯诺回忆起当时的情况时写道："我站在鲍威尔旁边，正对他进行宣传，这时他瞧见了燕京大学最漂亮的、穿着皮夹克的女学生。他一面拍照一面说，好了，这是我最理想的革命家。"[1]

《密勒氏评论报》十分关注学生运动。据统计，从 1935 年 12 月 16 日到 1936 年 6 月 27 日的 6 个月 28 期中，《密勒氏评论报》发表有关学生运动的社论和专文达 36 篇，另有多篇短讯和照片。[2]

"皖南事变"发生后，由于国民党的新闻封锁，报纸被命令刊登国民党政府的统一稿件，揭露"皖南事变"真相的稿件遭到严格新闻检查。斯诺得知事变真相，深知他的"报道绝对不可能通过重庆的新闻检查，因为重庆的官员矢口否认这事有任何根据"[3]，便通过香港发出了几则电讯。但斯诺因如实报道"皖南事变"真相，被国民党当局取消了记者权利，于 1941 年 2 月被迫离境。

---

① 陈其钦：《在风雨中成长》，上海三联书店 2012 年版，第 341 页。
② 张注洪：《中美文化关系的历史轨迹》，南开大学出版社 2001 年版，第 106 页。
③ 裘克安：《斯诺在中国》，生活·读书·新知三联书店 1982 年版，第 141 页。

结　　论

‧‧‧‧‧‧‧‧‧‧

　　1950 年元旦，败退台湾的蒋介石在《告全国军民同胞书》中将国民党的失败归因于新闻宣传："可惜中外人士对于我们反共战争这样重大的意义，竟中了共产国际的宣传毒素而模糊不清，没有正确的认识。而我们政府剿匪军事，亦就在这样内外交谪之下，士气消沉，民心颓丧，是非颠倒，利害混淆之中遭受了如此重大的挫折。"他认为中国共产党的反内战宣传，助其赢得了民众的同情，并陷国民党于不义政府之名。

　　蒋介石这番话，固然有为国民党政治腐败、军事失利寻找借口之嫌，但在国共之间展开的历次新闻界斗争中，国民党屡战屡败，却也是事实。国民党新闻媒体在占据经费、人才和位置优势的情况下，缘何落了下乘？蒋介石的观点是"新闻机关的腐败"，党报从业人员"不能尽到自己的责任，只知道靠自己的机关，靠自己的党"。但是正如易劳逸所言："蒋介石所以不能挽回其失败的真正原因，还是在他难以理解问题的实质……他不懂得，他所设立的政治机构及他所制定的政策正是其政权垮台的真正原因。"身为国民党的领袖，中常会、中执委对他唯命是从，蒋介石拥有最终的发号施令权。而且蒋介石对于新闻宣传"悉心指导"，施加直接的影响。因此可以说，国民党新闻宣传系统的问题，很大程度上是蒋介石自己的问题。面对如此重大的失败，蒋介石难辞其咎。

　　但是，我们在这里并非要追究是谁的责任的问题，我们所要讨论的问题是，南京国民政府建构起来的空间在中国新闻传播史上拥有什么样的位置，在今天我们能够用什么样的眼光来看待它。

通过上述文献分析，我们可以说，南京国民政府的新闻检查制度是集现代法制形式与中国传统新闻管理思想于一身，特别是在法制形式与执行管理上差距很大，最终不适合中国发展进程的新闻检查制度。

一　南京国民政府新闻检查制度之特点

（一）系统完备的新闻检查制度

南京国民政府建立了中国历史上最具近现代气息的新闻检查法规制度。由于深受国内外环境的影响，南京国民政府在推行新闻检查的过程中，先后颁布实施了近200部有关新闻出版的法律法规。其对新闻法制重视程度之高、立法原则之先进、法规体系之完善，是之前各朝各代执政者所无法比拟的。[①]　像《出版法》等新闻法规，体现了法制不断进步的趋势。

但是，由于受到中国传统政治思想和政治体系的影响，如果用现代观念来判断，发现国民党的新闻管理体系并没有解决新闻出版自由、公民的权利与义务、政府的权力与职责等根本问题。因此，南京国民政府新闻检查制度并没有解决当时国家与社会的需要。我们既要认识到其新闻法规的相对进步性，也要明确看到其脱离社会现实的不足。

（二）深受古代儒法治道思想的影响

从先秦以来形成的新闻检查思想，包括儒家的"正名为先"、法家的"止私言"、墨家的"尚同"、道家的"不变"、兵家的"无形"等思想，构筑了国民党新闻检查思想的历史根基。

从表面看，南京国民政府推行的新闻检查制度具有西方思想色彩与元素。实质上，它继承的却是中国传统文化的衣钵，深受中国古代

---

①　张莉：《南京国民政府新闻出版立法研究》，博士学位论文，华东政法大学，2011年。

儒法道的影响。中国封建体制自古以来钳制舆论的惯习、唐宋以来对于邸报的管理制度、明清兴起的文字狱、晚清对于报纸控制、北洋军阀对于报人的迫害，都以惯例的形式深植于国民党政治体制的运作过程中，并为许多国民党官员所信奉。

特别是当国民党当局面对内忧外患而手足无措之时，执政者求助于传统体制的言论管制，自然而然成为首要之选。当然，随着西学东渐和革命运动的开展，以及现代报刊业迅猛发展，言论管制进入新状态，即以法制形式，行思想统制之实。这正是国民党政府新闻检查制度产生的大背景。

（三）有法不依，独断专行，使公信力渐行渐远

统一全国之后，国民党基于革命形势需要和政治合法性的考虑，以"训政"理论为基础，提出了在新闻传播领域的管理措施，并以法律法规形式，确立了国民党统制新闻之权力，用分类管理模式，加强了新闻检查之力度。南京国民政府初步建立了中国现代新闻管理体制。

随着抗日战争爆发，军事形势吃紧，南京国民政府新闻检查制度的法制建设中断。以新闻国防为借口，以政令等方式加强了舆论钳制，既蒙蔽了国民，更引起了有识之士的抗议。虽然在战时没有遭到拒绝，却损害了南京国民政府的公信力。

在解放战争时期，由于国民党政权处于风雨飘摇之中，加紧了言论管制，却进一步将中间派别推到了对立面。在政治、军事和经济的多重张力之下，国民党新闻检查制度最终在大陆失败的命运不可逆转。

（四）领袖至上，宣扬法西斯主义

国民党的新闻检查制度，是以孙中山的三民主义报刊思想为渊源。孙中山的新闻三民主义报刊思想，是西方和苏俄新闻思想的结合，既有倡导和维护新闻自由，建设有责任的报界思想；又学习了苏俄的党报思想，要求以本党党义改造人心，强调国家在新闻活动中扮演积极角色。

在实际执行过程中，却被以蒋介石为代表的国民党异化为以"训政理论"指导新闻管理，推崇在新闻媒体上开展党化教育，宣扬国家

至上以集中国民意志。在抗战前后则公然鼓吹领袖至上，宣扬法西斯主义，而远离了初心。

综观国民党宣传系统，思想颇为驳杂。既有张道藩等接近于蒋介石的新闻统制思想的宣传官，又有马星野等来自西方主张有限度自由的新闻官。这些思想，使国民党新闻检查经常出现程度不同的摇摆。但总体而言，国民党宣传系统执行了蒋介石的严厉统制理念，暴力钳制特点突出。

（五）以军管代法，充满残暴

国民党虽然在新闻管理中制定了许多具有现代法律性质的新闻检查规定，但是在执行过程中，由于官员法律意识淡薄，长官意志横行，法制管理被破坏殆尽。

特别是在战争过程中，军方远远超越了新闻检查法规的限制，使国民党的新闻检查有法不依。不仅如此，官僚意志使得各种检查反复无常，直接破坏了报刊的传播质量和传播能力。

加上蒋介石信奉特务统治，新闻检查中经常出现对报人的人身和生命攻击。所有这一切，都使得国民党的新闻检查充满血腥与残暴，引发中国共产党和其他民主人士的顽强抵抗。国民党在残暴的新闻检查中丧失了意识形态的解释权，进而失掉了它们想要保住的江山。

二　南京国民政府新闻检查制度之失败原因

由于上述特点，国民党新闻检查制度及其执行过程，从总体上损害了国家和人民的利益，损害了国民党本身的利益，削弱了其执政的合法性。

（一）国家意识形态知识体系缺失

通过对蒋介石新闻管制思想研究发现，导致国民党新闻宣传左右失据的根本原因，是其未能完成对国家意识形态知识体系的构建。在蒋介石的新闻宣传管理思想甚至政治思想之中，始终没有弄清楚如下几个重要问题：

国家来自哪里，将走向何方？社会共享的价值观念是什么？国民党能够带领国民建设怎样的生活？这使国民党新闻宣传管理，即党化教育、国家至上、意志集中，缺乏国家共识。而它实行新闻统制的理论基础，在于结束军政，实行训政，推进宪政，并在法律上明文规定，要保障国民的言论出版等自由。但是，国民党在大陆统治的22年间，既无条件也无意愿实行真正的训政与宪政。

首先是战争的干扰。先是新军阀之间的混战，接着是国共之间的内战，然后是全面爆发的抗日战争，最后是解放战争。"军事传播必须十分慎重、稳妥，不能有丝毫的疏漏和差错。必要时就要实行严格的新闻管制和新闻封锁。"① 国民党新闻宣传系统一再撕毁自己的承诺，加强新闻统制。其次，蒋介石本人深受封建儒家思想、法西斯主义和封建帮会思想影响，意欲独裁专制，建设了严密的新闻检查网络。

于是，我们常常可以看到的现象是，国民党不断强词夺理地论述其独裁的因由，甚至制造迫害报纸与报人的惨案。在引起知识界与新闻界强烈反抗的危机之后，再开出宪政支票以稳定人心。这不但使民众对宪政的期望越来越高，而且赋予民众公开追求宪政的机会和借口。② 在民众的宪政诉求超出国民党政权的承受限度之后，再次做出更严格的新闻检查与思想管制。

国民党这样左右摇摆，表明了其新闻宣传管理既无完整规划，也无战略目标，更无独裁实力。宣传方向只是随着高层政治的微妙变化，而摇摆不定。国民党新闻宣传一线工作者就抱怨说："要想知道党国真正的作战意图，几乎是不可能的。"③

（二）与知识分子阶层为敌，失道寡助

导致国民党新闻宣传无信无效的关键原因，是蒋介石新闻审查政策引发的知识分子的敌对。"作为以知识为志业的群体，知识分子的

---

① 盛沛林：《没有硝烟的战争——传播心理战研究》，解放军出版社2004年版，第283页。

② 祝天智：《合法性不足的弱势独裁——论国民党的训政统治》，《内蒙古社会科学》2006年第3期。

③ 陆铿：《陆铿回忆与忏悔录》，时报文化出版事业公司1997年版，第108页。

长处在于生产和制造'言功'，为执政党提供可选择的价值观及合法性论证的位置。"① 因此，在新闻宣传领域赢得知识分子的认同，对于国家掌握文化领导权非常重要。可惜的是，在蒋介石的强势主导下，国民党对不合作的知识分子采取了严厉的新闻检查措施，甚至打击迫害手段。每每制造出为知识群体所瞩目甚至激烈的抗争的事件，如逼迫邹韬奋停办《生活》，迫害史量才，枪杀刘煜生，杀害李公朴、闻一多等，扰乱封闭报馆、书店，每每使知识分子感到切身的威胁。

即使是一直配合国民党宣传的《大公报》、宣扬第三条道路的《观察》，在遭受国民党屡次弹压之后，也被迫左转。即使较为温和的自由派知识分子如胡适、罗隆基，也与国民党发生了冲突。

南京国民政府时期，知识精英们为了维护自己的利益，反对图书杂志原稿审查运动、抗战胜利之后的拒检运动、反对迫害报人的争取权利保障运动，此起彼伏。特别是国民党新闻检查法律文字空泛且不予遵守，任意罗织罪名，随意予以处置，引起知识分子担忧"无一书可以应时出版，无一人不可陷于刑辟"②。

审查制度本来是推动知识分子与统治阶层的主导观念相一致的有效手段。但是，国民党严厉的新闻检查政策、官僚意志的执行方式、特务手段的渗透迫害，推动了知识分子与之离心离德，最终丧失了文化领导权。

（三）有法不依，官僚意志，独断专行

导致国民党新闻宣传无力无用的关键，是官僚作风自缚其新闻宣传系统的手脚，使国民党新闻宣传内外环境恶化。一项真正优秀的新闻作品所需的"才智"绝不亚于任何一项学者的成果，特别是由于必须奉命当下交卷，并且立即生效，这当然是完全不同条件下的创造。③ 但是，蒋介石与国民党各级官僚对新闻媒体的控制，严重压抑

---

① 邓聿文：《缘何又闻"斗争哲学"》，FT中文网，2014年8月1日。
② 张静庐：《中国现代出版史料》（丁编下册），中华书局1959年版，第413页。
③ ［德］马克斯·韦伯：《伦理之业：马克斯·韦伯的两篇哲学演讲》，王容芬译，广西师范大学出版社2008年版，第59页。

了新闻宣传系统的创造能力。

对此，国民党报人感到无所适从。"'既不得人谅，亦不敢不求谅'，又负疚于读者，对于读者兴趣亦未容有合……以满足读者之新闻欲。"[1] 连蒋介石的亲信也感到非常迷茫，其侍从室第二处组长陶希圣被派往《"中央"日报》担任总主笔后发现："在重庆时代，蒋委员长对中央日报的鞭策很严，责成其认真踏实地宣传中央政策……中央日报是党报，新闻既是中央发布，言论受了许多限制……要知道政情，要参与机密，但是不能泄露机密。这就使我们很感困难。"[2]

被誉为国民党宣传作战参谋总长的陈布雷，1948 年自杀时留下遗书，连叹"油尽灯枯"，均与国民党严密控制导致才智不得施展有关。

不仅如此，国民党党报系统受命与进步报刊论战，争夺言论领导权，致使其树敌过多，处境艰难。1931 年 12 月，南京《"中央"日报》因奉命批评学生运动而被捣毁，全国新闻界竟未置一词表示声援或者慰问。程沧波感叹说："当时国内有一部分舆论，借了国难的题目，误用了保卫自由的理论，对本党的攻击污蔑，几乎不允许我们有自卫生存。"[3] 形象如此，何堪以战？

（四）宣扬的理念与实际所为脱离

导致国民党新闻宣传与民众离心离德的第四个原因，是其宣扬的理念与其实际所为脱离，失去了信誉。

伊格尔顿说过："成功的意识形态必须不只是自上而下强加的幻想。不管它有多少不协调的成分，这种意识形态必须有使认识主体获得一个足够真实的、可认知的，以至于他们不会简单地将其摒弃的社会现实图景。"[4] 中国共产党的新闻宣传之所以有力量，是因为共产党的各项政策给了人们真实的解放体验。但是国民党的新闻宣传，即

---

[1] 蔡铭泽：《中国国民党党报历史研究（1927—1949）》，团结出版社 1998 年版，第 112 页。

[2] 同上书，第 141 页。

[3] 程沧波：《我在本报的一个阶段》，台湾《"中央"日报》1957 年 3 月 2 日。

[4] 赵月枝：《传播与社会：政治经济与文化分析》，中国传媒大学出版社 2011 年版，第 37 页。

使我们不讨论其宣扬思想政策的专制、独裁与落后，即从真实性上来讲，往往与其实际所想、与国民党统治的现实相悖，甚至自相矛盾，从而变成了"自上而下强加的幻想"。

抗战胜利后，蒋介石一面到前线督促内战部署，却让报纸大谈和平谈判；四大家族大发国难财，《"中央"日报》批评之后却不得不刊登更正启事；战争前线国民党军队溃败，却在编造国军如何英勇、击败多少解放军；蒋介石一面宣布废除新闻检查，保障思想言论自由，国民党特务却在破坏学生运动、迫害进步人士。国民党的所作所为，已经彻底失去了民意民心，靠新闻宣传已经改变不了什么，反而加速了其信用的破产，导致"人民群众对国民党党报的宣传仍然存在着一种本能的逆反心理"。

主要参考文献

一 图书

白润生：《中国新闻通史纲要》，中央民族大学出版社 2004 年版。

蔡洪源：《民国法规集成》，黄山书社 1999 年版。

蔡铭泽：《兴稼传播史论集》，暨南大学出版社 2012 年版。

蔡铭泽：《中国国民党党报历史研究（1927—1949）》，团结出版社 1998 年版。

曹立新：《党权、业权与国权：从新闻统制制度到战时新闻统制》，广西师范大学出版社 2012 年版。

曹立新：《在统制和自由之间——战时重庆新闻史研究》，广西师范大学出版社 2012 年版。

陈其钦：《在风雨中成长》，上海三联书店 2012 年版。

崔明伍：《新闻传播法》，合肥工业大学出版社 2006 年版。

单波：《20 世纪中国新闻学与传播学·应用新闻学卷》，复旦大学出版社 2002 年版。

丁淦林：《中国新闻事业史》，高等教育出版社 2002 年版。

《二十世纪中国实录》编委会：《二十世纪中国实录》（1900—1996），光明日报出版社 1997 年版。

方汉奇：《中国新闻传播史》，中国人民大学出版社 2002 年版。

方汉奇：《中国新闻事业编年史》（上），福建人民出版社 2000 年版。

方汉奇：《中国新闻事业编年史》（中），福建人民出版社 2000 年版。

方汉奇：《中国新闻事业通史》（第二卷），中国人民大学出版社 1996
　　年版。

方汉奇：《中国新闻事业通史》（第三卷），中国人民大学出版社 1999
　　年版。

方汉奇：《中国新闻事业通史》（第一卷），中国人民大学出版社 1992
　　年版。

方汉奇、李矗：《中国新闻学之最》，新华出版社 2005 年版。

方汉奇、张之华：《中国新闻事业简史》，中国人民大学出版社 1997
　　年版。

房宁、王炳权：《论民族主义思潮》，高等教育出版社 2004 年版。

傅国涌：《笔底波澜》，广西师范大学出版社 2006 年版。

傅国涌：《文人的底气：百年中国言论史剪影》，云南人民出版社
　　2007 年版。

高华平等：《韩非子・问辩》，中华书局 2010 年版。

戈公振：《中国报学史》，中国新闻出版社 1985 年版。

宫承波等：《新闻历史与理论》，中国广播电视出版社 2007 年版。

谷长岭、俞家庆：《中国新闻事业史参考资料》，中央广播电视大学
　　出版社 1987 年版。

郭齐勇：《中国哲学史》，高等教育出版社 2006 年版。

郭亚夫、殷俊：《外国新闻传播史纲》，四川大学出版社 2004 年版。

韩辛茹：《新华日报史（1938—1947）》，重庆出版社 1990 年版。

胡道静：《上海的定期刊物》，上海通志馆 1935 年版。

胡有瑞：《六十年来的中央日报》，台北"中央"日报社 1988 年版。

黄瑚：《中国近代法制史论》，复旦大学出版社 1999 年版。

黄立人、张克明：《白色恐怖下的新华日报》，重庆出版社 1987
　　年版。

黄彦编：《建国方略》，广东人民出版社 2007 年版。

贾宗荣：《中国现代史》（修订版），华东师范大学出版社 1997 年版。

江苏文史资料选辑：《中统内幕》，江苏古籍出版社 1987 年版。

蒋含平、谢鼎新：《简明中外新闻事业史》，合肥工业大学出版社

2004 年版。

蒋介石：《总统蒋公思想论文总集》（卷 1），国民党党史会 1966 年版。

蒋永敬：《民国胡展堂先生汉民年谱》，台湾商务印书馆 1986 年版。

解力夫：《斯诺的故事》，河北少年儿童出版社 1996 年版。

金炳华：《上海文化界：奋战在"第二条战线"上史料集》，上海人民出版社 1999 年版。

近代史资料编辑部：《近代史资料》（总 124 号），中国社会科学出版社 2011 年版。

赖光临：《中国新闻传播史》，三民书局 1992 年版。

黎东方：《细说秦汉》，上海人民出版社 2002 年版。

李道揆：《美国政府和美国政治》（上册），商务印书馆 1999 年版。

李良荣：《西方新闻事业史》（第三版），复旦大学出版社 1990 年版。

李伟：《报人风骨：徐铸成传》，广西师范大学出版社 2008 年版。

李伟：《浪花淘尽：那些遗落的文人往事》，龙门书局 2010 年版。

李洵、薛虹等：《清代全史》（第一卷），辽宁人民出版社 2007 年版。

李瞻：《新闻学》，三民书局 1969 年版。

李瞻：《新闻学原理》，三民书局 1990 年版。

良雄：《戴笠传》，传记文学出版社 1981 年版。

廖沫沙：《廖沫沙全集第 1 卷杂文卷上（1933—1949）》，花城出版社 1997 年版。

刘家林：《中国新闻史》，武汉大学出版社 2012 年版。

刘建明：《中国媒介批评史》，福建人民出版社 2011 年版。

刘望龄：《黑血·金鼓——辛亥前后湖北报刊史事长编》，湖北教育出版社 1991 年版。

刘哲民：《近现代出版新闻法规汇编》，学林出版社 1992 年版。

鲁迅：《鲁迅全集》（第 13 卷），人民文学出版社 1987 年版。

鲁迅：《且介亭杂文·病后杂谈之余》，人民文学出版社 1973 年版。

马光仁：《上海新闻史》，复旦大学出版社 1996 年版。

马光仁：《中国近代新闻法制史》，上海社会科学院出版社 2007

年版。

马星野：《三民主义新闻事业建设》，重庆青年书店 1939 年版。

马振犊：《国民党特务活动史》，九州出版社 2008 年版。

《墨子》，中国长安出版社 2009 年版。

倪延年：《中国报刊法制发展史》（现代卷），南京师范大学出版社
　　2006 年版。

潘梓年：《潘梓年文集》，江苏人民出版社 1990 年版。

蒲坚：《新编中国法制史教程》，高等教育出版社 2003 年版。

钱小柏等：《韬奋与出版》，学林出版社 1983 年版。

裘克安：《斯诺在中国》，生活·读书·新知三联书店 1982 年版。

荣孟源：《中国国民党历次代表大会及中央全会资料》，光明日报出
　　版社 1985 年版。

商金林：《叶圣陶传论》，安徽教育出版社 1995 年版。

上海市档案馆：《旧中国的上海广播事业》，中国广播电视出版社
　　1985 年版。

盛沛林：《没有硝烟的战争：传播心理战研究》，解放军出版社 2004
　　年版。

史华慈：《近代中国思想人物论：自由主义》，时报出版公司 1980
　　年版。

史媛媛：《清代前中期新闻传播史》，福建人民出版社 2008 年版。

宋原放：《中国出版史料》（现代部分）（第二卷），山东教育出版社
　　2006 年版。

孙少荆：《成都报界回想录·中国近代报刊发展概况》，新华出版社
　　1986 年版。

孙文：《孙中山选集》，人民出版社 1981 年版。

孙义慈：《战时检查的理论与实际》，军事委员会战时新闻检查局
　　1941 年版。

《孙中山全集》（第 8 卷），中华书局 1986 年版。

《孙中山全集》（第 5 卷），中华书局 1985 年版。

《孙中山全集》（第 2 卷），中华书局 1982 年版。

《孙子兵法》，时代文艺出版社 2010 年版。

唐海：《难忘的"号外"：通讯报告集》，文汇出版社 1992 年版。

唐亚明：《英国传媒体制》，南方日报出版社 2006 年版。

陶百川：《困勉强狷八十年》，东大图书股份有限公司 1984 年版。

王健民等：《潘公展传》，台北市新闻记者公会 1974 年版。

王凌霄：《中国国民党新闻政策之研究（1928—1945）》，国民党党史
　　会 1996 年版。

王文彬：《中国现代报史资料汇辑》，重庆出版社 1996 年版。

王先谦：《荀子集解》，中华书局 1988 年版。

王煦华、朱一冰：《1927—1949 年禁书刊史料汇编》，北京图书馆出
　　版社 2007 年。

（明）文秉：《烈皇小识》（卷六），神州国光社 1946 年版。

文汇报报史研究室：《从风雨中走来：文汇报回忆录一》，文汇出版
　　社 1993 年版。

文汇报报史研究室：　《文汇报史略 1938.1—1939.5、1945.8—
　　1947.5》，文汇出版社 1988 年版。

文闻：《我所知道的政治暗杀秘闻》，中国文史出版社 2004 年版。

吴廷俊：《中国新闻事业史》，武汉大学出版社 2009 年版。

夏衍：《懒寻旧梦录》，江苏文艺出版社 2012 年版。

谢泳：《储安平与〈观察〉》，中国社会出版社 2005 年版。

《辛亥革命史丛刊》编辑组编：《辛亥革命史丛刊》（第四辑），中华
　　书局 1982 年版。

徐培汀：《中国新闻传播学说史》，重庆出版社 2006 年版。

徐培汀、裘正义：《中国新闻传播学说史》，重庆出版社 1994 年版。

徐向红：《现代舆论学》，中国国际广播出版社 1991 年版。

徐铸成：《旧闻杂忆》，辽宁教育出版社 2000 年版。

徐铸成：《新闻丛谈》（增编本），生活·读书·新知三联书店 2011
　　年版。

许焕隆：《中国现代新闻史简编》，河南人民出版社 1988 年版。

杨国荣：《道论》，北京大学出版社 2011 年版。

叶再生：《中国近现代出版通史》（第3卷），华文出版社2002年版。

余鸿翔：《文汇报简史》，《中国新闻事业史研究资料》。

余戾林：《中国近代新闻界大事纪》，新新新闻报社1941年版。

曾虚白：《中国新闻史》，三民书局1984年版。

张大明：《国民党文艺思潮——三民主义文艺与民族文艺》，秀威出版社2009年版。

张静庐：《中国现代出版史料》（丙编），中华书局1956年版。

张静庐：《中国现代出版史料》（乙编），中华书局1955年版。

张静庐：《中国现代出版史料》（丁编下册），中华书局1959年版。

张静庐：《中国近现代出版史料》，上海书店出版社2003年版。

张昆：《中外新闻传播史》，高等教育出版社2008年版。

张勇：《文学南京：论二十世纪二三十年代文学生态》，中国社会科学出版社2013年版。

张友渔：《宪政论丛》，群众出版社1986年版。

张育仁：《自由的历险·中国自由主义新闻思想史》，云南人民出版社2002年版。

张之华：《中国新闻事业史文选》，中国人民大学出版社1999年版。

张注洪：《中美文化关系的历史轨迹》，南开大学出版社2001年版。

《政治协商会议资料》，四川人民出版社1981年版。

《中共党史教学参考资料·抗日战争》（上），中国人民大学出版社1983年版。

中共马克思恩格斯列宁斯大林著作编译局：《马克思恩格斯全集》，人民出版社2004年版。

中共湘潭县委党史资料征集办公室：《湘潭县党史资料》（第三辑），1987年。

中共永安市委党史工作委员会编：《羊枣事件》，1989年。

《中共中央文件选集》（第12集），中共中央党校出版社1991年版。

《中国出版史料》（补编），上海杂志出版社1953年版。

中国第二历史档案馆：《宣传大纲与标语办法》全宗卷号400。

中国第二历史档案馆：《指导党报条例》全宗卷号400。

中国第二历史档案馆：《中国国民党中央执行委员会常务委员会会议
　　记录》，广西师范大学出版社 2000 年版。

中国第二历史档案馆编：《中华民国史档案资料汇编》，江苏古籍出
　　版社 1994 年版。

中国第二历史档案馆编：《中华民国史档案资料汇编》，江苏古籍出
　　版社 1998 年版。

中国国民党中央执行委员会宣传部编：《抗战建国纲领宣传指导大
　　纲》，衡阳区书刊供应处 1938 年版。

中国人民政治协商会议上海市虹口委员会文史资料委员会：《文史
　　苑》（第 10 辑），1993 年。

中国人民政治协商会议、云南省易门县委员会、文史资料编辑委员
　　会：《易门县文史资料选辑》（第 9 辑人物专辑），2005 年。

中国社会科学院新闻研究所编：《抗日战争时期的中国新闻界》，重
　　庆出版社 1987 年版。

中国社会科学院近代史研究所等合编：《孙中山全集》（第 8 卷），中
　　华书局 1981 年版。

中国社会科学院近代史研究所等合编：《孙中山全集》（第 8 卷），中
　　华书局 1982 年版。

中国社会科学院近代史研究所等合编：《孙中山全集》（第 2 卷），中
　　华书局 1986 年版。

中国社会科学院近代史研究所等合编：《孙中山全集》（第 4 卷），中
　　华书局 1982 年版。

中国社会科学院新闻研究所：《新闻研究资料》，中国新闻出版社
　　1985 年版。

《中国新闻史文集》，上海人民出版社 1987 年版。

《中华民国史档案资料汇编》，江苏人民出版社 1994 年版。

重庆市政协文史资料研究委员会、中共重庆市委党校、红岩革命纪念
　　馆：《抗战时期国共合作纪实》（下卷），重庆出版社 1992 年版。

朱寿朋：《光绪朝东华录》（第 5 册），中华书局 1958 年版。

朱文楚、黄康永：《我所知道的军统兴衰》，中国文史出版社 2005

年版。

（明）朱元璋：《大明律卷 12 礼律二》，法律出版社 1999 年版。

（明）朱元璋：《大明律卷 18 刑律一》，法律出版社 1999 年版。

〔美〕埃德加·斯诺：《斯诺文集 1》，宋久、柯南、克雄译，新华出
　　版社 1984 年版。

〔美〕艾格尼斯·史沫特莱：《中国的战歌》，江枫译，作家出版社
　　1986 年版。

〔美〕鲍威尔：《我在中国 25 年——〈密勒氏评论报〉主编鲍威尔回
　　忆录》，上海书店出版社 2010 年版。

〔美〕汉娜·阿伦特：《人的境况》，王寅丽译，上海人民出版社 2009
　　年版。

〔美〕迈克尔·埃默里、埃德温·埃默里：《美国新闻史》，展江译，
　　新华出版社 2001 年版。

〔美〕斯诺（H. F. Snow）：《一个女记者的传奇》，汪溪等译，新华出
　　版社 1986 年。

〔美〕威廉·夏伊勒：《第三帝国的兴亡》，董乐山译，世界知识出版
　　社 1979 年版。

二　期刊论文

蔡铭泽：《论抗日战争时期国民党人的新闻思想》，《新闻与传播研
　　究》1998 年第 6 期。

蔡铭泽：《三十年代国民党新闻政策的演变》，《新闻与传播研究》
　　1996 年第 2 期。

陈雷：《略论国民党的训政体制》，《阜阳师范学院学报》（社会科学
　　版）2012 年第 4 期。

陈烨：《试论孙中山如何利用近代新闻宣传方式开展革命实践》，《肇
　　庆学院学报》2009 年第 4 期。

丁春梅：《诏书——中国古代的"中央文件"》，《秘书工作》2012 年
　　第 2 期。

丁淦林：《邹韬奋小传》，《新闻记者》1984 年第 7 期。

付崇斌：《〈大江报〉被封与武昌起义》，《中国石油大学学报》（社会科学版）1993 年第 2 期。

《关于整节军纪之一般舆论：抗战的纪律》，《西江前线》1941 年第5 期。

国材：《党报的原则》，《民国日报·新闻学周刊》1931 年第 17 期。

何萍：《中国历史上的报刊检查制度》，《重庆工商大学学报》2007 年第 5 期。

红叶：《现代战争"兵不厌诈"》，《科学大众》1997 年第 9 期。

黄春平：《汉代言禁研究》，《新闻与传播研究》2009 年第 2 期。

江红：《中国古代的官报——邸报》，《出版史料》2005 年第 3 期。

江沛、纪亚光：《民国时期对新闻出版的审查与追惩》，《传媒观察》2002 年第 7 期。

姜飞：《从"写实"到"主义"——论张道藩的国家文艺思想》，《四川大学学报》2011 年第 2 期。

李体煜、王兆良：《蒋介石法西斯主义的政治纲领及其特征》，《聊城师范学院学报》1987 年第 4 期。

李霞：《南京国民政府时期新闻法制及其影响》，《江苏警官学院学报》2006 年第 3 期。

李秀云：《梁启超的新闻舆论监督思想》，《南开学报》2003 年第5 期。

刘光炎：《抗战大后方新闻界追忆》，《报学》1952 年第 1 期。

刘继忠：《政治理念·自由主义·民族主义——孙中山新闻思想再评析》，《国际新闻界》2012 年第 1 期。

卢艳香：《试述南京国民政府的训政制度》，《改革与开放》2012 年第2 期。

吕传彬：《斯诺的首次陕北之行》，《前线》2014 年第 8 期。

马元放：《苏省新闻事业委员会概况》，《江苏日报·新闻事业专号》1934 年 1 月 12 日。

钱振刚：《论民族主义文艺派所主张的民族主义的二重性格》，《中国现代文学研究丛刊》2001 年第 2 期。

任持平：《我的外公严宝礼》，《世纪》2010 年第 6 期。

《设置党报条例》，《河北省政府公报》1928 年第 120 期。

沈荟、程礼红：《"中国人民忙于重建自己的国家，他们没有时间放松和娱乐"——〈密勒氏评论报〉报道成立伊始的新中国》，《新闻记者》2009 年第 10 期。

石史：《〈新华日报〉关于皖南事变的宣传斗争》，《新闻研究资料》1992 年第 2 期。

孙文广：《美国战时舆论宣传论析》，《南京政治学院学报》2007 年第 5 期。

王鸣剑：《"皖南事变"后〈新华日报〉开展的纪念活动》，《重庆工商大学学报》（社会科学版）2010 年第 1 期。

王学珍：《清末报律的实施》，《近代史研究》1995 年第 3 期。

王怡红：《越过迷误：追寻新闻自律的价值意义——兼论美国新闻自律领域》，《新闻与传播研究》1994 年第 4 期。

王颖吉：《孙中山先生报刊宣传思想的形成及其传统文化特色》，《贵州文史丛刊》2003 年第 3 期。

王兆祥：《孙中山教育思想形成的三个阶段》，《天津大学学报》2006 年第 3 期。

王振民：《论孙中山以党治国思想》，《长安大学学报》2005 年第 1 期。

吴齐兴：《先秦儒家正名思想研究》，《湖北函授大学学报》2010 年第 6 期。

徐新敏：《〈韩非子·五蠹〉浅析》，《语文学刊》2006 年第 9 期。

殷旭辉：《葛兰西论知识分子与领导权的建构》，《商业时代》2013 年第 33 期。

张冰：《孙中山自由观的多变性与一贯性》，《广东社会科学》2010 年第 5 期。

张道藩：《我们所需要的文艺政策》，《文化先锋》1942 年第 9 期。

张运君：《晚清报刊检查程序述论》，《历史档案》2010 年第 2 期。

庄廷江：《抗战时期国民党对图书出版业的控制与管理评析》，《国际新闻界》2009 年第 12 期。

邹韬奋：《与读者诸君告别》，《生活》周刊 1933 年第 12 期。

三 学位论文

陈明慧：《纳粹德国的新闻与宣传》，硕士学位论文，四川大学，
　　2005 年。

金寅：《马星野大陆时期新闻思想研究》，硕士学位论文，湘潭大学，
　　2012 年。

刘益玺：《中国战时新闻检查制度研究》，学士学位论文，燕京大学，
　　1943 年。

马驰：《南京国民政府时期（1927—1937）新闻出版立法解读》，硕
　　士学位论文，西南政法大学，2007 年。

钱乐制：《南京国民政府初期的新闻政策》，硕士学位论文，广西师
　　范大学，2008 年。

王静：《国民党统治前期（1927—1938）新闻政策研究》，硕士学位
　　论文，山东大学，2007 年。

向芬：《国民党新闻传播制度研究》，博士学位论文，中国社会科学
　　院研究生院，2012 年。

熊欣：《南京国民政府时期新闻出版法规研究》，硕士学位论文，陕
　　西师范大学，2009 年。

杨柳：《论南京国民政府的新闻审查制度（1927—1937）》，硕士学位
　　论文，吉林大学，2012 年。

张莉：《南京国民政府新闻出版立法研究》，博士学位论文，华东政
　　法大学，2011 年。

四 报刊文章

程沧波：《敬告读者》，《"中央"日报》1932 年 5 月 8 日。

《复刊词》，《文汇报》1945 年 9 月 6 日。

《记者节上的讲话》，《文汇报》1946 年 9 月 1 日。

马星野：《舆论政治之历史基础》，《"中央"日报》1945 年 9 月 15 日。

《让舆论界尽力》,《文汇报》1946 年 1 月 18 日。

《如何处理学潮》,《文汇报》1947 年 5 月 21 日。

《善处当前的学潮》,《文汇报》1947 年 5 月 10 日。

《向读者道歉》,《文汇报》1946 年 7 月 25 日。

徐铸成:《一年回忆》,《文汇报》1946 年 9 月 6 日。

后　记

在河南大学工作期间，我有幸跟许俊峰、祁涛作为同事。许俊峰从 2007 年开始，调任新闻与传播学院党委书记。在随后多年中，他在工作和生活上都给予我很大支持与帮助。特别是知道他对文化传播史有研究后，我们在新闻传播史方面研讨的话题逐渐多了起来。

2013 年 5 月，学院党政班子换届，学校安排我走上了院长岗位，许俊峰担任学院党委书记，祁涛随后担任新闻系主任兼院长助理。大家聚在一起商讨问题的时间越来越多，从学院工作话题延展到各自的科研兴趣。大家商定，各自要在履行好岗位职责的同时，用业余时间合作开展科研工作。

《南京国民政府新闻检查制度研究》是我们合作开展的第一个项目。由许俊峰根据自己的科研积累拟定选题，列出初步研究提纲。然后，由祁涛和我依据各自掌握的研究文献补充与完善了研究提纲。三人在选题开题之前，进行了充分论证，理清了研究思路，编制出详细研究提纲，形成了该著作的逻辑结构。

为了保证进度与质量，我们成立了项目研究小组。由许俊峰、祁涛和我，以及 2012 级研究生冯龚、马丽娟、李楠、李璐，2013 级研究生韩秋慧、郑夏楠、胡淼、孙夏夏组成。项目开题后，具体分工如下：

由我负责项目全面统筹，科研经费筹措，目录、导论撰写，书稿统稿工作。

祁涛负责第一章至第五章书稿初稿统稿、修改、结论撰写工作。

许俊峰负责研究文献的收集、整理、主要参考文献整理工作。

冯冀完成第一章的研究与初稿撰稿工作；

李楠完成第二章的研究与初稿撰稿工作；

马丽娟完成第三章的研究与初稿撰稿工作；

韩秋慧完成第四章第一节的研究与初稿撰稿工作；

郑夏楠完成第四章第二节的研究与初稿撰稿工作；

胡淼完成第四章第三节的研究与初稿撰稿工作；

孙夏夏完成第四章第四节的研究与初稿撰稿工作；

李璐完成第五章的研究与初稿撰稿工作。

在项目研究过程中，项目组成员先后赴北京、南京、上海、重庆、广州、台北等地进行了文献收集。项目研究参阅了许多中外专家学者的著作（见主要参考文献），这些研究成果给予项目组十分宝贵的启迪。在此，特别向这些文献的原作者一并表示敬意与谢意。

学术研究是一项甘苦自知的工作，无论是文山书海的精心翻阅，还是互联网上的认真浏览；无论是夜深人静时的苦心笔耕，还是高朋满座时的精彩辩驳……所有这些，都需要付出巨大的辛苦与努力。

值此付梓之际，要特别感谢上述项目组全体成员，得益于大家的辛苦与努力，保证了该书稿的顺利完成。祝愿上述研究生们在工作岗位上早日成为祖国建设的栋梁，做出新成就。

这里要特别感谢祁涛博士当年给予我工作上的宝贵支持！感谢许俊峰对我工作上的包容与帮助！愿此著作能见证我们当年并肩拼搏的情谊，期待随后的合作。

由于掌握的文献有限，本书仅仅是对这一主题的初步探讨，对存在的粗浅、不足与疏漏之处，敬请读者指教。

张举玺

2019 年 2 月 17 日于郑州大学盛和苑明园